国家哲学社会科学规划项目
国家社会科学基金项目（编号：11BYY112）

程琪龙 程倩雯 著

词汇进路和构式进路的互补研究

A Complementary Study of Lexical Approaches and Constructional Approaches

上海外语教育出版社
外教社 SHANGHAI FOREIGN LANGUAGE EDUCATION PRESS

图书在版编目(CIP)数据

词汇进路和构式进路的互补研究 / 程琪龙,程倩雯著.
—上海:上海外语教育出版社,2020
国家哲学社会科学规划项目
ISBN 978-7-5446-6131-7

Ⅰ.①词… Ⅱ.①程… ②程… Ⅲ.①词汇—研究 Ⅳ.①H03

中国版本图书馆 CIP 数据核字(2020)第017360号

出版发行:上海外语教育出版社
（上海外国语大学内） 邮编:200083
电　　话:021-65425300（总机）
电子邮箱:bookinfo@sflep.com.cn
网　　址:http://www.sflep.com
责任编辑:奚玲燕

印　　刷:启东市人民印刷有限公司
开　　本:635×965 1/16 印张 15.75 字数 264千字
版　　次:2020年6月第1版 2020年6月第1次印刷
印　　数:1 100册

书　　号:ISBN 978-7-5446-6131-7
定　　价:50.00元
本版图书如有印装质量问题,可向本社调换
质量服务热线:4008-213-263 电子邮箱:editorial@sflep.com

前　言

语言研究的路径就其不同的理论目标而各不相同。经典的形式语言学的理论目标是语言天生普遍性;认知语言学的理论目标是基于语言使用的语言系统。不管哪种理论模式,它们的研究者都关注语言和认知的关系。自乔姆斯基开启心智中语言普遍性研究的大门,认知科学已经有了长足的发展,尤其是脑科学、认知神经科学、人工智能研究等;它们已经发展为当今世界的显学和科学关注的热点。21 世纪的今天,更多认知科学群的研究者直接将研究兴趣从心智转移到大脑。于是乎语言和认知的研究不仅仅是心智语言的研究,更是大脑语言的研究。但是,语言学和认知科学互动的发展,无论从语言学方面看,还是从认知科学方面看,仍然是滞后的。两者间在漫长历史长河中高高耸立的壁垒,并未土崩瓦解。纯粹交叉研究的每一方,都极力要求另一方去实施其理论梦想。

我们关注和提倡的语言认知研究,不是纯粹的交叉研究,而是以语言系统为目标的超学科研究。超学科的语言研究将通过不同的学科方法,对假设性的理论模式进行多维的汇集实证;其中包括语言系统的神经可行性研究、计算可行性研究、思维可行性研究以及社会文化范式可行性研究。虽然真正意义上的超学科语言研究还未曾完善,甚至尚未诞生;但它的前景却不可低估。就更大的认知科学群研究而言,思维研究,最佳切入点是语言;社会文化的研究,最佳切入点是语言,教育发展的研究,最佳切入点还是语言。当今科学研究没有理由不关注语言研究的超学科意识。

语言研究和其他科学研究一样,它的推进首先是对经典传统进行评判性承接,相当于当今国外治学方法的 research gaps,而不是单纯的所谓“文献综述”。这一做法和科学证伪主义基本一致。我们批评前人的研究成果,不是诋毁他的成果、他的传统,而是为了更好地继承和发展他的研究发现。在整个研究过程中,我们努力地、艰难地、不停地去发掘前人的短板,尤其是语言学家的理论观点的不足。理论评述,并不是一种主观的“侃侃而谈”或“高谈阔论”,而是通过证据来论证他们理论观点的优劣,指出遗留的研究问题。如有可能,为解决这些问题尝试提供一定的思路、方向,甚至具体方法。对科学者的真正尊重,主要是对其科学研究成果的尊重。对科学研究成果的尊重,对科学思想观点的尊重,就是透析它们的优越性,同时暴露它们的缺陷。后者是科学发展最重要的推动力,它更需要勇气和真诚。

我们努力在这样的学科氛围中不断调整我们的研究方向。我们毕竟还是凡人,很多烦心事总是以各种方式困扰着我们。尽管如此,我们仍然在“词汇进路和构式进路的互补研究”中,努力保持一种学术的率直和童真。我们对各种理论观点的褒奖和批评,并不是要表现我们的“高水平”,也不是要秀出我们的“霸气”,而是对这些理论观点不同方式的肯定和点赞。因此,说得不对的地方,也请读者批评。

本书的面世,得到了国家社会科学基金项目(11BYY112)的资助,在此我们深表谢意。更要感谢上海外语教育出版社又一次对我们的学术发展予以不弃不舍的无私支持,对该社责编奚玲燕同志细致入微的工作也深表谢意。

程琪龙、程倩雯
剑桥景苑
2019 年教师节

目录

1 引论

语言是人类交流和思维的信息载体。人首先是个自然生物体。从语言物质载体的角度出发,语言既涉及语言现象,又涉及语言系统。语言现象是语言系统的输入和输出信号。语言系统是内因,语言现象是外因。内因为有生命组织,为动态基础;外因为诱因,为条件。为此,语言研究的主要理论目标是语言系统,是和语言现象互动、互相作用的语言系统。人又是个思维认知生命体。语言的认知研究既涉及语言的认知系统,又涉及语言系统的认知过程。大脑科学的研究成果表明,大脑信息机制存在于信息处理操作的过程中。语言系统也存在于语言信息操作的过程中。从语言的生理本质属性出发,语言系统必须是可以自主操作的认知系统,而语言信息的自主操作必须涉及语言系统的操作。脑科学研究毫无争议地证明:语言的操作过程就是语言系统的操作过程,主要是大脑神经网络中,语言系统功能区位脑脉冲传递信号的神经生理过程。

语言系统的操作主要是理解和产出的认知过程。理解主要是从语言表达到概念内容的操作过程;产出主要是从概念内容到语言表达的操作过程,同时还激励感知、情感、运动等认知系统。认知神经科学通过大脑认知过程的"脑波",解读大脑中各种认知系统及其认知操作过程。

语言操作就是大脑皮层中概念语义和语音之间的脑脉冲传递过程。由此推导,语言系统的认知研究,有必要关注概念语义和语言表达,尤其是概念语义和句法结构之间的关系。

1.1 义形体现关系

义形体现关系主要是语言的内容和表达之间的**语符关系**(sign)(Saussure 1916;Hjelmslev 1953;Lamb 1966)。语言系统就是语符关系系统。许多理论模式表述的就是语言的概念语义和语音表达之间的义形关系。

也许是出于形式表征经济性的考虑,大多数语言理论模式中,小句义形关系的研究,主要关注动词语义和句法结构之间的关系,而不是小句的语义结构和句法结构之间的关系。义是小句动词的,形则是小句结构的。研究范式大致可以归入两种进路:一个是**词汇进路**(lexical approach),一个是**结构进路**(structural approach)。在小句研究范围中,结构主要指论元结构构式,所以结构进路也称作**构式进路**(constructional approach)。前者的切入点和表述视角是词汇,主要是动词,甚至是更抽象的**谓词**(predicate);后者的切入点和表述视角主要是构式。处于两者之间的还有**词汇构式进路**(lexical-constructional approach)。无论是词汇进路、构式进路还是词汇构式进路,它们都可以细分出语义和句法的不同侧重点。

1.2 词汇进路的宏观构架

许多词汇进路的理论模式持投射观,它们的理论模式表述的理论过程,大致始于谓词词汇,终于句法结构,主要表述动词语义如何投射到句法结构。该理论过程在形式语法中被视为一种投射派生过程。细而言之,该理论过程包括一个**投射**(projection)过程和一个**映射**(mapping)过程[映射相当于其他理论模式中所说的义形的**连接**(link)或**体现**(realization)]。

理论模式中的投射是一种隐喻称谓。投射有投射者、投射物和投射对象。投射理论的投射者自然是动词;投射物或是动词句法的**次范畴**(subcategorization),或是动词的语义;投射对象是论元结构。投射过程就是动词通过次范畴,或通过动词语义派生获得论元结构。以动词 put 为例。动词次范畴可以描述为:

Put [__ 名短　介短]。

动词语义可以表述为:

Put<放者,被放物,终位>。

根据动词次范畴或语义,投射生成论元结构:

Put<施事,题元,终>。

但是,仅以次范畴作为投射物,不足以合理表述成句和不成句的界限。例如:

John put the books on the table.

*John put the books to the table.

根据 put 动词的次范畴,以上两句的**补语**(complement)都符合次范畴,但前句成立,后句却不成立。词汇的语义投射模式可以避免这样的问题。根据动词语义的描述,投射到论元终的只能是**终位**(终止位置),而不能是**终向**(移动方向)。由于 to the table 归作终向而非终位,所以相应句子不成立。可见动词语义比动词次范畴更能区分句子成立与否。动词语义的优势在汉语表述中也存在。请比较:

把衣服放进衣柜里/*把衣服放出衣柜

动词放的次范畴和语义组可以分别表述如下:

放[_名短 _趋向动短]　　　　放<放者,被放物,终位>

两句的"进"和"出"无论分析成哪类词性,两者应该属于相同的词性;暂且将它们归作趋向动词。既然它们的词性相同,根据次范畴的表述,两句应该都成句,或者都不成句。所以"放"的次范畴无法预示句子的成句与否。"进……里"表示终位,"出……"表示原位(即离开的位置)。根据"放"的语义组,原位不允许出现在"放"的语义组中,所以前句成立,后句不成立。

由此可见,较合理的词汇投射过程应该是,动词通过其语义,投射派生出论元结构(见图 1.1)。

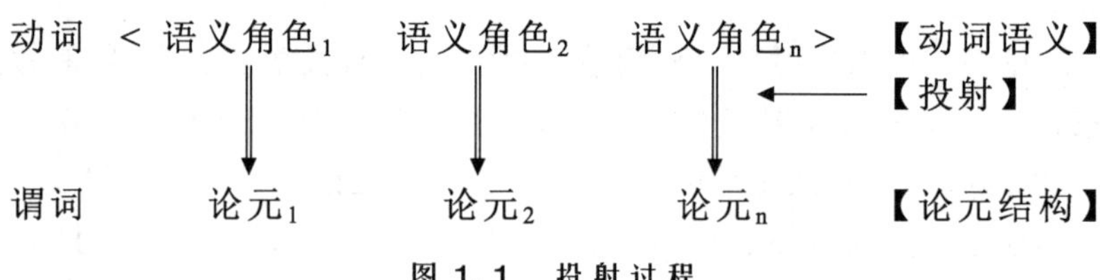

图 1.1 投射过程

动词在其词库中带语义。动词语义表述为**具体动词的语义角色**(verb-specified semantic roles)(简称"动词语义角色"),或称**参与者角色**(participant roles)。**论元结构**(argument structure)则由一个谓词和谓词所带的**论元**(或称**谓元**)(arguments)构成。谓词也可视为功能谓词,它的论元可视为**功能子**(functor)(Jackendoff 1990)。投射过程需要理论表述的是作为投射者的具体动词,通过其所带的具体语义角色,投射并派生出论元结构中的论元。又如:

Tom kicked the ball.

小句的动词 kick(踢)有两个动词语义角色,它们是**踢者**(kicker)和**被踢者**(kickee)。动词 kick 通过踢者和被踢者分别投射产生论元结构的施事和受事(见下例表述)。

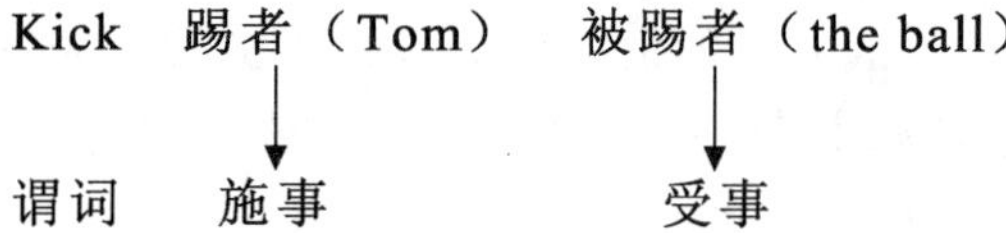

论元结构和句法结构对应。从论元结构到句法结构的理论过程就是映射,也称体现。体现就是论元结构的论元体现为句法结构的**语法关系**(grammatical relations)。将投射过程和体现过程合二为一,就构成从动词到句法结构的整个理论过程(见图 1.2)。

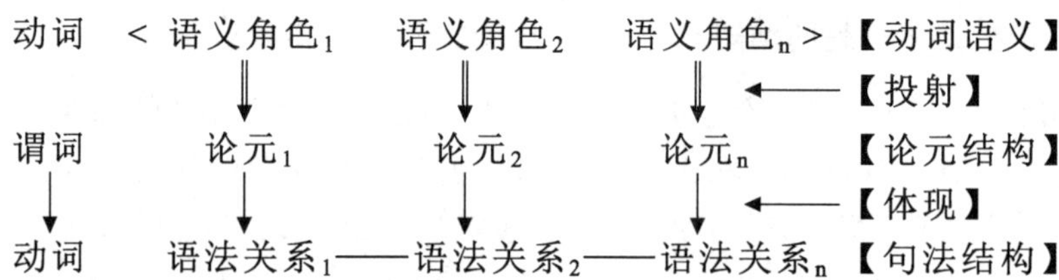

图 1.2 投射和体现

再以上述 kick 小句为例。根据体现的相关原则,施事体现为主语的语法关系,受事体现为宾语的语法关系。将投射和体现合二为一,我们获得从动词 kick 到相应句法结构的理论过程,表述如下:

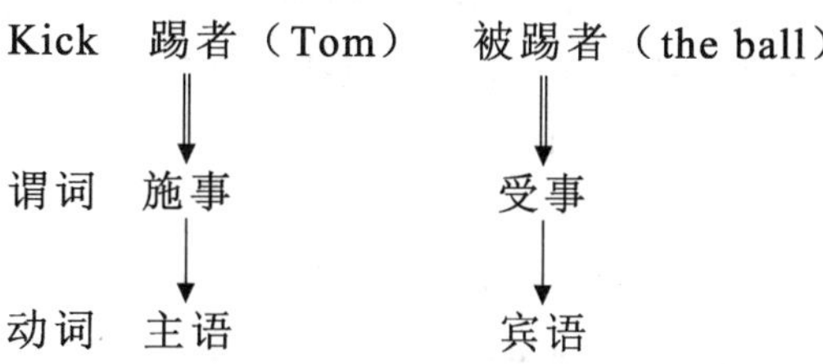

形式语法各式一般将论元结构归作句法结构。它主要表述谓词的句法**价**(valence)以及确定语法关系的论元凸显等级,但它不表述题元角色信息(Grimshaw 1988: 1)。有人认为,论元结构就是形位句法层的表述结构。大多数学者认为,论元结构基于动词的语义特征。它是深层概念表征和表层形式连接的结合部。他们认为,这些概念结构具有普遍性,并和具体语义无关。以句法为中心的理论模式自然更关注论元结构的句法作用,但形式语法各式对论元结构和句法关系的侧重点和表述细节各不相同。词汇功能语法(LFG)(Bresnan 2001)、关系语法(Relational Grammar)(Blake 1990)关注语法功能的关系,原则参数理论(Principles and Parameters)关注句法构造(Chomsky 1981、1986),中心词驱动短语结构语法(HPSG)关注语法功能和语法范畴标记(Polard and Sag 1994)。出于讨论词汇进路和构式进路互补性的需要,我们选择具有可比性的**单层**(monostratal)**非转换**(non-transformational)句法结构作为形式表达的主要探究对象,该结构相当于早期转换生成模式的**表层结构**(surface structure)。

无论怎么描述论元结构在整个理论构造中的关系,论元结构都应该是句法结构和动词语义的接合部。既然理论模式选择动词语义,那么论元结构必须承担表述语义和语法的双重任务。整个理论构造中,论元结构可以描述为句法层面的结构,动词则通过语义投射派生各论元;也可以描述为语义和句法在论元结构层面上的联系。这两种描述的区别主要是理论视角和侧重点不同,不同的视角和侧重点不会改变论元结构联系动词语义和语法功能、范畴的双重关系。

以上举的例子基本上限于一个动词投射生成一个论元结构,一个论元体现为一个语法关系。实际上,语言义形关系远比如此一对一的对应关系复杂。一个动词可以出现在多个句法结构中,多个句法结构对应多个论元结构,那么一个动词必须能够投射派生多个论元结构。既然论元结构的投射是基于动词语义的,那么一个动词能投射获得的论元结构和动词所带语义组相同。这就能够保证,动词通过其多个语义投射获得多个论元结构,并体现为多个句法结构。这些动词相同、结构不同的句法结构,称作**变式**(variants)。例如:

Tom kicked at the iron ball.

Tom kicked the iron ball with his left foot.

Tom kicked his left foot against the iron ball.

Tom kicked the iron ball into the net.

Tom kicked her an iron ball.

理论构造需要为相同动词出现在不同变式的投射关系提供理论表述。

所谓的变式就是一个动词可以出现在不同的句式中,这些动词相同的不同变异句式称作变式。动词和不同变式之间的关系视为动词的**变异**(alternation)。词汇进路的研究不仅仅关注动词和变式的体现关系,还关注语义相似的动词类组和变式之间的对应关系(Levin 1993;Levin and Hovav 2005)。作者还注意到,有些变式不仅仅动词相同,其显性成分也相同。请比较:

Tom kicked the iron ball with his left foot.

Tom kicked his left foot against the iron ball.

两句的动词参与者成分都是:踢者(Tom)、被踢者(the iron ball)、踢的脚(his left foot)。但是,它们的参与者成分和下面的例句略有不同,请比较:

Tom kicked the iron ball into the net with his left foot.

后者比前两句多一个作为终位的参与者成分(the net)。

如果将动词(或动词类)语义到句法结构的过程视为一种理论过程,那么投射理论过程是从动词语义到句法结构的过程。在这个过程中,论元结构中的各论元既需要含通过动词语义投射而得的信息,又要含体现为句法结构中语法关系的信息。论元这样的双层身份给理论表述带来了一定的困难。各理论模式试图通过语义角色的设置、**事件结构**(event structure)和体现**等级**(hierarchies)来解决这些问题。它们各自都能解决一些问题,同时又带来了另外一些问题等待我们去进一步探究和解决。

1.3 构式进路的宏观构架

构式进路和词汇进路不同，研究者更关注构式。形式语言学范式的构式进路有**新构式语法**(neu-construction)，该研究进路更关注句法(Borer 2003、2005a、2005b；袁野 2014)；认知语言学范式的构式进路强调义形关系，侧重语义。从义形关系的研究角度出发，认知范式的构式进路和词汇(语义)进路有更大的可比性，是本书互补性研究的关注点。

认知构式进路(下文简称构式进路)的研究者不仅研究核心小句，同时还研究习语。换言之，构式进路的研究对象是语言整体，即语言的所有构式(Fillmore et al. 1988；Kay and Fillmore 1999)。尤其在习语小句中，它的语义并非由其成分组合(或合并)构成。例如：

What is the fly doing in my soup?

该句的语用含义是"我的汤不干净，请换一份"。它和"苍蝇"(fly)的语义没有直接关系，和结构的句法语义也没有直接关系。这样的构式，它们语义成分和句法成分之间没有直接体现关系，自然无法用投射观理论构造来合理表述。

构式进路和词汇进路最显著的差异是，前者强调的是义形关系，而不是动词对句法的投射。在小句义形关系的构式探究中，虽然不同研究者的理论观点略有不同，并分出不同的构式语法，甚至对动词和结构，对语义和句法的侧重点各不相同，但他们都认为构成小句语义既包括动词语义，更涉及结构(及构式)语义。他们甚至认为，构式语义和动词语义一样，是独立存在的，并在句子中起主要作用。在整个语法体系中，构式语法关注构式之间的传承或承接关系。但是，构式语法各版本，就其内部的构造，有各自不同的关注点。论元结构构式语法强调动词和论元结构之间的语义**融合**(fusion)关系(Goldberg 1995、2006)，认知语法(cognitive grammar)和激进构式语法(radical construction grammar)则强调构式和构式成分之间的整体和局部关系(Langacker 1987、1991；Croft 2001)。

论元结构构式语法(Goldberg 1995、1997、2006)是构式语法中大多数中国学者熟悉的一种版本。论元结构构式语法将动词语义视为丰富的百科语义，而不是词典语义。丰富的百科语义不是某连接点，而是一个**域**(domain)，内含由凸显和背景构成的结构(Langacker 1987、1991)。如此百科语义用**语义框架**(semantic frame)表述(Goldberg 1995)。除了动词百科语义外,小句还必须有独立存在的构式语义。两者之间的关系不是从动词到句法的投射关系,小句的句法结构也不是由动词投射派生获得,而是由动词语义和论元结构的**整合**(integration)获得。整合就是动词各参与者和构式的对应论元的语义融合。例如:

John kicked the ball into the net.

小句动词的语义和论元结构分别是:

踢<踢者　被踢者　终位>
使移<施事　题元　终位>

其中踢者融入施事,被踢者融入题元,终位融入终位,它们组合构成使移构式:

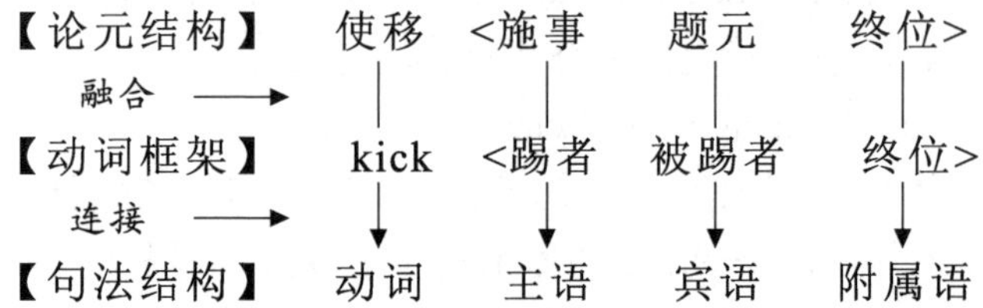

又如:

John drank the pub dry.

它的动词语义和论元结构分别是:

饮<饮者　饮料　>
使成<施事　受事　结果>

其中施事和饮者融合,受事和结果则由论元结构提供。两者通过整合,组合构成使成构式:

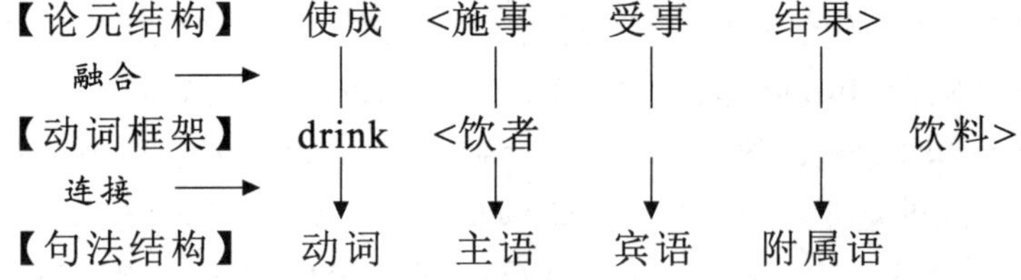

构式理论构造中并不是任何动词参与者都可以和任何论元融合,两者间的融合是有语义限制的(Goldberg 1995: 50)。只有论元角色和动词参与者角色的语义是匹配的,两者才可以融合(Goldberg 1995: 50; Goldberg and Jackendoff 2004)。例如：

Bill kicked the ball into the net.

该小句是个使移构式。其中动词 kick 的"踢者"可以识解为施事的一个实例，所以"踢者"参与者可以和施事论元融合。同理，"被踢对象"可以识解为题元。在构式中至少有一个参与者可以识解为论元角色。换言之，动词所贡献的角色和构式所贡献的角色至少有一个是可匹配的。

构式语法自然以构式为切入点，并指出构式可以有不同的语义变体，即构式具有多义性。各变体有典型和非典型之别(Goldberg 1995: 37－39)。但是，这些多义变体和动词类型有关。例如：

Tom gave her a necklace. 【典型】
Tom promised her a necklace. 【有条件】
Tom refused her a gold watch. 【否定】
Tom left her a house. 【未来】
Tom allowed her an ice-cream. 【允许】
Tom built her a house. 【意愿】

典型义表示动作者致使接受者获得实体(X 致使 Y 获得 Z)。这个典型义在其他非典型构式语义有了不同的延伸语义。例如，第 2 句表达的延伸意思是：完成"X 致使 Y 获得 Z"是有条件的，该条件是，Tom 必须兑现其承诺。又如，最后一句延伸出的意思是：X 致使 Y 获得 Z 是 X 本人的意愿，Y 是否接受 Z 两可。我们饶有兴趣地观察到，Goldberg 的构式多义分类和动词语义分类有关。根据 Goldberg(1995: 38)的分析，构式的各语义变体和动词语义类型的关系可表述如下：

典型：内含给予动作的动词(give、pass、hand、serve、feed ...)、致使移动动词(throw、toss、slap、kick、poke、fling、shoot ...)、致使按具体方向移动动词(bring、take ...)。

有条件：有条件给予动词(guarantee、promise、owe ...)。

否定：拒绝接受动词(refuse、deny)。

未来：未来接受动词(leave、bequeath、allocate、reserve、grant ...)。

允许：允许动词(permit、allow)。

意愿：创造动词(bake、make、build、cook、sew、knit ...)、获取动词(get、grab、win、earn ...)。

其中能进入典型构式的动词类型数量最多，两者存在一定的对应关系。

Goldberg(1995、2006)的构式进路关注点是抽象的论元结构构式。其构式语法中的构式是抽象的独立存在的义形单位。如此抽象构式视为由多个空位(或槽位)组合构成。具体的动词仅仅作为谓词空位的具体填充词项。句法结构主要由构式来决定,而具体构式实例是否成句则由填充词项和空位之间的关系,通过融合原则和语义条件限制机制来表述。

激进构式语法和认知语法一样,强调构式作为整体和其成分构式之间的**转喻**(meronomic)关系,激进构式称其为转喻连接。但是,激进构式语法和其他相应构式语法最显著的差异是:激进构式语法认为,范畴只根据其所在构式中扮演的角色来定义。所以每个构式有自己独有的范畴,而跨构式相应范畴的概括关系则由**分类连接**(taxonomic links)来表述(Croft 2001)。

1.4 词汇构式进路的宏观构架

词汇构式进路的研究是构式进路的一个版本。它和论元结构构式语法不同的是该进路的研究者更加关注语义框架,并认为动词不是单义的,而是多义的(Boas 2003a)。每一个动词**语义**(sense)可以**联结激发**(evoke)一个对应的语义框架,而语义框架本身可以自动连接句法结构。但是,按照Boas(2003a)的表述方法,动词分类同时顾及语义和句法分布。他分出的动词类型没有词汇进路的投射模式那么多。词汇构式语法的另一个显著表述特征是,其研究者强调构式网络由一组抽象程度不同的构式联结构成构式层级组织(Iwata 2005、2008;Boas 2009)。该进路的研究者甚至认为,他们的理论模式可以进一步解决构式语法理论表述中遗留下来的问题。

1.5 互补的可能性

虽然各进路的理论模式和理论过程不同,但它们探究的对象有相似之处,各自的理论表述都涉及动词语义和句法结构之间的关系。词汇进路的研究者从两个角度对研究对象进行了探究:一个是参与者或论元角色,另一个是谓词类型。前者涉及具体实例和抽象句法功能之间的关系,后者关注动词的分类及其和句法结构之间的关系。

构式进路和词汇构式进路的研究者基本上采用具体实例参与者来表述动词语义,这一点和词汇进路的理论模式基本一致。虽然构式语法研究者都声称动词语义必须表述为丰富的百科知识,但在形式表述中,他们还是采用简化的形式表述。就形式表述而言,两种进路的理论模式差别不大。所不同的是,词汇进路有些版本开始用抽象的论元角色来逐步替代具体的参与者角色,以此来表述论元结构和句法结构之间的连接关系。构式进路则将动词参与者和构式论元分开表述,并通过融合关系或框架激发关系,将两者联结起来。就此而论,词汇进路简洁、概括,构式进路细致、精确。

动词和句法结构之间的关系,存在一个动词对应一组句式的关系。各版本之间比较大的分歧在于一对多关系的表述方面。词汇进路的研究者认定动词的多义性,构式进路的研究者侧重构式的多义性,而词汇构式进路的研究者两者兼顾。

由于动词语义和句法结构及其变式之间的对应关系不是一对一的,词汇进路的有些版本转而关注事件结构的研究,用事件结构来具体表述句法结构的语义差异。类似的问题在构式语法中则通过融合及其语义机制来解决。

不同版本的理论模式都对语言分析和表述提供了许多有理论意义的表述,但是各自又都有自身的局限性。我们试图通过各理论及其理论模式的互补,至少可以来发掘问题,并力图为难以解决的问题构建新的理论模式。

国内比较瞩目的词汇进路的理论模式是汉语的配价语法。该语法研究者对汉语具体动词和变式之间关系的研究取得了许多有意义的成果(袁毓林 1998、2010;陈昌来 2002)。构式语法的研究可以分两个部分来看,一个是理论引介和讨论部分(朱军 2010;牛保义 2011;王寅 2011;刘正光 2011),另一个是汉语表述部分,其中包括吸引许多学者投入研究的汉语“双及物构式”(张伯江 1999;陆俭明 2002;程琪龙 2004;石毓智 2004;熊学亮 2007;沈家煊 2009)。

1.6 汉语表述的挑战

如果研究者认为,语符关系以及语符关系组合的研究,主要是动词语义和句法结构之间关系的研究，那么坚持如此理论观点的研究者同时也接受了这样一个理论前提，即动词语义和句法结构之间有一定的对应关系。在动词和句法结构关系的研究模式中，这样的对应关系视为动词和构式的匹配关系。英语可以有完全匹配和部分匹配两类句型，例如：

John made a big cake.　　　　　　【完全匹配】

John made Mary a big cake.　　　　【部分匹配】

动词的参与者角色是"制作者""制作对象"。上例前句是个及物构式，它有两个论元。其中施事和制作者对应，受事和制作对象对应。所以英语的 make 和及物构式之间存在一种完全匹配关系。后句是个双及物构式，有三个论元，它们是"施事""收受者""受事"。其中施事和制作者匹配，受事和制作对象匹配，但收受者和动词没有任何匹配关系。所以动词 make 和双及物构式之间是一个部分匹配关系。这两种匹配汉语自然也有，例如：

我把文件递给了博士生。　　　　【完全匹配】

我把汤做得太咸了。　　　　　　【部分匹配】

除了完全和部分匹配外，汉语还有两种完全不匹配句型，对理论各版本而言都难以描述。例如：

阜阳一学校食堂吃出死青蛙。①

把空壳丰满起来。②

前句动词"吃"的语义包括"食者""食物"，但这两个参与者角色没有一个和构式论元角色融合。因此，动词"吃"无法通过语义投射获得句法结构。后句甚至没有主动词，投射更无从谈起。

另外，按照构式语法的融合原则和语义条件，任何动词的动作者角色不可以融合受事或题元。但是，汉语的语料中发现了反例，请比较：

他吃完了我的包子。

我的包子从未吃死过人。

汉语的动作者既可以按常规和施事融合，体现为主语"他"；又可以和受事融合，体现为宾语"人"。这种多重匹配句，英语是不允许的。为了便于讨论，我们将非常规的融合句式称作"错配句"。在各理论模式及其互补的研究中，这些句型也参与验证各理论模式的利弊，发现理论表述的不足，并探索解决这些表述问题的方法。

---

① 2014-9-16上海卫视综合新闻台《上海早晨》节目滚动新闻。

② 上海电视台纪实频道《沙场》访谈节目。

1.7 本书语篇结构

本书将各理论版本归入三个进路来研究。这三个研究进路分别是词汇进路、构式进路和词汇构式进路。词汇进路的研究主要涉及:(1) 语义角色和谓词分解(详见第 2 章),(2) 由动词投射获得的事件结构的三个视角(详见第 3 章)以及论元的句法体现(详见第 4 章)。构式进路和词汇构式进路的研究都归作认知语言学范式的一部分。本书对构式进路的研究主要在两个方面展开,一个是动词语义框架问题,另一个是论元结构构式语法(详见第 5 章)。词汇构式进路主要讨论词汇构式语法以及构式从抽象到具体的构式层级组织(详见第 6 章)。最后,笔者比较研究三类研究进路及其相关理论模式(详见第 7 章)。

本书的主要目的是用汉语和英语的语料来验证相关的理论版本,并讨论它们的理论表述利弊。通过对各理论表述利弊的讨论,挖掘未能解决的问题,并努力推出修正方案来解决理论模式表述的缺憾。语言学研究的一个重要目的是表述和解释语言系统,而不是评判语言理论模式。当然,如果考虑对语言理论的评判,也许所有和语言相关的领域(其中包括认知科学、神经科学、计算机科学、心理学、社会人类学)都能为语言系统理论模式提供证据。本书着重用语言现象来验证语言理论模式,并试图对模式的不合理部分提出修整的理论思路。

2

语义角色和谓词分解

按词汇进路投射观的表述,小句生成始于动词。动词向论元结构投射的基础可以有两个选择,一个是含句法信息的次范畴,一个是含语义信息的语义角色。本书的投射研究主要集中在动词语义角色投射到论元的理论过程。下文的投射指动词语义角色的投射。

语义角色投射的理论模式可以进一步分出两个类型,一个只管投射,不管其他;另一个模式既表述投射获得的论元角色,也表述论元如何体现(也称"连接"或"映射")为多个语法关系。联结动词的语义角色和句法的论元结构成了语义和句法的接口(interface)。本书讨论的投射模式属于后一种。

如果采用以语义角色作为投射基础的理论构造,义形接口研究仍然有两个难题需要解决。一个是语义角色的分配问题,另一个是论元的句法体现问题。细言之,这两个问题主要涉及(1) 动词的语义角色设定问题以及(2) 各语义角色和语法关系之间的体现关系问题。实际上,词汇进路各式和构式语法各式都关注这两个问题。但它们关注的角度不同。

词汇进路的研究者从投射观的角度出发，将动词到语法结构的理论过程简洁表述为：

动词——→论元结构——→句法结构

如果暂时不考虑论元和语义角色之间关系的细节，那么论元结构的论元有其语义角色，句法结构的成分是语法关系。在结构成分的表述中，上述理论过程可以改写为：

动词——→语义角色$_{1-n}$ ——→语法关系$_{1-n}$

从动词语义角色到论元的理论表述是动词指派语义角色的过程，从语义角色到语法关系的理论表述相当于各式所说的论元体现，即论元语义角色和语法关系之间的连接关系。例如：

李四放了一本书在桌子上。

动词"放"的论元语义角色应该是：施事、题元、处所，它们分别体现为"名短$_1$""名短$_2$""介短"。

动词和语法关系的表达形式是可观察到的，但语义角色却需要假设获得。所以从动词到语法关系的投射和体现，主要解决的问题之一是语义角色的设置问题。鉴于语义角色在整个理论过程的位置关系，语义角色设置必须在动词和语法关系之间调整。由于论元语义角色的这种双向关系，就整个理论构造而言，它的设置需要有两个视角，一个是动词语义的，另一个是语法关系的。

动词语义的研究可以从两个角度进行，一个是语义角色的角度（详见第2.1各小节），另一个是谓词的角度（详见第2.2各小节）。就整个论元体现理论构造而言，论元的语义角色是构造的关键所在。论元语义角色是一个假设的理论构造，它至少有两个问题进入了研究者的视线，一个是语义角色的精细度，一个是语义角色体系。精细度可以分成三个程度（详见第2.1.1小节）。常见的体系有两种：语义角色清单和概括性语义角色（详见第2.1.2—2.1.5小节）。

谓词可以分解为类型不多的元谓词（详见第2.2.1小节）。它们的语义、句法和语音结构在三个平行平面上作出一一表述（详见第2.2.2小节）。在语义平面中，各元谓词可以延伸获得各种概念语义结构（详见第2.2.3小节）。甚至语义相关的不同概念语义结构，在语义平面上作出统一表述（详见第2.2.4小节）。

2.1 语义角色视角

语义角色视角的研究,主要关注语义角色的设置,解决语义角色设置的难题。语义角色扮演着双重角色,它既要关注概念语义,又要关注句法体现。由于语义单位的设置是相对主观的,不同的研究者对语义单位的理解和设置也是不同的,语义设置就其语义细节而言可以是无限的(Palmer 1994;张伯江 2009)。由于这些语义单位最终要体现为语法关系,所以它们的设定最终一定是有限的。从无限的语义细节,到有限的句法限制,我们似乎可以建构成一个语义角色的层级组织。

2.1.1 分类层级组织

要寻找动词和结构之间的最佳关系位置,我们需要将动词和结构成分作一个比较。由于语义角色是语义范畴的,所以我们考虑比较动词语义和小句的结构语义。首先,动词和结构的数量差别甚大。如果每个动词都有属于它自己的动词语义结构(相当于事件结构),那么它们的语义成分总量极大。和动词相比,句法结构数量是非常有限的,那么语法语义结构也相对有限,所以结构语义成分自然也是有限的。有限的语法结构成分和海量的动词事件结构成分构成很大的跨度。两者比较,结构成分肯定是对动词成分的概括,它们的关系构成**分类层级组织**(taxonomic hierarchical organization)。

将众多理论模式的语义角色联系成一个系统,那么我们可以得到一个三层级语义角色组织,表示语义角色设置的三个不同的精密概括程度。这三个程度在层级组织中有相应三个层级:动词层、题元层和概括层(Van Valin 1990、1999)。它们相应语义角色分别是**动词语义角色**(Verb-Specific Semantic Roles)(简称动词语义角色)、**题元关系**(Thematic Relations)以及概括语义角色(Generalized Semantic Roles)(见图 2.1)。

动词层的语义角色最具体,它是具体动词所表达事件、动作、活动或性状的参与者。例如,动词"杀"的语义角色有"杀者""被杀者"。又如,动词"爱"的语义角色有"爱者""被爱者"(见图 2.1)。论元结构构式语法中,动词语义角色被视为百科语义的一部分,并表述为动词的**参与者**(participant)。Goldberg (1995)对论元结构构式语法中动词框架的表述,

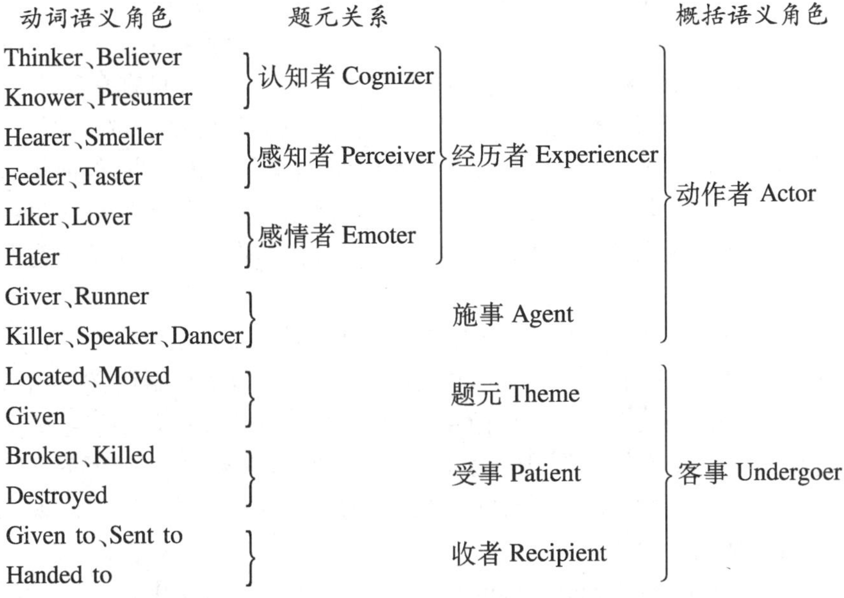

图 2.1　语义角色层级(Van Valin 2005：54)

就采用了类似的动词语义角色。对词汇进路的理论表述而言,动词语义角色有时显得过于精细、琐碎。实际上,许多动词可以就其体现的句法结构归入同类。例如:

Tom put/set/placed the glasses on the table.

*Tom put/set/placed the glasses to the table.

其中动词 put、set、place 因其相同的句法分布而归入相同的动词类组。动词的归类,本身就是理论表述的一种概括性。而动词语义角色的精细表述,缺失了理论表述的概括性。又如:

他们把书 放/摆/搁 在书桌上。

其三个动词在概括层面上归入相同的动词类组,可以用于含介短的把字句构式中。

题元层的语义角色是题元关系,它们概括了动词层的语义角色。常见的题元关系语义角色包括经历者、施事、题元、受事和接收者(见图 2.1)。常用的语义角色还有工具。Van Valin 没有将工具纳入层级组织中表述,是有其原因的。至少有以下两个原因使上述层级组织难以对工具作出相应的表述。一、工具作为一个题元关系,它既可以像其他题元关系一样作为语义结构中的必有成分,也可以作为可有成分。例如:

Sam broke the window (**with a stone**). 【可有】

The flying stone broke the window. 【必有】

二、工具和上位的概括语义角色和下位的动词语义角色之间的关系,并非像其他语义角色那样有规律。以上两例中,前句的工具体现为附属语,而后句的工具体现为主语。毫无疑问,后句的工具概括归入客事,但前句的工具是否能概括归入动作者呢?如果可以,那么工具的概括性语义角色至少有两个。从工具句法体现的角度出发,将工具作为一个语义角色失去了概括性。

工具没有在其层级组织中予以表述并非偶然。工具虽然是一个常用的语义角色,但它的体现关系非常复杂。工具和上位的概括语义角色以及下位的动词语义角色,它们的关系似乎难以用 Van Valin 的层级组织作出合理说明。如果将工具设定为相对抽象的题元关系,那么它至少可以细化为工具和材料。从语法体现的角度出发,工具和材料都可以体现为 with 介词短语。例如:

Tom hit the bird with a short gun. 【工具】

Tom hit the bird with a rubber bullet. 【材料】

但是,工具也好,材料也罢,它们和动词的关系不如图 2.1 所示的动词语义角色那么接近。以上两句中,施事和受事自然和动词接近,两者是动词的必有参与者,但工具和材料可以是可有参与者。题元关系工具的第二个难题是它复杂的语法体现。在英语小句中,它既可以体现为附属语,也可以体现为主语或宾语。例如:

Sam kicked the stone ball **with his left foot**. 【附属语】

Sam kicked **his left foot** against the stone ball. 【宾语】

His left foot kicked the stone ball. 【主语】

概括层的语义角色称作**概括性语义角色**(Generalized Semantic Roles, GSR),它是题元关系就句法体现的再次概括。研究者一般将其视为语义角色的最高层级概括。各理论模式关注的概括性语义角色常有两个,它们分别体现为语法关系的主语和宾语。这两个概括语义角色在不同的理论模式中有不同的术语。原型理论称其为**元施事**(Proto-agent)和**元受事**(Proto-patient)(Dowty 1991),**角色和参照语法**(Role and Reference Grammar)称其为**动作者**(Actor)和**客事**(Undergoer)(Van Valin 1999)。就概括程度而言,它们相当于早期转换语法的深层主语和宾语,以及后来 GB 理论的浅层域外和域内论元(Chomsky 1981、1986)。

单层非派生语法不允许深层语法关系,也不提倡语法关系转换,动词和结构之间关系的表述,由概括语义角色来完成。以下三点足以证明概括语义角色和语法关系不同。(1) 印欧诸语可以有主动句和被动句,它们的主语体现不同的语义角色,因此语义角色和语法关系各不相同。例如:

The boy smashed the window. 【动作者】

The window was smashed by the boy. 【客事】

两例句中相同的语法关系却体现不同的语义角色。前句的主语是动作者,后句的主语却是客事。(2) 不及物小句的主语,就动词类型的不同,体现的语义角色也不同。就不及物结构而言,语义角色和语法关系自然也不相同。例如:

John jumped down on the ground. 【动作者】

John fell down on the ground. 【客事】

The glass broke. 【客事】

The bread sells well. 【客事】

(3) 汉语的动作者和客事都可以作主语,也都可以作宾语,例如:

他把包子吃完了。 【动作者】

我的包子从来没有吃死过人。 【客事】

这样的体现关系对所有西方理论模式来说都是一个严峻的考验,英语中不存在如此的义形体现关系。

2.1.2 语义角色清单

语义角色清单是最常用的词汇语义表征。类似的研究一直可以追溯到语法学家 Panini 对梵文的研究。该类研究当今最熟悉的则要数 Fillmore(1968)的**格框架**(case frame),还有 Stowell(1981)的**旨元网**(theta-grid)。语义角色清单思想在 Gruber(1965)和 Jackendoff(1972、1976)早期的研究中得到延续和发展。

早期的语义角色清单有三个显著特征:(1) 语义角色不可再分解,(2) 语义角色定义和动词语义无关,(3) 语义角色比较少,体系相对简单(Croft 1991: 56)。此外,这些语义角色的定位相当于分类层级的中间层。不同研究者提出的清单大同小异。比较典型的,影响也最大的自然是 Fillmore(1971b: 376)的清单。他列出的八个语义角色清单定义如下:

施事(**A**gent):事件启动者

阻止施事(**C**ounter-Agent):阻止干扰动作实施的阻力

客事(**O**bject):移动、变化以及涉及位置、存在的物体

结果(Result):动作结果的物体

工具(Instrument):刺激事件物体或导致事件产生的直接物质原因

原(Source):某物移动前的位置

终(Goal):某物移动后的位置

经历者(Experiencer):收受者,或动作影响的经历对象。

我觉得还有必要再添加一个位置(Location),即物体所处的位置,或动作、事件发生的位置。

Fillmore(1971b)认为,每一类组动词有相应数目的参与者,参与者则和语义角色联系。不同类组的动词自然有不同的参与者。例如:

Break <施事　工具　客事>

Hit　<施事　工具　位置>

不同的论元导致句法分布的异同。例如:

Tom broke the window with a ball.

Tom hit the window with a club.

Tom broke the ball against the window. (the ball was broken)

Tom hit the club against the window.

A ball broke the window.

*A club hit the window.

两个动词有不同的论元语义角色,不同语义角色又和不同的句法结构对应。除了考虑动词的词汇语义表征外,理论模式的构建还必须考虑它们和语法的对应关系。Fillmore 设置了主语选择规则和宾语选择规则。选择规则认为,主语和宾语的选择取决于语义角色清单。根据清单,主语选择顺序是"施事>工具",即主语一般选择施事,如果施事没出现则选择工具。宾语的选择顺序是"客事>位置",即宾语一般选择客事,如果客事没出现则选择位置。

2.1.3　语义角色清单的缺陷和再探

清单式模式最大的问题是语义角色和表达形式之间的关系。不同的理论模式都会倾向于遵守义形对应原则。例如,with 介词短语一般认为和工具对应。但是,语言事实告诉我们 with 介词短语对应的语义有:**工具**(instrument) *to hit with a club*、**伴随**(comitative) *to dine with a girl*、**材料**(material) *to load the car with books*、**原由**(cause) *to shiver with cold*、**方式**(manner) *to receive them with enthusiasm* 等(Nilsen 1973; Schlesinger

1979、1989、1995;Schütze 1995)。它们在有些变式中有不同的句法分布。例如:

Tom sprayed the wall with paint. /Tom sprayed paint on the wall.

Tom received them with enthusiasm. /* Tom received enthusiasm to them.

虽然 paint 和 enthusiasm 都可以体现为 with 介词短语,但前者可以作为题元体现为宾语,而作为方式的后者却不能体现为宾语。可见,并非体现为 with 介词短语的都可以归入相同的工具语义角色。又如:

Tom danced with his girl friend. /Tom and his girl friend danced.

Tom shivered with cold. /* Tom and cold shivered.

伴随者可以和动作者联合体现为主语,但原由却不允许体现为联合主语。

对上述介词短语略做分析,就能够看到清单式模式无法为"工具"找出归类的必要充分条件。可见,语义角色的归类缺陷是由清单式理论本身造成的。

清单式的施事也有类似的问题。大多清单将**自然原由**(natural cause)归入施事,它们都可以体现为主语。请比较:

Mary killed him. 【施事】

Heart attack killed him. 【自然原由】

但是,以下例句对自然原由和动作者有不同的句法体现。

He died of/from heart attack.

* He died of/from Mary.

以上两例明示,自然原由和动作者,两者确实如 Delancey(1984)和 Voorst(1996)所说,有不同的语法体现。

以上的讨论告诉我们,无论是工具还是施事,如果按照必要充分条件来做清单式归类,在处理句法体现时就会有归类条件不够精密的问题。单纯地从一个句式来制定语义角色,会导致变式体现出错。最终导致语义角色的范畴和句法体现脱节。

清单式语义角色及其论元太重视范畴的独立性,忽略了范畴之间的关系,这个关系同时表现在变式体现的对应关系上。例如:

Mother fed fresh milk to the kid.

Mother fed the kid with fresh milk.

就动词而言,两句中的 fresh milk 都归入题元。就变式而言,前句的归入题元,后句的归入工具。这样的体现关系也出现在其他许多动词句型中,例如:

Sam shot the bullet into its head. /Sam shot its head with bullet.

如此变异表明题元和工具(或属于工具的次角色“材料”)共享蕴涵语义，并准入某些相同变式。要表述如此语义角色和变式体现的关系，不可分解的清单式语义角色论元，对不同论元之间语义和体现相似之处的表述，显得无能为力。与此同时，相关名词短语归类的必有充分条件本身也会出现问题。

另一个比较严重的问题是语义角色和论元的关系。清单式模式认为，一个语义角色对应一个论元。但是，在具体句子中，一对一的对应原则站不住脚。有些句子中，一个论元可以同时含两个语义角色。例如：

Tom walked into the meeting room.

其中 Tom 既是动作实施的施事，又是移动的客事，可见一个论元实际上含两个语义角色(Gruber 1965、1976；Jackendoff 1972、1976、1983)。双语义角色的论元还出现在领属变化的小句中。例如：

Tom sold the bike to Sam.

Sam bought the bike from Tom.

前句的 Tom 既是施事，又是原属；后句的 Sam 既是施事，又是终属。

语义角色和论元的不对应，除了表现在多个语义角色对一个论元的关系外，还有一个相同的语义角色对应多个论元的关系。例如：

Judy resembles Hitler.

动词为 resemble 的句子所含的两个论元有相同的语义角色。另外一些研究者则反对这样的分析。例如：

Hitler resembles Judy.

这样的句子非常牵强。原因是 resemble 的主语和补语，它们的语义主次还是存在的。作主语总是主动去和其他单位去比较的，而补语则是被比较的单位。很显然“希特勒”作为主动单位和其他人比较自然是不合适的，所以句子很牵强。尽管如此，现在仍然无法将这两个语义角色分开。

为了解决早期理论模式的语义角色和论元之间非一对一的对应关系以及语义角色和句法体现的矛盾，人们试图在清单模式的基础上，用分解语义角色的方法来弥补清单式模式的缺陷。语义角色的分解就是将语义角色分解为一组**语义特征**(semantic features)(Anderson 1971、1977；Ostler 1979；Reinhart 1996、2000、2001、2002；Rozwadowska 1988、1989)。

2.1.4 概括性语义角色

概括性语义角色的瞩目特色就是语义角色的概括性。语义角色的概括性及其和清单式语义角色的不同在于：(1) 概括性语义角色进一步深入探究语义角色和语法关系之间的关系，并将研究重点移向论元体现，而清单式语义角色的研究重点是定义语义角色本身，对语义角色和论元体现之间的重视不够；(2) 概括性语义角色定义为由一组典型概念构成，而清单式理论以必要充分条件对语义角色作归类处理。概括性语义角色有各种各样的，其中讨论最多的是 Dowty(1991)的典型理论，其次是**角色和参照语法**(Role and Reference Grammar, RRG)(Van Valin 1993、2005)。

Dowty 的初衷是解决清单式理论遗留的问题。Dowty 及其合作者认为，论元有一组由动词提供的词汇**蕴涵语义**(entailments)(Dowty 1989; Ladusaw and Dowty 1988)。Dowty 认为，概括性典型角色只有两个，一个是施事典型角色，称作**元施事角色**(Agent Proto-role)和受事典型角色，称作**元受事角色**(Patient Proto-role)。它们的蕴涵语义分别表述如下(Dowty 1991：572)①：

施事典型角色：

(1) 事件和性状的自主参与者；

(2) 有知觉者；

(3) 导致另一个参与者参与某事件或改变性状之参与者；

(4) (以另一个参与者为标志方位的)移动者；

(5) 和动词表示的事件无关而存在。

受事典型角色：

(1') 经历变化的参与者；

(2') 增量题元；

(3') 受到他者影响的参与者；

(4') (以另一个参与者为标志方位的)参与者；

(5') 独立于事件不存在的参与者。

根据典型理论原则，角色归类时，蕴涵语义越多的名词短语，就越典型。这一典型性判断既可以帮助选择主语，又可以选择合适宾语。以主语对应的施事为例：

Tom broke the window.　　【蕴涵 1、2、3】

John touched the rock.　　【蕴涵 1、2】

Sam saw the window.　　【蕴涵 2】

其中 Tom 蕴涵三个语义，John 蕴涵两个语义；所以 Tom 作主语比 John 作

① Dowty 对两者第 5 项蕴涵语义是否属于话语范畴表示怀疑。

主语更具有典型性,动词 break 的主语比动词 touch 的主语更典型。

典型理论原则同样可以用来分析宾语的选择。例如:

他们将**相片**都挂在墙上。 【蕴涵 3'、4'】

他们将**客厅**挂满了相片。 【蕴涵 3'】

同理,"相片"比"客厅"更具有宾语典型性。

以上所有的句对中,至少有一个蕴涵语义是相同的。但是,相同论元的不同名词短语,各自也可能有完全不同的蕴涵语义。例如:

学生将**新书**搬进了教室。 【蕴涵 1'、3'、4'】

学生看到**新书**了。 【蕴涵 5'】

两句的宾语没有一个蕴涵语义是相同的,有意思的是它们都属于元受事,并体现为宾语。

在处理元角色体现的问题上,研究者对蕴涵语义不仅仅停留在数量上,还关注蕴涵语义的权重。Koenig and Davis(2001: 82 - 83)提出一个等级来表述主语选择中蕴涵语义的权重。他们认为,在论元体现中,决定主语选择的不是蕴涵语义的数量,而是它们各自的权重等级。选择主语的蕴涵语义权重等级是:致使>有生命>意愿>移动。例如:

The hot weather made her drink more.

该句的 the hot weather 蕴涵"致使"(causation)语义,而 her 蕴涵"有生命"(sentience)和"意愿"(volition)语义。如果按数量来选择,主语应该是 her;按权重等级来选择,主语应该是 the hot weather。这一例句似乎证明权重才是决定主语选择的依据。如果权重等级在论元体现中起决定作用,那么理论还需要说明权重等级是如何确定的。很显然合理的词汇语义表征一定包括典型模式之外的语义因素(Levin and Rappaport 2005: 61)。其中权重等级就是这样一种语义因素。

2.1.5 概括性语义角色的利弊

Dowty 的典型论广泛用于对论元变异体现,尤其是在主语和宾语的选择方面。英语心理动词 fear 和 frighten,击撞使移动词 hit 和 kick,互动动词 hug 和 kiss 等,它们的主语和宾语的选择,可以用典型论原则来表述(Gleitman 1965;Gleitman et al. 1996;Lakoff and Peters 1969)。英语心理动词可以归入两大类:一类是经历者作主语,另一类是经历者作宾语。例如:

Larry feared gunshot.

The gunshot frightened **Linda**.

两句的参与者有不同的蕴涵语义。根据 Dowty 的定义,前句的经历者 Larry 只是一个处于某种心理状态的知觉者,所以选择体现为主语;后句的经历者 Linda 不仅仅是知觉者,更是受他者影响并经历变化的参与者,所以选择体现为宾语。当然,典型理论还需进一步说明为什么 Linda 在同时蕴涵施事元角色语义和受事元角色语义时选择了元受事,而没有选择元施事。

典型理论的另一个优势表现在其解释互动谓词论元体现的能力上(Dowty 1991: 580 - 581)。互动谓词可以是一价动词,也可以是二价动词。例如:

Tom and Mary debated. /Tom debated Mary.

John and Sam played the game together. /John played the game with Sam.

两句对的第一句只含一个论元,体现为作主语的集体名词短语(例如: Tom and Mary)。每个句对的第二句都是双价论元结构,但后句中的补足语是个介词短语,而不是名词短语。它们不同的变式具有相同的真值条件。研究表明,并非所有的同类变式都有相同的真值条件,例如:

The lady kissed the man. /The lady and the man kissed.

The lady kissed the baby. / * The lady and the baby kissed.

很显然以上句对的两个变式并不总有相同真值条件。由于"婴儿"不可能做出"亲吻"的动作,而主语不可以作集体名词短语的一部分。可见"亲吻"可以是个非对称的互动动词。又如(Dowty 1991: 583):

The drunk embraced the lamppost. / * The drunk and the lamppost embraced.

虽然"拥抱"是一个互动动词,它既可以是对称的,也可以是不对称的。以上句对就是不对称的例子。我们的表述更直截了当。我们认为,"亲吻""拥抱"既是互动动词,又是单向动作动词。由于第二个名词 baby 和 lamppost 都不是自主参与者,所以和它们匹配的动词只是单向动作动词,baby 和 lamppost 只能作单向动作的宾语,不能作主语。可见,Dowty 的蕴涵语义能够正确预测这些互动动词的句法行为。互动动词 collide 有相同的句法行为。再如:

The truck collided with the car. /The truck and the car collided.

The truck collided with the hill. / * The truck and the hill collided.

因为 hill 不蕴涵移动语义,所以它无法选择体现为主语;而 car 蕴涵移动语义,它可以选择体现为主语。

Dowty 在处理不及物非宾格动词和非厄格动词时指出，单论元结构的论元自然都体现为主语。两类动词的区分无须涉及句法分析，其中非宾格动词的主语主要蕴涵元施事角色语义，而非厄格动词的主语主要蕴涵元受事角色语义。例如：

Ted talked too much. 【元施事—非厄格动词】

The fan fell on the ground. 【元受事—非宾格动词】

其中非厄格动词 talk 的主语蕴涵两个元施事语义[（1）自主参与事件，（2）有知觉者]，不蕴涵元受事的任何语义，它选择体现为主语有其蕴涵语义的理由。非宾格动词 fall 的主语蕴涵一个元受事语义（处于某位置的参与者），不蕴涵任何元施事的语义，仅符合宾语选择条件。当然，非宾格问题并非如此简单，例如：

John fell on the ground.

John 在跌倒时完全有可能知觉到其跌倒，所以他应该蕴涵元施事语义。如果 John 同时蕴涵元施事语义和元受事语义，那么 Dowty 的概括性角色语义无法分配 John 的元论元角色。

在清单式理论中，某语义角色在其他相关语义角色不出现时可以选择体现为主语。例如，工具在施事不出现时可以体现为主语（Fillmore 1968：33）。当施事动作者没有出现时，工具 the key 体现为主语（见下例第 1 句）。施事和工具同时出现时，施事体现为主语（见下例第 2 句）。

The key opened the door.

Tom opened the door **with the key**.

接收者可以体现为主语，但是，当施事出现时，它不可以体现为主语。例如：

John received a package from Baraboo.

Mary sent a package **to John** from Baraboo.

Baker（1997：110）基于等级阶指出，施事等级高于接收者，当施事出现时，接收者无法分析为蕴涵元施事语义的角色；当施事没有出现时，接收者可以分析为蕴涵施事语义的角色。同理，由于工具的等级低于施事，所以工具只有高于它的施事不出现的时候，才能够体现为主语。例如：

John loaded the truck with a crane.

The crane loaded the truck.

当施事 John 出现时，工具 crane 体现为介词短语（见前句）。但施事没有出现时，工具则可以体现为主语（见后句）。Levin & Rappaport Hovav（2005：58）认为，Baker 的观点和 Dowty 的典型观基本一致，但她们都没

有解释为什么。基于 Dowty 的定义,以上两句各名词短语所蕴含的元角色语义可以是:

John　　1 自觉参与者,2 有知觉者,3 致使参与者;

crane　　3 致使参与者,3'受其他影响的参与者;

truck　　3'受其他影响的参与者。

从主语的角度出发,John 所蕴含的元角色语义最多,crane 其次,truck 没有。从宾语的角度出发,truck 所蕴含的元角色语义有一个,crane 似乎也有一个,但 John 肯定没有。根据蕴含角色,它们可以排序如下(设元施事为正,设元受事为负):

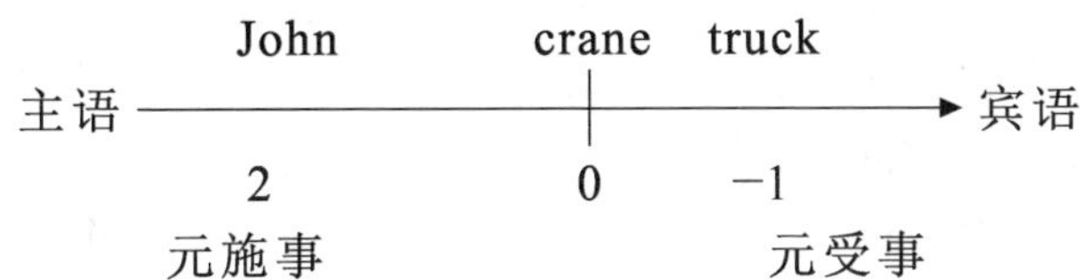

三个名词短语的排序是:

John= 2, crane=0, truck=−1。

根据蕴涵元角色语义的量,John 是 2,选为主语的等级最高;truck 是−1,等级最低。由于 crane 为 0,它的等级低于 John,所以 John 出现时,crane 不能作主语。由于 truck 的等级最低,所以它在任何上下文中都能选为宾语。可见,Dowty 的概括性语义角色能够正确预测这一句对的主语和宾语的选择。

尽管 Dowty 的典型进路引起了学界的广泛关注,但他的理论模式所涵盖的范围有限,理论模式本身没有有效涉及语义角色和句法之间的关系,更没有用其模式解释价、语法关系以及语态变化。Levin & Rappaport Hovav(2005: 60)甚至认为,典型模式对论元多元体现的研究解释能力非常有限。

Dowty 的典型模式能够比较好地解释二价及物动词的语义角色分配问题。例如:

Tom hit the tree.

其中 Tom 蕴涵的施事元角色语义比 tree 的多,所以 Tom 选为主语。但它的解释仅局限于二价及物动词,却忽略了二价不及物动词。二价不及物动词分配的两个元施事中,虽然蕴涵施事元语义角色多的选择体现为主语,但另一个并非都要体现为宾语,它还可以体现为附属语(Davis 2001: 65 − 66;Davis and Koenig 2000: 74 − 75)。例如:

The magician relies on sleight of hand.

* Sleight of hand relies on/by/of/with the magician.

当然,用概括性角色语义可以解释主语的选择动因,但却无法解释附属语的选择体现。三价动词的变式也会有问题。例如:

Tom gave a book to Mary.

Tom gave Mary a book.

主语的选择仍然没有问题,但宾语的选择无法由元受事语义角色来决定。如果我们接受这样的语感,即"前句的 Mary 是否得到书不得而知,而后句(双及物句)的 Mary 接收了书",那么双及物句的 Mary 蕴涵元施事的语义,前句的 Mary 却没有如此元语义角色。但从语法体现的角度出发,蕴涵元施事语义的 Mary 却体现为宾语,而没有蕴涵元施事语义的 Mary 却体现为附属语。这样的结果和 Dowty 的典型理论原则相悖。

概括语义角色的另一个颇受关注的理论模式是角色和参照语法(Van Valin 1990、1993;Foley and Van Valin 1984;Van Valin and LaPolla 1997)。在角色和参照语法中,概括语义角色称作"**宏角色**"(macro-roles)。角色和参照语法设置两类宏角色——动作者和客事,它们和 Dowty 的典型施事和典型受事有同有异。

宏角色是一种更为概括的角色。如果具体动词的语义角色是精细的,那么施事、受事等角色则是中度的,而宏角色涵盖施事、受事等中度角色,它是高度概括的,处于中度角色和语法之间。

典型角色概括了主语和宾语的动词特征;而宏角色则是分配给动词论元的,它是语义的,不是句法的,但语法可以参照这些角色。宏角色构成等级,施事最高,受事最低。就主动态双价动词而言,动作者分配给施事论元,经受者分配给受事论元。如此分配等级反映了动作者和经受者分别是施事和受事的无标记选择。

宏角色为语义和句法提供一种接口。角色和参照语法反句法自主观,将论元变体视为语义的。就 RRG 而言,大多数变体是不同论元选为经受者,而不是将不同语法关系分配给论元。因此,不同变体的动词只有一个词汇语义表征。例如,经历者表征这一个词汇语义表征可以有不同论元的选择。这样,变体动词的任何一个论元的语义内容不变,因为它取决于谓词分解中的位置。

宏角色和典型角色相似,两者都是派生的,没有固定不变的语义蕴涵,和论元联系的语义蕴涵成分最终决定论元体现。两者不同之处在于角色是否存在组合范畴。

2.2 谓词分解法

语义角色除了从动词语义和结构之间的单一关系出发，探究语义抽象程度不同的表述和句法分布之间的关系，还必须关注变式中这些角色的逻辑一致性和表述经济性。有些研究者通过谓词分解法来深入探究动词和变式之间的关系。

在语义角色的研究中，研究者注意到语义角色在不同变式中的设定。但要充分表述各变式之间的语义和句法关系，有必要采取以谓词为分析视角的方法。谓词分解法就是其中一个常用的分析方法。它可以明确表述句子之间的蕴涵关系，有些谓词分解法还直接关系到句法“VP 壳”的构建(Larson 1988)。

谓词分解法是一种(动词)词汇进路的研究。该进路的研究者一般认为，动词语义表述为动词在出现的小句中所含的论元。填充谓词的词项一般是动词，汉语的谓词还可以是形容词。例如：

他们很高兴。

其中受“很”修饰的词归作形容词，并在句中作谓词。谓词和论元的关系常常表述为功能和功能子构成的功能函数关系。不同的功能谓词可以有不同数量的论元。例如，动词“喝”具有二价功能，形式表述为“喝(X, Y)”。许多西方学者甚至认为，如此功能的 X 体现为主语，Y 则体现为宾语(Jackendoff 2002：360)。有些形式语言学理论模式，在如此理论表述面前戛然刹住，仅仅将动词语义视为不可分解的功能。还有许多理论模式，在面对诸多挑战面前，采用更加具有概括意义的谓词分解法。事实上，人们在解决理论挑战时，采用分解方法是理论发展的一条重要而又自然的途径。

就概括性语义角色方法而言，决定论元体现的语义派生于动词语义。和概括性语义角色分析方法不同的是，谓词分解方法以谓词作为分析的视角和重点，采用该法的研究者将谓词分解为若干个**元谓词**(primitive predicates)，各元谓词派生获得各自论元结构，最终将各论元结构重构成为某类事件的语义表征。在大多数谓词分解方法中，元谓词视为获取论元的功能，动词的论元表征为和谓词关联的论元，语义角色定义参照具体元谓词的论元。动词论元是一个类型，是一种空位，在实例表达式中由具体词项填充。

谓词分解法各式都认为,谓词投射获得的论元结构不是一个,而是若干个。概括性元功能的探究,引起许多学者的兴趣。其中包括人工智能研究者 Schank、心理研究者 Miller 和 Johnson-Laird 以及英语研究者 Wierzbicksa。Schank & Abelson (1977) 主要关注依从关系,Miller 和 Johnson-Laird (1976) 力图系统、广泛地构建动词的心理元概念,Wierzbicksa(1985、1987)则用为数有限的一组英语语词来表述分析大量动词。当然,采用该方法并获得相对成功的学者还有 Jackendoff(1976、1983、1990、2002) 和 Van Valin (Van Valin 1993、1999; Van Valin and LaPolla 1997)等。国人熟悉的是 Jackendoff 的平行模式(详见第 2.2.1 小节)及其概念语义的研究(详见第 2.2.2—2.2.4 各小节)。

2.2.1 平行模式

Jackendoff 的**平行模式**(parallel model)由三个平行的半自主子系统[或称"**平面**"(Level)]构成。这三个子系统是概念语义系统、语法系统和语音系统。每个系统有自己的结构,有构成这些结构的规则,还有和相邻系统连接的接口(见图 2.2)。

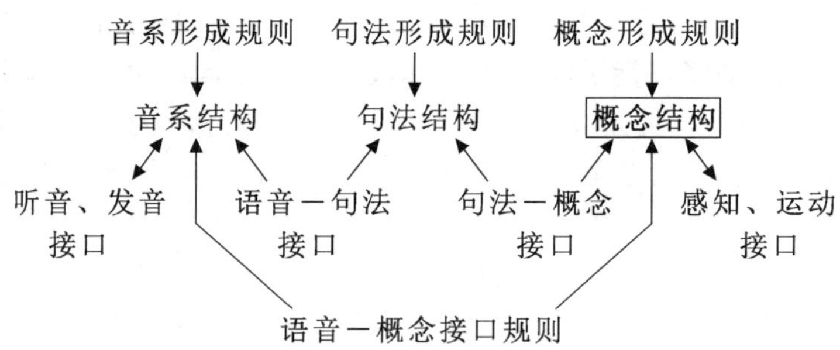

图 2.2 平行模式(Jackendoff 2002: 123)

Jackendoff 的平行模式和 Lamb(1966)的层次语法模式颇有相同之处,两者都分出三个音系、句法和语义层次。Jackendoff 的层次间接口,相当于 Lamb 的体现关系网。和 Lamb 的层次模式相比,Jackendoff 更重视结构的形成规则,而 Lamb 关注的是义形语符关系。我们甚至认为,语言系统就是义形语符关系系统。语言系统的认知研究更应该重视义形关系,而不是结构生成规则。

Jackendoff 的概念结构是一种 X 标概念语义结构,和 X 标句法结构对应。X 标句法结构表述为：

XP → Spec—X'
X' → X—Comp
X → [±N，±V]

Jackendoff 设定概念结构的语义成分（semantic parts of speech）为元概念单位（entity）。元概念单位可以进一步按三个途径具体**细化**（elaborate）。它可以细化为（1）事件、实体、位置、途径，同时细化为（2）实例或类型，还可以细化为（3）论元结构的功能及其功能单位。细化关系可以具体形式表述为：

[单位] → { 事件/状态/实体/动作/位置/途径/性质/数量
实例/类型
功能（[单位$_1$，[单位$_2$，[单位$_3$]]]） }

Jackendoff（1990：45）认为，上述概念语义是与生俱来的元概念范畴，它和语法成分对应。概念语义和句法的对应涉及以下两个对应规则：

XP 对应 [单位]；

(X'
__<YP<ZP>>) 对应 (单位
功能（[单位$_1$，[单位$_2$，[单位$_3$]]]）)

其中句法的 YP 对应单位$_2$，句法的 ZP 对应单位$_3$，如果主语出现那么它对应单位$_1$。以下句为例。

他把“福”字挂在墙上。

该单位首先细化成一个挂事件。它是一个类事件，表述为：

挂<施事<受事　终位>>。

该类事件细化为实例：

挂　<他$_{施事}$<“福”字$_{受事}$　在墙上$_{终位}$>>。

如此概念结构体现为对应的句法结构，

他$_{主语}$<把“福”字$_{宾语}$　在墙上$_{附属语}$>>。

其中施事、受事和终位分别体现为“主语—宾语—附属语”。

2.2.2 概念语义平面

谓词分解法不再用一个动词来表述它和参与者语义角色之间的关

系。一个动词及其相关的论元结构分解为多个概念结构。每个结构有自己的语义角色。Jackendoff 将分解出来的概念结构表述为不同的**功能—论元结构**(function-argument structures)。Jackendoff 的概念语义表述中,一个句子的概念语义可以由多个概念结构表述,一个句子的谓词由多个功能表述,每一个功能谓词有自己的论元。实际上谓词的分解同时又是论元及其语义角色的分解和再构建,相当于 Hjelmslev(1953)的**综合**(catalysis)。

Jackendoff 将分解出来的功能论元结构归入两个不同的描写层面,一个是**动作层面**(action tier),另一个是**题元层面**(thematic tier)。两个层面分别有动作结构和题元结构,两者都表述为功能论元结构。功能论元结构相当于一个功能函数,并由一个**功能**(function)和一个或数个论元组合而成。但是动作概念结构比题元概念结构要简单得多。

(1)动作层面。就概念结构而言,单位可以细化为动作,并进一步细化为动作功能论元结构。动作结构的谓词自然是表达动作的动词。动作结构可以是一价的,也可以是二价的。一价动作结构和不及物动词匹配,二价动作结构和及物动词匹配。动作层面各动作论元结构细化过程可以表述如下:

[单位] → {
事件/状态/实体/**动作**/位置/途径/性质/数量
实例/类型
功能<[单位$_1$,(单位$_2$)]>
}

两类动作论元结构体现为不同的句法结构,请比较:

老师在游泳。 【动作者】

老师在洗**衣服**。 【动作者,受事】

前句的“游泳”是不及物动词,出现在一价结构中,其论元是动作者。后句的“洗”是及物动词,出现在二价结构中,其功能表述为**影响**(Affect),论元是动作者和**受事**(Patient)。其中后句二价的动作概念结构(或称功能论元结构)可以形式表述为:

影响$_{洗}$<动作者$_{老师}$ 受事$_{衣服}$>。

该概念语义结构解读为:动作者通过动作,作用于受事,并影响受事。

(2)题元层面。题元层面的功能论元结构比动作层面的要复杂,它涉及事件、状态、位置、途径等(Jackendoff 1990:43)。

$$[\text{单位}] \rightarrow \left\{\begin{array}{l}\textbf{事件}/\textbf{状态}/\text{实体}/\text{动作}/\text{位置}/\text{途径}/\text{性质}/\text{数量} \\ \text{实例}/\text{类型} \\ \text{功能}([\text{单位}_1,[\text{单位}_2,[\text{单位}_3]]])\end{array}\right\}$$

事件、状态等概念单位可以进一步细化。其中事件可以细化出使役和非使役。其中使役事件是一个递归事件,它的致使者本身既可以是实体,也可以是事件。事件的细化表述为:

$$[\text{事件}] \longrightarrow [_{\text{事件}}\text{致使}\ ([\left\{\begin{array}{l}\text{实体}\\ \text{事件}\end{array}\right\}],[\text{事件}])]$$

两种致使者有不同的句法体现。请比较:

学生把咖啡喝了。　　【实体致使者】

吃野菜把爷爷的脸都吃肿了。　　【事件致使者】

前句的致使者是实体"学生",后句的致使者是事件"吃野菜";两句的致使倾向分别是前句的"咖啡喝完了",以及后句的"爷爷的脸肿了"。

使役事件还可以根据施事和题元的关系分出两类,一类表示开始施力,另一类表示终止施力;但它们的结果相同。请比较:

警察把他们赶出看守所。

$$[\text{事件}] \longrightarrow [_{\text{事件}}\text{致使}\ ([_{\text{实体}}\ X],[_{\text{事件}}\ Y])]$$

警察把他们放出看守所。

$$[\text{事件}] \longrightarrow [_{\text{事件}}\text{让}\ ([_{\text{实体}}\ X],[_{\text{事件}}\ Y])]$$

两句的结果都是"他们出了看守所"。第 1 句(致使功能结构)警察施力于他们,致使他们离开了;第 2 句(让功能结构)警察终止让他们离开的阻力,结果使得他们离开了看守所。虽然两句结果相同,但它们的前提却不相同。第1句的前提是他们并没有企图离开看守所;第2句的前提是他们企图离开看守所。在形式化表述中,两者的功能实例不同。前者表述为"致使",后者表述为"让"(见上例)。

事件也可以是非使役的。非使役事件可以进一步细化为静止事件或变动事件,两者形式表述为:

$$[\text{事件}] \longrightarrow \left\{\begin{array}{l}[_{\text{事件}}\text{静止}([\text{实体}],[\text{位置}])] \\ [_{\text{事件}}\text{变动}([\text{实体}],[\text{途径}])]\end{array}\right\}$$

变动事件是实体在单位时间内有方位变化的事件,静止事件是实体没有方位变化的事件。例如:

花瓣浮在湖面上。　　　　　　　　　【静止】

花瓣落到了湖面上。　　　　　　　　【变动】

它们的功能分别是“静止”和“变动”。英语也有相同的细化分类,例如:

The petals floated on the lake.　　　　　【静止】

The petals fell onto the ground.　　　　　【变动】

根据 Jackendoff 的表述,静止结构的论元是**实体**(Object)和**位置**(Place),变动结构的论元是实体和**途径**(Path)。位置和途径作为单位可以进一步细化为功能论元结构,并体现为表达方位的短语。汉语的位置功能论元结构可以细化为表达方位的短语“在+方位词”,例如:

花瓣漂**在水面上**。

黑熊留**在大树背后**。

在 Jackendoff 的模式中,汉英两种语言都有“位置”单位。但是,两者“位置”单位细化而得的位置功能论元结构略有不同。请比较:

小猫躺**在院子里**。

The kitten lay **in the garden**.

汉语的位置功能论元结构可以包括三个成分:方位的标志词“在”,实体名词以及方位词。该位置论元结构可以表述如下:

$$[\text{位置}] \rightarrow [_{\text{位置}}\text{在}[\text{实体}]\left\{\begin{array}{l}\text{上}\\ \text{下}\\ \text{里}\\ \text{中}\\ \cdots\cdots\end{array}\right\}]$$

相比较而言,英语的位置功能论元结构相对简单,它的两个成分是介词和实体名词:

$$[\text{位置}] \rightarrow [_{\text{位置}}\left\{\begin{array}{l}\text{in}\\ \text{on}\\ \text{at}\\ \cdots\cdots\end{array}\right\}([\text{实体}])]$$

如果从语言表达的角度出发,汉语表达位置的成分和英语表达位置的成分不同,汉语的方位词置于短语尾,而英语的介词置于短语首。请比较:

在桌子上/**on** the table

在床下/**under** the bed

汉英语言都有“位置”概念。但不同语言的表达式各有不同。由此推导，各语言有理由设置相似的位置功能论元结构，表述各语言有表达相同情景的能力。与此同时，相似的概念内容，各语言有可能有各自不同的细化方式，它们词汇语法的体现也各不相同。

如果我们用同样的思路来运用 Jackendoff 的理论模式，那么途径细化，或途径的功能论元结构各语言也应该相同。它们都是：

$$\text{途径} \rightarrow [_{\text{途径}}\ \text{X}\ (\left\{\begin{matrix}[\text{实体}] \\ [\text{位置}]\end{matrix}\right\})]$$

但是，汉语和英语的途径功能的实例细化以及语法体现不同。汉语的途径功能可以细化为表达移位的介词或趋向动词，例如：

碎石飞**向**河心。

碎石掉**进了**湖里。

英语的途径功能只细化为介词，例如：

The rocks flew **to** the river.

The rocks fell **into** the river.

汉语的细化可以表述为：

$$[\text{途径}] \rightarrow [_{\text{途径}}\left\{\begin{matrix}\text{向} \\ \text{过} \\ \text{到} \\ \text{进} \\ \text{入} \\ \cdots\cdots\end{matrix}\right\}([\left\{\begin{matrix}\text{实体} \\ \text{位置}\end{matrix}\right\}])]$$

而英语的细化则表述为：

$$[\text{途径}] \rightarrow [_{\text{途径}}\left\{\begin{matrix}\text{TO} \\ \text{FROM} \\ \text{TOWARD} \\ \text{AWAY - FROM} \\ \text{VIA} \\ \cdots\cdots\end{matrix}\right\}([\left\{\begin{matrix}\text{实体} \\ \text{位置}\end{matrix}\right\}])]$$

汉英词汇语法体现的细微差别还表现在作为途径结构的位置单位上。汉语位置的词汇语法表达形式是方位短语，它们的必有成分是短语尾的方位词，这是位置所有表达形式的共同之处。汉语位置的表达形式有两个变式,一个带前置词"在",另一个则不带"在"。因此,作为位置的语言表达形式,"在"是个可有成分。但是,"在"不是完全无限的可有成分。请比较:

他不小心跌**倒在泥潭里**/*他不小心跌**倒泥潭里**。　【途径】

他们掉**进水池里**/*他们掉**进在水池里**。　【途径】

他们坐落**在沙发上**/*他们坐落**沙发上**。　【位置】

当然,Jackendoff 的概念结构是否能够区分"在"的不同用法,还需要进一步研究。

英语的位置和途径一样,表达为介词短语。途径结构含位置成分,体现为途径结构的介词短语内含另一个位置结构的介词短语。例如:

The bear jumped out **from** **behind** the big tree.
途径　位置

其中途径功能体现为介词 from,实体本身又是一个位置。该位置论元结构体现为介词短语 behind the big tree。

由于汉语的位置功能主要表达为方位词,所以汉语和英语的含位置的途径,表达形式不同。请比较:

孩子**从沙发背后**跑了出来。

The kid came out **from behind the sofa**.

汉英的途径结构还存在另一个显著的差异。汉语许多途径结构都含位置,因为汉语小句大多用方位词明确表达途径的方位;英语不存在两个成分分开的表达式,因为途径功能的表达形式本身已经说明了移动的方位。请比较:

他跳**进了水中**。

He jumped **into the water**.

汉语的途径结构含表达位置的方位词"中",而英语的途径结构中的途径和位置同时用介词 into 表达。

小句概念的另一个单位是状态。根据 Jackendoff 的分析,状态概念范畴可以细化为三类,它们分别是**关系**(BE)、**方向**(orientation,简称为 ORIENT)和**延伸**(extension,简称为 EXT)。关系功能具体说明实体的位置;方向功能具体说明实体的方向;延伸功能具体说明实体在空间中的延伸。例如:

电脑在桌子上。　【关系】

我的卧房朝南。　【方向】

都市路从莘庄一直延伸到剑桥景苑。　【延伸】

英语的相应例子有：

The computer was on the table. 【关系】

All the bedrooms face south. 【方向】

The railway went from Beijing to Nanjing. 【延伸】

三个小类中，关系功能含位置成分（例如，在……上，on ...），方向功能和延伸功能含途径成分（例如，朝……、从……到……，face ...、from ... to ...）。Jackendoff 将这三类状态的细化功能论元结构形式表述如下：

$$[\text{状态}] \longrightarrow \left\{ \begin{array}{l} [_{\text{状态}}\text{关系}([\text{实体}],[\text{位置}])] \\ [_{\text{状态}}\text{方向}([\text{实体}],[\text{途径}])] \\ [_{\text{状态}}\text{延伸}([\text{实体}],[\text{途径}])] \end{array} \right\}$$

从英语分析的角度出发，"途径"成分本身已足以表述英语的语法体现。但这样的分析精细度在汉语分析中是不够的。汉语途径至少有必要分出"原位"和"终位"。如此分析的动因是两者有不同的句法位置。请比较：

大家**从山上**捡来一些树枝。

大家把树枝放**在山洞里**。

因此，"途径"有必要细化出"原位"和"终位"。有趣的是汉语句法分布的差异还存在于"终位"的不同变式之中。请比较：

斗士朝天空射了一箭。

*斗士射了一箭朝天空。

就语法体现而言，"终位"可以进一步分出"意图终位"和"终位"。前句的"朝天空"表示动作者施动前瞄准的方向，这样的"终位"视为"意图终位"。汉语遵循**顺序临摹原则**（Temporal Iconic Principle），**原终图式**（Source-Path-Goal Schema）的概念成分的句法位置临摹认知过程中的顺序。"意图终位"先于动作。动作者一般先做好计划，然后再实施动作，所以"意图终位"先于动作理所当然。而"终位"则指题元实体移动抵达的位置。实体移动为动作所致，所以它一定体现在动作动词之后（Cheng 2014：16－18）。

2.2.3 表述的统一

谓词分解成若干个功能，这些分解而得的功能不仅可以细化为不同的概念结构，而且还可以通过简化和重组，用统一的形式表述一个谓词实例的不同概念语义。分解的如此表述能力，不仅用于动词作为功能的概念结构，还用于介词作为功能的概念结构。其结果自然是理论表述更具概括性。

动词可以有不同的用法，一个动词可以准入一组变式。持投射观或词汇语义观的研究者认为，动词有不同的语义，出现于不同句式的相同动词，其语义不同。例如：

a. The dog walked out of the garden.

b. Tom walked the dog out of the garden.

前句是个非使役结构，其中移位实体 dog 同时又是动作者；后句是个使役结构，变动移位结构表述的是一个事件，该事件在使役结构中作为致使功能论元结构的一个论元单位。如果忽略动作层面的表述，那么两个变式的题元概念结构分别是：

a. [$_{事件}$变动([实体]$_i$,[途径]$_j$)]

b. [$_{事件}$致使([实体],[$_{事件}$**变动([实体]$_i$,[途径]$_j$)]**)]

将两个结构合起来表述，那么它们可以简化为一个结构：

[$_{事件}$致使([实体],[$_{事件}$**变动([实体]$_i$,[途径]$_j$)]**)]

其中变动概念结构同时又是致使结果的概念结构，下划线部分是任意成分。虽然 Jackendoff 的统一表述可以简化表述形式，但这样的处理方法还需要进一步关照语法体现问题，因为非使役结构的[实体]$_i$ 和使役结构中的相同概念单位，它们的语法体现不同。概念结构表述的简化导致了语法体现的复杂。这里就涉及一个理论问题，当表述形式可以有两种选择时，理论如何来做出合理选择？选择的条件是什么？

介词也可以有不同的语义。下文取 Jackendoff 的部分介词 over 例子（Jackendoff 1990：73－74），但解读方法略有差异。请看例子：

a. The plane is now over the city.

b. The plane flew around over the city.

c. The plane came over the city (and started skywriting there).

d. The plane flew over the city (and towards the mountains).

四句中"飞机"的方位由"城市"来标示。两者之间的四种不同方位关系可以用简图 2.3a—d 表示。介词 over 的核心概念内容是"主体（飞机）罩于方位标志体（城市）"的方位关系。该方位关系可视为主体所罩（标志体）区域，图 2.3 中用灰色阴影表示。

不同的句子中，相同的介词短语 *over the city* 所罩区域和城市的关系不尽相同。其中句 a、句 b 和句 d 的所罩区域是大部分城市上空（见

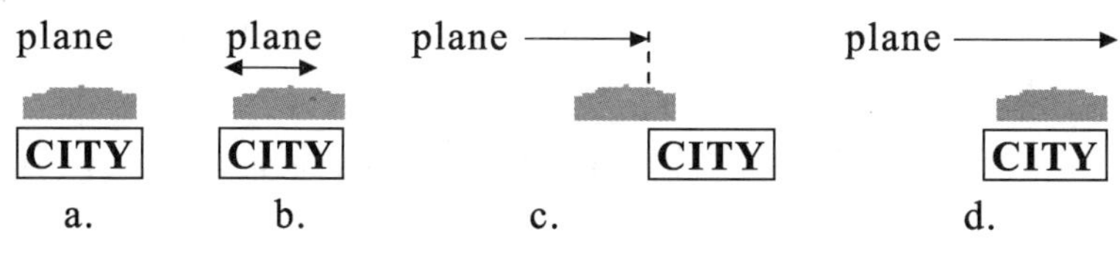

图 2.3　飞机和城市的方位关系

图 2.3a、2.3b、2.3d)，但句 c 的区域只是城市部分上空(见图 2.3c)。前者是典型的概念语义，后者则是非典型的。

除了所罩区域范围不同外，over 的概念语义还和主体“飞机”的方位关系有关。它们的关系也可以分作两类，一类表示飞机在某时间段中始终位于所罩范围之内(见图 2.3a、2.3b)，另一类表示飞机在某时间段中途经所罩区域(见图 2.3c、2.3d)。

根据 Jackendoff 的分析和表述方式，不同变式中 over 的功能论元结构是不同的。句 a 和句 b 的相关结构是位置，而句 c 和句 d 的结构则是途径，位置嵌于途径结构中。请比较：

a. $[_{位置}\ \text{OVER}\ ([_{实体}\ ])]$

b. $[_{位置}\ \text{OVER}\ ([_{实体}\ ])]$

c. $[_{途径}\ \text{TO}\ ([_{位置}\ \text{OVER}\ ([_{实体}\ ])])]$

d. $[_{途径}\ \text{VIA}\ ([_{位置}\ \text{OVER}\ ([_{实体}\ ])])]$

根据 Jackendoff 的分析和表述方式，以上各式可以统一表述为：

$$\left[\underline{\left\{\begin{matrix} _{途径}\text{TO} \\ _{途径}\text{VIA} \end{matrix}\right\}}([_{位置}\ \text{OVER}\ ([_{实体}\ ])])\right]$$

其中途径功能是可选单位。

含 TO 和 VIA 概念语义的不仅限于 over，其他介词也有相同的概念语义。例如：

a. The kitten was under the bed.

b. The kitten ran around under the bed.

c. The kitten ran under the bed and stayed there.

d. The kitten ran under the bed into a hole in the wall.

上述各介词短语的概念语义也可以表述为相似的一组功能论元结构，唯一不同的是功能实例。UNDER 功能论元结构和 OVER 的一样也可以作统一表述。

$$\left[\left\{\begin{matrix}_{\text{途径}}\text{TO}\\ _{\text{途径}}\text{VIA}\end{matrix}\right\}\left(\left[_{\text{位置}}\ \text{UNDER}\ \left(\left[_{\text{实体}}\ \right]\right)\right]\right)\right]$$

介词 over 和 under 的概念语义既有相似之处，但它们的用法又有不同之处。例如：

The railway station is over the hill from here.

* The subway station is under the harbor from here.

其中 over 有途径含义，而 under 却没有途径含义。由于后者没有途径含义，后句才不能成立。两者方位关系的差异可以图示比较如下：

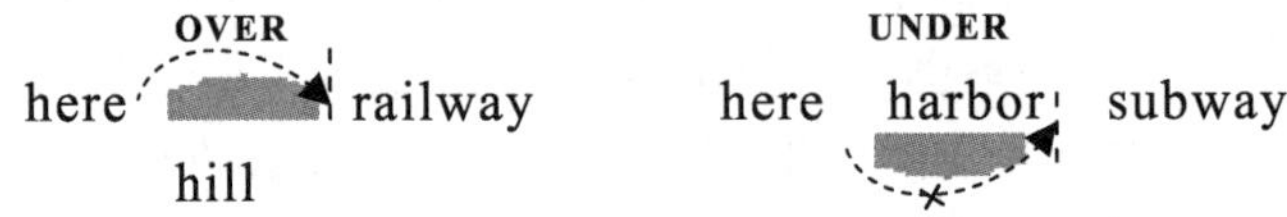

图 2.4 over 和 under 比较

Jackendoff 将 OVER 的这一功能论元结构表述为：

$$\underline{_{\text{位置}}\text{终点}}\ \left(\left[_{\text{途径}}\ \text{VIA}\ \left(\left[_{\text{位置}}\ \text{OVER}\ \left(\left[_{\text{实体}}\ \right]\right)\right]\right)\right]\right)$$

比以上统一表述形式多了个终点位置功能。

$$\left[\left\{\begin{matrix}_{\text{途径}}\text{TO}\\ \underline{_{\text{途径}}\text{VIA}}\end{matrix}\right\}\left(\left[_{\text{位置}}\ \text{UNDER}\ \left(\left[_{\text{实体}}\ \right]\right)\right]\right)\right]$$

将两者综合统一，OVER 的概念语义可以表述为：

$$\underline{_{\text{位置}}\text{终点}}\left(\left\{\begin{matrix}[_{\text{途径}}\ \text{TO}\\ [_{\text{途径}}\ \text{VIA}\end{matrix}\right\}\left(\left[_{\text{位置}}\ \text{OVER}\ \left(\left[_{\text{实体}}\ \right]\right)\right]\right)\right]\right)]$$

但是，UNDER 不允许终点功能，也不准入终位概念结构。很显然 over 和 under 的这一差异，是概念语义的，所以句法理论模式无法合理表述两者成句与否的差异，而 Jackendoff 的理论表述可以解决这一难题。

并非所有英语介词都有路径概念语义。英语介词 *in* 只含位置和终位的概念语义，却没有路径(VIA)概念语义。实际上，路径+里面(VIA IN)的概念语义表达为介词 *through*。既然“终位”和“路径”的途径概念语义并非所有英语介词共有，那么它们必须是在词库中对具体介词予以显性表述。位置概念语义则出现在所有的实例中，它必须是概念核心，并作为途径功能论元结构的一个位置论元(Jackendoff 1990：22－23)。

2.2.4 谓词特征分解

谓词的分解可以有两种方法，或将一个功能单位分解为多个功能论元结构，或将谓词单位本身分解出不同的语义特征。第 2.2.2 小节以及第 2.2.3 小节讨论了功能论元结构的分解。第 2.2.4 小节至第 2.2.6 小节将讨论谓词语义特征分解方法。

Jackendoff 关注的主要是元谓词特征，他将许多谓词功能标记为正负不同值的语义特征。请比较：

on the floor/all over the floor

两个介词短语都表达和方位体（floor）表面接触的方位关系。但是，两者接触方位关系的细节有所不同。前者表达“一般性方位关系”，后者除了表达接触方位关系外，还含“分布方位”（distributive location）意。[①] 前者表达某点的接触，后者表达方位体上的多点接触。Jackendoff 用特征［±dist］（±分布）标记。以上两个介词短语可用该标记表述为：

［$_{位置}$ ON$_{-分布}$［$_{实体}$ FLOOR］］

［$_{位置}$ ON$_{+分布}$［$_{实体}$ FLOOR］］

其中 on 记作“$_{位置}$ ON$_{-分布}$”，all over 记作“$_{位置}$ ON$_{+分布}$”。Jackendoff（1990：105）甚至用±分布语义特征，区别相同表达形式的不同概念内容。请比较：

a. Paint ran all over the floor.

b. Felix ran all over the field.

它们有相同的介词短语，甚至动词都相同，但概念语义略有不同。前句解读为“油漆逐步滴在地上，结果地上满是油漆”，后句解读为“Felix 满场跑，但跑按一个路线进行”。根据如此解读，两句的方位关系都涉及“途径”和“位置”。但是，句 a 的途径是［+分布］的，位置也是［+分布］的；句 b 的途径是［−分布］的，位置则是［+分布］的。两者的不同概念内容分别形式表述为：

a. ［$_{事件}$ 变动（［$_{实体}$ PAINT］，［$_{途径}$ TO$_{+分布}$［$_{位置}$ ON$_{+分布}$［$_{实体}$ WALL］］］）］

b. ［$_{事件}$变动（［$_{实体}$ Felix］，［$_{途径}$ VIA$_{-分布}$［$_{位置}$ ON$_{+分布}$［$_{实体}$ field］］］）］

不同值的分布特征不仅成功解释了介词短语的歧义，还可以解释变式的

① “分布特征”解读为“充满”语义特征或“遍及”语义特征。

成句性。英语的 with 变式颇受学界关注，它们的变式经常导致成句与否的不同。例如：

Tom loaded {bricks / some bricks / the bricks} onto the truck.

Tom loaded the truck with {bricks. / ?* some bricks. / the bricks.}

第 1 组小句是使移句式，第 2 组小句是 with 句式。第 2 组小句含“布满”语义（Fillmore 1968；Chomsky 1972；Anderson 1971），第 1 组小句则不含该语义。由于第 2 组小句含“布满”语义，无界名词短语 bricks 和 the bricks 允许作为介词短语的宾语，而有界名词短语 some bricks 则不允许作为含“布满”语义的组 2 变式。无界名词短语和含布满语义变式的匹配条件，同样作用于动词为 swarm 的变式中。请看下列：

{Bees / A million bees / The bees} swarmed in the garden.

它们相应的 with 句式也受无界名词短语条件的限制，例如：

The garden swarmed with {bees. / * a million bees. / ? the bees.}

其中 a million bees 是有界名词短语，无法和布满义句式匹配，所以小句不成立；the bees 是否有界不清，所以是否成立各人语感有差异。尽管动词 load 和动词 swarm 有不同的变式，但它们的 with 句式受制于相同的语义条件。这个语义条件就是[-分布]。因此，涉及许多方位的动词，它们的“分布”特征可以有不同的值，含不同特征的动词准入不同的变式。“分布”特征具有相当程度的概括性，可以制约不同的变异关系。有些动词甚至只含单值分布特征，只准入一个句式。例如：

John filled the bottle with water.

*John filled water into the bottle.

动词 fill 只含[+分布]，所以它只准入 with 句式。

谓词除了表达主体所处方位的语义特征，还有表达主体和方位体的接触关系,标记为[±contact]。接触语义特征在英语中是个句法区别特征,它的不同值可能作为不同变式的限制条件。含接触语义的英语动词允许次位置,而不含该语义的动词则不允许次位置,请比较:

John **is touching** her on her knee.

*John **ran into** her on her knee.

The lamppost **hit** the house just under the bedroom window.

*The ladder **is** against the wall under the bedroom window.

其中动词 touch 和 hit 都含接触语义特征,所以准入次位置句式;而 ran 和 is 不含接触语义特征,所以不准入次位置句式。接触语义特征同样也可以区分相同介词短语的不同语义,请比较:

The cockroach ran into the wall.

Bill ran into the wall.

同样是 *into the wall*,前句的短语是[-接触],标示“进墙缝”;后句的则是[+接触],标示“撞墙”。两者的表述形式分别是:

$[_{途径}\ \mathrm{TO}\ ([_{位置}\ \mathrm{IN}_{-接触}([实体])])]$

$[_{途径}\ \mathrm{TO}\ ([_{位置}\ \mathrm{IN}_{+接触}([实体])])]$

在谓词分解中,属于相同语义分类的动词,分解为相同的次结构,含相同的本体论元。如果分解合理,那么同类动词有相同的凸显句法特征,相同的论元体现。许多谓词分解的推崇者认为,元谓词可单独决定谓词的句法特征(Grimshaw 1993;Mohanan, Mohanan and Wee 1999: 6 - 7;Pinker 1989: 166 - 167)。但是语料证据表明(Hale and Keyser 1997: 53),这样的理论陈述是错误的。例如:

We splashed mud on the wall. /Mud splashed on the wall.

We smeared mud on the wall. / *Mud smeared on the wall.

两个动词都含致使液状体移动之意,两者都准入使移句式中,但准入使移句式的动因各不相同;具体表现为两者不同的语义特征。动词 splash 含有液状体溅开的语义,它是一种不可控移动物,标记为[-控]。不可控液状体可能移动到某对象实体上,所以它准入不及物变式。动词 smear 则没有如此飞溅的语义,它标记为[+控]。它的液体状移动是可控的,可是动作者所致,所以它不准入不及物变式。动词 splash 的[-控]语义特征,可以使它准入不及物变式;而动词 smear 没有自身移动的语义特征,所以它不准入不及物变式。

2.2.5 事件结构和根

动词语义的表征包括两个部分。一个是元谓词,它通过细化形成概念结构;另一个是动词本身的具体语义成分,称作“**根**”(root)。

根的最重要特征是它的本体性。谓词分解中本体类型数量有限,其中包括“性状”(state)、“实体”(thing)、“物质”(stuff)、“处所”(place)、“方式”(manner)和“工具”(instrument)。一个根的本体类型基本决定了其相关事件结构类型(Rappaport Hovav and Levin 1998)。事件结构类型通过“典型体现规则”(canonical realization rules)产生具体动词的事件结构。本体类型实体化为具体的动词。例如:

Joe dried her jacket in the open air.

外部致使性状 → [[x 动作] 致使 [y 变成<*性状*>]]

dry:[[x 动作] 致使 [y 变成<*DRY*>]]

外部致使性状的事件结构类型中含本体类型“性状”,它在实体化中由具体根 dry 来充当。根以两种方式和事件结构整合:有些根充当元谓词的论元(解读为根填充论元空位),有些根则充当谓词[解读为根作为谓词的“修饰”(modifier)],相当于谓词的“方式”本体。所谓的谓词方式本体,就是抽象谓词细化为具体的词项,该词项解读为谓词的具体方式。例如:

Tom smashed the window.

它可以形式表述为:

外部致使性状 → [[x *动作*] 致使 [y 变成<性状>]]
smash:[[x *SMASH*] 致使 [y 变成<性状>]]

谓词分解法分解出事件的功能论元结构(简称事件结构)。但要合理表述小句,有时仅用事件结构还无法做到,它还需要根语义参与,即它需要有些实体的细化才能解决及物和不及物变式以及词性变异的表述问题。根语义的不同参与至少可以解释有些英语动词的不同句法分布。英语的动词有厄格和非厄格之分。前者(例如,break)既准入及物句式,又准入不及物句式;而非厄格动词(例如,smash)似乎没有这一用法。请比较:

John broke the glass. /The glass broke.

Tom smashed the glass into pieces. / * The glass smashed into pieces.

两者的事件结构都概括表述为:

[[x *动作*] 致使 [y 变成<性状>]]

但是，两者性状的根语义不同，它们可以表述如下：

Break：[[x 动作] 致使 [y 变成<*BROKEN* >]]

Smash：[[x *SMASH*] 致使 [y 变成<INTO PIECES>]]

前者的根语义充当性状，后者的根语义充当动作。两者准入句式的不同取决于性状根的不同。只有性状根是性状“broken”时，不及物变式才能成立。

英语动词在用法上除了可以有及物和不及物的变异外，还可以有动词和名词的变异。从根语义的角度出发，根以两种方式和事件结构整合：有些根充当元谓词的论元（解读为根填充论元空），有些根则充当谓词［解读为根作为谓词的“修饰”（modifier）］，相当于“方式”本体。例如：

He put the change into the pocket. /He pocketed the change.

句子的事件结构形式表述为：

[$_{\text{事件}}$使役（[实体]，[$_{\text{变动}}$（[实体]，[$_{\text{途径}}$ TO（$_{\text{位置}}$ IN（pocket））]））]）]

其中位置实体的根语义 pocket 既可以体现为介词短语的宾语，整个途径也可以体现为同根动词 pocket。又如：

He spread the butter on the bread. /He buttered the bread.

句子的事件结构也可以形式表述为：

[$_{\text{事件}}$使役（[实体]，[$_{\text{变动}}$（[butter]，[$_{\text{途径}}$ TO（$_{\text{位置}}$ ON（实体））]））]）]

其中 butter 是变动实体的根语义，而不是位置实体的根语义。在语言表达形式中，该变动实体体现为同根动词 butter。但是，Jackendoff 没有解释为什么这些根语义有变异，而其他同类根语义却不可以。请比较：

He put the change into the pocket. /He pocketed the change.

He put the dishes on the table. / * He tabled the dishes.

He spread the butter on the bread. /He buttered the bread.

He sprinkled water on her head. / * He watered her head.

同样是 water，它却可以准入以下句子：

He sprinkled water on the rose. /He watered the rose.

很显然，这些问题无法用谓词分解法处理。

2.2.6 谓词分解的时间依据

角色和参照语法是 Van Valin 等提倡的一种采用谓词分解法的语言理论模式（Van Valin and Lapolla 1997）。他们的分解以时间作为主要依据。角色和指涉语法和 Jackendoff 的平行模式不同。平行模式关注的是和语言表达对应的概念语义,力图寻觅和构建概括性元概念以及元概念结构;角色和指涉语法重视语言和外部世界的关系,力图构建表达**情状**(states of affairs)的语义结构。在角色和指涉语法的理论表述和讨论中,外部世界的发生视为情状,角色则是情状参与者的角色。而题元关系才是语言的,相应的论元结构表述语言语义。因此,角色和指涉语法在解析谓词的同时,还关注参与者角色的解析。

角色和指涉语法同平行模式最显著的差异是,前者以时间作为主要依据,采用体貌观来做谓词分解;平行模式以空间作为主要依据,采用的是方位观。前者关注事件结构的时间结构(详见第 3 章);后者重视各事件结构的概括性空间结构,以及各具体空间结构所在的**语义场**(semantic field)①(详见第 3 章)。方位观也让研究者去关注不同语义场相应结构之间的隐喻关系。因此,方位观和构式语法有同工异曲之妙。

尽管角色和指涉语法与平行模式有各种各样的不同,但角色和指涉语法同平行模式一样,都将一个小句的谓词分解表述为若干个元成分,由此获得多个元结构,并嵌套组合构成事件的语义结构,这些结构同时视为词化的动词语义表征。例如,动词 kill 可以分解为 cause to die,die 分解为 become dead。基于谓词分解,动词 kill 将表述为:

x 致使[y 变成 dead]。

将动词 kill 分解并表述为如此理论表征,有一定的语料支持。拉寇塔语(Lakhota)的致使动词"杀"就是"死"(t'a)的基本表达形式加工具派生而得。

ka-t'a	击打致死	yu- t'a	(用手)掐死
ya-t'a	(用牙)咬死	wo- t'a	(远距离)射死

所有的前缀都表达致使的工具、手段等。基于拉寇塔语的致使动词和对应非致使动词之间的关系,将"杀"分解为"致……死"是有理论依据的。

2.3 谓词和语义角色

谓词分解法和概括角色法有相同之处。两者的语义角色内容都派生

① 也称"语义域"。

于动词语义,从而部分解决了语义角色的重大问题。元谓词的语义内容相当于典型角色的蕴涵成分。但是,两种理论方法仍然存在明显的差异:(1) 只有谓词分解法才将根语义和事件结构区分开,这样的区分可以使理论表述的概括性更有保证;(2) 谓词分解可以得到的信息,有些是无法从蕴涵成分中获得的。谓词分解法可以理论表述论元之间的关系,而概括语义角色法无法做到这一点;(3) 谓词分解法采用"功能—论元"形式,它可以理论表述事件的内部结构,概括性语义角色法无法理论表述事件内部的复杂结构。

谓词分解方法和语言角色概括方法一样,存在着相同的问题。虽然谓词语义特征能够解决许多变式问题,但要构建一组区别语义特征,并具备一定逻辑一致性、概括性和预示性,就目前看来,难度还很大。一旦谓词分类变得复杂了,该方法需要设定的语义特征数目颇大,它的理论表述会显得过分累赘。不同动词有不同的论元体现选择,它们的不同选择对应于根和事件结构的关系。实际操作中,连 Jackendoff(1990)的论元体现都很少参照谓词分解。谓词分解方法需要以事件概念化理论为基础。

3

事件结构

从整个语言系统的角度出发,论元的语义角色必须在多变式体现中起选择作用。当前的语言理论模式重点之一是关注动词和各形位句法结构(或变式)之间的关系。这样的研究程序具体为动词语义提供语义角色,构成论元结构,并决定变式的形位句法体现。论元结构就是语义和句法之间的连接。由于论元由动词提供语义角色,它同时也应该是语义的。这个语义和句法的接口具体表述为动词和结构之间的关系。

虽然动词和其语义角色关系密切,但动词和结构之间关系的研究是可以有两个切入点的,一个是语义角色,另一个是谓词(主要涉及动词)。由于事件结构主要涉及谓词,所以事件结构概念化研究也可以归入谓词中心的研究领域。

以谓词为切入点的研究涉及两个不同的方法,一个是谓词的分解方法(详见第2章),另一个是事件结构的方法。两个都涉及动词和事件结构的关系。谓词分解的方法将动词和事件结构的关系分解为最简元事件结构;事件结构重视事件的时空关系。实际操作中,两种研究方法是可以互动的,相应的理论模式可以用互补的研究方法来构建。本章重点研讨以谓词为切入点的事件结构。

当下许多语言理论模式都接受这样一个观点,动词语义决定事件结构,事件甚至直接用动词来命名。谓词分解(包括动词分解)理论因此也称作基本事件类型理论。该理论的研究者认为,言语者心智有一套有限的事件清单,言语者用事件清单的各事件类型来描述外部世界发生的情状。因此,采用谓词分解法的研究者需要提供一个事件清单,提供事件的内部结构的形式表征,提供事件的哪些语义成分(特征)是决定语法分布的,即哪些语义成分(特征)能参与选择具体的语法体现。

基本事件类型理论设置一个和语言相关的有限事件类别清单,言语者用该清单的事件类型来描述外部世界发生的情状。当然,这样的理论可能有两个相互独立的问题:一、事件结构的内部结构表征是什么?二、事件的哪些语义特征将事件类型组织为和语法相关的次类?

事件概念化的理论表述有三种观点:**方位观**(localistic approach)、**体貌观**(aspectual approach)、**使役观**(causal approach)。方位观将移动和方位视为识解基础(详见第3.1小节),体貌观将时间特征作为事件的中心(详见第3.2小节),使役观则更关注事件参与者之间存在的“使役链”,即参与者之间力的传递(详见第3.3小节)。

3.1 方位观

方位观作为一种理论观点,最早系统提出并研究的要数 Gruber (1965)。Jackendoff(1983、1990、2002)和 Gruber 一样,也持方位观,将各语义结构归入不同的语义场,并将方位场视为基础,任何事件都是移动和方位的细化延伸。

方位观用得比较好的还有 Anderson(1971、1977)以及 Voorst(1993)。Jackendoff(1972, 1976, 1983, 1987, 1990)关注事件结构的概念化,Anderson 在进行谓词分解的同时,仍然采用语义角色清单,并将语义角色定义为语义特征的组合。van Voorst 的理论方法则是方位观和使役观的结合。

方位观最核心的理论观点自然是它的**方位假设**(Localist Hypothesis)。

方位假设的核心思想是：所有的动词都识解为移动动词或方位动词。最彻底的方位观甚至将动作起始者（即施事）视为原，将动作终点的动作对象视为终（Anderson 1971、1977；Voorst 1993）。这样的分析有两个因素可以作为证据：（1）主语表达形式常常体现“原”的**间接格**（oblique）；（2）儿童英语中被动句中的施事可以体现为表达“原”概念的 *from* 介词短语。但如此概括的方位观当下很少为人采纳。

常见的方位观分析则将注意力集中在题元结构上，更多的来处理动词宾语的语义角色。基于 Gruber 的假设，Jackendoff 提出**题元关系假设**（Thematic Relations Hypothesis, TRH）。假设的具体内容可以表述如下：

事件和性状及其主要功能“事件功能”“性状功能”“途径功能”“方位功能”的任何语义场，都是方位空间和移动空间分析的次类。语义场仅有三个区别：

作题元的单位；

作指涉实体的单位；

角色在空间语义场中呈现的关系。

Gruber 甚至认为，互相之间没有关系的语义场，它们的词汇语法表达有相似之处。汉语也有如此现象，例如：

把书塞**进书箱**。

把书递**给老师**。

把书撕**成碎片**。

如果不考虑汉语传统语法对“进”“给”“成”的不同归类，三个把字句几乎有相同的表层句法结构。它们有相同的焦点作宾语，作焦点的参与者都含移动或变化之意，移动或变化都有显性标志。类似的句法相似性英语也有，例如：

They threw the stones **to the lake**.

They handed the money **to the teacher**.

They changed the paper **to a dove**.

3.1.1 语义场的平行关系

方位观设置了一系列抽象的语义场，其中包括空间场（也称“方位场”）、时间场、领属场、性状场，还应该包括心理场。方位观分析认为，空间场是最基本的，其他语义场和空间场的语义平行，可以视为空间场语义的平行延伸。语义的平行延伸，在英语中，可以由相同的介词短语表达。

3.1.2 时间场

时间介词短语以及空间介词短语和整个句子的关系相同(Anderson 1971;Clark 1973)。请比较表达空间场和时间场的介词短语:

表 3.1 空间和时间

关 系	空 间 场	时 间 场
at	at the table	at 5:30
on	on the floor	on Friday
in	in the classroom	in May
from ... to ...	from Shanghai to Beijing	from Monday to Friday

不同的语义场结构,可以出现在相同的功能论元结构中,甚至和相同的动词匹配。请比较:

The guests were all at the table.

The party was at 5:30.

John moved the guests from the dining-room to the hall.

John moved the party from 5:30 to 6:00.

We kept the guests in the dining-room.

We kept the party at 5:30.

第一组是**关系**(BE)功能结构,都用系词;第二组是**动态**(GO)功能结构,动词都用 move;第三组是**静态**(STAY)功能结构,动词都用 keep。在时间场平行延伸中,时间被视为方位,和空间场的方位平行。方位观理论将标志时间视为“时间空间”。时间的动态和不变,则视为时空的动态和静止不变,英语可以用相同的动词来表达具有平行关系的空间和时间的动态或静态。在时间场中,处于某时间方位的事件作为题元,标志时间方位的时间单位作为指涉客体。在理论模式中,Jackendoff 用不同的**场特征**(field feature)来标记不同的语义场。以上三组句子的概念语义结构分别可以形式表述为:

$$[_{\text{性状}}\ BE_{\text{空间}}([_{\text{实体}}\text{客人}],[_{\text{位置}}\ AT_{\text{空间}}([_{\text{实体}}\text{桌子}])])]$$

$$[_{\text{性状}}\ \text{BE}_{\text{时间}}([_{\text{事件}}\text{聚会}],[_{\text{位置}}\ \text{AT}_{\text{时间}}([_{\text{时间}}\ 5:30])])]$$

$$[_{\text{事件}}\ \text{CAUSE}([_{\text{实体}}\text{约翰}],[_{\text{事件}}\ \text{GO}_{\text{空间}}([_{\text{实体}}\text{客人}],\left(\begin{array}{l}_{\text{途径}}\text{FROM}_{\text{空间}}([_{\text{实体}}\text{餐厅}])\\ _{\text{途径}}\text{TO}_{\text{空间}}([_{\text{实体}}\text{大厅}])\end{array}\right\})])]$$

$$[_{\text{事件}}\ \text{CAUSE}([_{\text{实体}}\text{约翰}],[_{\text{事件}}\ \text{GO}_{\text{时间}}([_{\text{事件}}\text{聚会}],\left(\begin{array}{l}_{\text{途径}}\text{FROM}_{\text{时间}}([_{\text{时间}}\ 5:30])\\ _{\text{途径}}\text{TO}_{\text{时间}}([_{\text{时间}}\ 6:00])\end{array}\right))])]$$

$$[_{\text{事件}}\ \text{CAUSE}([_{\text{实体}}\text{我们}],[_{\text{事件}}\ \text{STAY}_{\text{空间}}([_{\text{实体}}\text{客人}],[_{\text{位置}}\ \text{AT}_{\text{空间}}([_{\text{实体}}\text{桌子}])])])]$$

$$[_{\text{事件}}\ \text{CAUSE}([_{\text{实体}}\text{我们}],[_{\text{事件}}\ \text{STAY}_{\text{时间}}([_{\text{事件}}\text{聚会}],[_{\text{位置}}\ \text{AT}_{\text{时间}}([_{\text{时间}}\ 5:30])])])]$$

比较两种不同语义场的三种不同功能论元结构,它们之间的差异只限于三个因素:(1) 功能的语义场特征不同,一个是空间特征,另一个是时间特征;(2) 题元的语义场不同,一个是实体,另一个是事件;(3) 语义场的方位标志不同,一个是方位实体,另一个是时间。

类似的平行关系在汉语中依然存在。跨场的平行关系可以分析和表述下例汉语例句对。请比较:

客人在主席台上坐着。/会议在下午 5 点开始。

$$[_{\text{性状}}\ \text{BE}_{\text{空间}}([_{\text{实体}}\text{客人}],[_{\text{位置}}\ \text{AT}_{\text{空间}}([_{\text{实体}}\text{主席台上}])])]$$
$$[_{\text{性状}}\ \text{BE}_{\text{时间}}([_{\text{事件}}\text{会议}],[_{\text{位置}}\ \text{AT}_{\text{时间}}([_{\text{时间}}\ 5\text{点}])])]$$

他们叫客人从大厅走到主席台。/他们把会议从 5 点改到 6 点。

$$[_{\text{事件}}\ \text{CAUSE}([_{\text{实体}}\text{他们}],[_{\text{事件}}\ \text{GO}_{\text{空间}}([_{\text{实体}}\text{客人}],\left(\begin{array}{l}_{\text{途径}}\text{FROM}_{\text{空间}}([_{\text{实体}}\text{大厅}])\\ _{\text{途径}}\text{TO}_{\text{空间}}([_{\text{实体}}\text{主席台}])\end{array}\right))])]$$

$$[_{\text{事件}}\ \text{CAUSE}([_{\text{实体}}\text{他们}],[_{\text{事件}}\ \text{GO}_{\text{时间}}([_{\text{事件}}\text{会议}],\left(\begin{array}{l}_{\text{途径}}\text{FROM}_{\text{时间}}([_{\text{时间}}\ 5\text{点}])\\ _{\text{途径}}\text{TO}_{\text{时间}}([_{\text{时间}}\ 6\text{点}])\end{array}\right))])]$$

他们把客人留在后台。/他们把会议定在 5 点。

[$_{\text{事件}}$ CAUSE([$_{\text{实体}}$他们],[$_{\text{事件}}$ STAY$_{\text{空间}}$([$_{\text{实体}}$客人],
[$_{\text{位置}}$ AT$_{\text{空间}}$([$_{\text{实体}}$后台])])])]

[$_{\text{事件}}$ CAUSE([$_{\text{实体}}$他们],[$_{\text{事件}}$ STAY$_{\text{时间}}$([$_{\text{事件}}$会议],
[$_{\text{位置}}$ AT$_{\text{时间}}$([$_{\text{时间}}$ 5 点])])])]

方位观的平行模式试图表述时间和空间的平行关系。在概念化过程中，除了时间可以视为时间的空间标志体，还可以视为题元。Jackendoff (1983: 191)用以下小句来证明异样的时间概念化方式及其语言表达。请比较：

Tuesday crept by. /The freight train crept by.

Christmas is fast approaching. /The tiger is fast approaching.

Our future lies ahead of us. /The frontier lies ahead of us.

各句的空间标志体解读为言语者本人。时间场的小句将时间视为一个事件。而事件和实体一样，可以就其空间关系来标志。

时间场的隐喻表达汉语也有，例如：

时间走得飞快，我们又要回农村了。

5 点怎么还没到，我都等不及了。

两汉语例句中"时间"隐喻为空间移动之物，时间的变化隐喻为其空间的变化。

3.1.3 领属场

平行延伸关系除了展现在时间和空间之间外，还呈现在领属和空间之间。题元关系假设仍然可以解释领属和空间之间的平行关系。其中领有可以解读为：

实体$_1$ 视为题元；

实体$_2$ 视为指涉客体；

领属场的实体$_2$ 领有实体$_1$ 和空间场的实体$_1$ 位于实体$_2$，两者之间概念平行。

请比较领属场和空间场的小句：

John had a book.

The book was **at the table**.

两句的题元都是 book。领属场的指涉客体为领有者(John)，体现为主语；空间场的指涉客体是方位标志(table)，体现为介词的宾语。虽然概念平行关系是可以建立的，但它们的语法体现却是不同的。如果忽略不同语义场的不同语法体现，平行模式能够构建领属场和空间场之间的概念语义平行关系。

领属场和空间场一样，有 BE 功能，它的功能论元结构中领有者视为领有空间标志，例如：

Tom has/possesses/owns the car.

The car belongs to Tom.

$[_{\text{状态}}\ \text{BE}_{\text{领属}}([_{\text{实体}}\text{车}],[_{\text{位置}}\ \text{AT}_{\text{领属}}([_{\text{实体}}\ \text{TOM}])])]$

汉语也有类似的平行关系，例如：

他有辆奔驰。/奔驰是他的。

$[_{\text{状态}}\ \text{BE}_{\text{领属}}([_{\text{实体}}\text{奔驰}],[_{\text{位置}}\ \text{AT}_{\text{领属}}([_{\text{实体}}\text{他}])])]$

领属场和空间场一样，也有 GO 功能，例如：

Tom received a car.

$[_{\text{事件}}\ \text{GO}_{\text{领属}}([_{\text{实体}}\text{车}],[_{\text{途径}}\ \text{TO}_{\text{领属}}([_{\text{实体}}\ \text{TOM}])])]$

Tom lost a car.

$[_{\text{事件}}\ \text{GO}_{\text{领属}}([_{\text{实体}}\text{车}],[_{\text{途径}}\ \text{FROM}_{\text{领属}}([_{\text{实体}}\ \text{TOM}])])]$

相同的平行关系同样存在于汉语小句中，例如：

他收到了一辆奔驰。

$[_{\text{事件}}\ \text{GO}_{\text{领属}}([_{\text{实体}}\text{奔驰}],[_{\text{途径}}\ \text{TO}_{\text{领属}}([_{\text{实体}}\text{他}])])]$

他丢失了一辆奔驰。

$[_{\text{事件}}\ \text{GO}_{\text{领属}}([_{\text{实体}}\text{奔驰}],[_{\text{途径}}\ \text{FROM}_{\text{领属}}([_{\text{实体}}\text{他}])])]$

但是，领属场的 GO 功能和空间场的不同，后者的方位动态，即移动途径可以是个过程，所以可以视为连续性的；但（前者的）领有者动态不可能有一个连续性的过程。Jackendoff 认为，领属场的动态功能所表达的概念语义和**性状动态**（change of state）的相似。因此，TO 功能的指涉客体是终止实体，可称作“终属”，表示实体的最终获得者（程琪龙 2006）；FROM 功能的指涉客体是起始实体，相当于“原属”。

领属场和空间场不同，它没有更多类型的 GO 功能结构，但有丰富多样的使役功能结构。致使倾向性结果的可以是个静态事件（即 STAY 事件），也可以是个动态事件（即 GO 事件）。请比较：

Tom kept the car.

$$[_{\text{使役}}\ \text{CAUSE}([_{\text{实体}}\ \text{TOM}],\ [_{\text{事件}}\ \text{STAY}_{\text{领属}}([_{\text{实体}}\ \text{车}],[_{\text{位置}}\ \text{AT}_{\text{领属}}([_{\text{实体}}\ \text{TOM}])])])]$$

Tom gave the car to her.

$$[_{\text{使役}}\ \text{CAUSE}([_{\text{实体}}\ \text{TOM}],\ [_{\text{事件}}\ \text{GO}_{\text{领属}}([_{\text{实体}}\ \text{车}],[_{\text{途径}}\ \text{TO}_{\text{领属}}([_{\text{实体}}\ \text{HER}])])])]$$

前句是静态的,表达不变领属关系,谓词为 STAY;后句是动态的,表达领属变化,谓词为 GO。两类领属平行关系汉语小句也有,例如:

Tom kept the car.

$$[_{\text{使役}}\ \text{CAUSE}([_{\text{实体}}\ \text{TOM}],\ [_{\text{事件}}\ \text{STAY}_{\text{领属}}([_{\text{实体}}\ \text{车}],[_{\text{位置}}\ \text{AT}_{\text{领属}}([_{\text{实体}}\ \text{TOM}])])])]$$

Tom gave the car to her.

$$[_{\text{使役}}\ \text{CAUSE}([_{\text{实体}}\ \text{TOM}],\ [_{\text{事件}}\ \text{GO}_{\text{领属}}([_{\text{实体}}\ \text{车}],[_{\text{途径}}\ \text{TO}_{\text{领属}}([_{\text{实体}}\ \text{HER}])])])]$$

又如:

他把奔驰留着,把大众给了孩子。

$$[_{\text{使役}}\ \text{CAUSE}([_{\text{实体}}\ \text{他}],\ [_{\text{事件}}\ \text{STAY}_{\text{领属}}([_{\text{实体}}\ \text{奔驰}],[_{\text{位置}}\ \text{AT}_{\text{领属}}([_{\text{实体}}\ \text{他}])])])]$$

$$[_{\text{使役}}\ \text{CAUSE}([_{\text{实体}}\ \text{他}],\ [_{\text{事件}}\ \text{GO}_{\text{领属}}([_{\text{实体}}\ \text{奔驰}],[_{\text{途径}}\ \text{TO}_{\text{领属}}([_{\text{实体}}\ \text{孩子}])])])]$$

动态事件还可以是复杂的,例如:

Tom sold the car to her for \$5.

$$[_{\text{使役}}\ \text{CAUSE}([_{\text{实体}}\ \text{TOM}],\ \begin{pmatrix} {}_{\text{事件}}\text{GO}_{\text{领属}}([_{\text{实体}}\ \text{车}],\begin{pmatrix} {}_{\text{途径}}\text{FROM}_{\text{领属}}([_{\text{实体}}\ \text{TOM}]) \\ {}_{\text{途径}}\text{TO}_{\text{领属}}([_{\text{实体}}\ \text{HER}]) \end{pmatrix}) \\ {}_{\text{事件}}\text{GO}_{\text{领属}}([_{\text{实体}}\ \$5],\begin{pmatrix} {}_{\text{途径}}\text{FROM}_{\text{领属}}([_{\text{实体}}\ \text{HER}]) \\ {}_{\text{途径}}\text{TO}_{\text{领属}}([_{\text{实体}}\ \text{TOM}]) \end{pmatrix}) \end{pmatrix})]$$

除了致使倾向结果可以分出小类外,使役功能也可以进一步分出小类。Jackendoff(1983: 192 - 193)分出的两个小类是 CAUSE 功能和 LET 功能。请比较：

Tom obtained the car.

[$_{\text{使役}}$ CAUSE([$_{\text{实体}}$ TOM],
[$_{\text{事件}}$ GO$_{\text{领属}}$([$_{\text{实体}}$车],[$_{\text{途径}}$ TO$_{\text{领属}}$([$_{\text{实体}}$ TOM])])])]

Tom accepted the car.

[$_{\text{使役}}$ LET([$_{\text{实体}}$ TOM],
[$_{\text{事件}}$ GO$_{\text{领属}}$([$_{\text{实体}}$车],[$_{\text{途径}}$ TO$_{\text{领属}}$([$_{\text{实体}}$ HER])])])]

其中 obtain 和 accept 的区别就是 CAUSE 功能和 LET 功能的一个典型区别,前者是主动获取,后者是被动接收。

3.1.4 性状场

性状场(identificational field)主要涉及性质状态特征的表述。性状场中,

实体可作为题元;

实体类型和特征作为指涉客体;

属于某类型或具有某特征解读为方位角色。

性状场和空间场一样,也可以有关系功能、动态功能、静态功能和使役(CAUSE)功能。但是,性状场的语法结构要比空间场的复杂。性状场的指涉客体可以是名词,在语法结构中可以作系表结构中的表语,而且非限定表语一般解读为**类型**(TYPE),而非**实例**(TOKEN)。例如:

Sam is a farmer.

[$_{\text{状态}}$ BE$_{\text{性状}}$([$_{\text{实体实例}}$ SAM],[$_{\text{位置}}$ AT$_{\text{性状}}$([$_{\text{实体类型}}$农夫])])]

Sam turned into a frog.

[$_{\text{事件}}$ GO$_{\text{性状}}$([$_{\text{实体实例}}$ SAM],[$_{\text{途径}}$ TO$_{\text{性状}}$([$_{\text{实体类型}}$青蛙])])]

Sam stayed a frog.

[$_{\text{事件}}$ STAY$_{\text{性状}}$([$_{\text{实体实例}}$ SAM],[$_{\text{位置}}$ AT$_{\text{性状}}$([$_{\text{实体类型}}$青蛙])])]

The witch turned Sam into a frog.

[$_{\text{事件}}$ CAUSE([$_{\text{实体}}$巫师],
[$_{\text{事件}}$ GO$_{\text{性状}}$([$_{\text{实体实例}}$ SAM],[$_{\text{途径}}$ TO$_{\text{性状}}$([$_{\text{实体类型}}$青蛙])])])]

The witch kept Sam a frog.

[$_{\text{事件}}$ CAUSE([$_{\text{实体}}$巫师],

[$_{\text{事件}}$ STAY$_{\text{性状}}$([$_{\text{实体实例}}$ SAM],[$_{\text{位置}}$ AT$_{\text{性状}}$([$_{\text{实体类型}}$青蛙])])])]

指涉客体除了可以体现为英语的系表结构中的名词表语,还可以体现为英语的形容词。形容词所表达的概念单位当然不是实体,而是**特征**(property)。例如:

The butter is soft.

[$_{\text{状态}}$ BE$_{\text{性状}}$([$_{\text{实体实例}}$黄油],[$_{\text{位置}}$ AT$_{\text{性状}}$([$_{\text{特征}}$软])])]

The butter became soft.

[$_{\text{事件}}$ GO$_{\text{性状}}$([$_{\text{实体实例}}$黄油],[$_{\text{途径}}$ TO$_{\text{性状}}$([$_{\text{特征}}$软])])]

They kept the butter soft.

[$_{\text{事件}}$ CAUSE([$_{\text{实体}}$他们],

[$_{\text{事件}}$ STAY$_{\text{性状}}$([$_{\text{实体实例}}$黄油],[$_{\text{位置}}$ AT$_{\text{性状}}$([$_{\text{特征}}$软])])])]

甚至有些小句通过动词来表达其性状的变化。例如:

The butter softened.

[$_{\text{事件}}$ GO$_{\text{性状}}$([$_{\text{实体实例}}$黄油],[$_{\text{途径}}$ TO$_{\text{性状}}$([$_{\text{特征}}$软])])]

They softened the butter.

[$_{\text{事件}}$ CAUSE([$_{\text{实体}}$他们],

[$_{\text{事件}}$ GO$_{\text{性状}}$([$_{\text{实体实例}}$黄油],[$_{\text{途径}}$ TO$_{\text{性状}}$([$_{\text{特征}}$软])])])]

其中特征"软"是根,并体现为同根动词。状态的指涉还可以表达为介词短语,例如:

I once worked as a linguist.

He hired me as linguist.

As a Chinese linguistics, I must explain Chinese.

但是,Jackendoff 没有告诉我们如何对如此介词短语进行形式化表述。如果不考虑动作概念结构,那么介词短语所表达的概念结构都是 BE 功能论元结构,并表述为:

[$_{\text{状态}}$ BE$_{\text{性状}}$([$_{\text{实体实例}}$我],[$_{\text{位置}}$ AT$_{\text{性状}}$([$_{\text{实体类型}}$语言学家])])]

状态场和空间场一样,也有方向和延续性途径,请比较:

The ball fell down towards the well.

The balloon became smaller.

前句的动态标志为空间场的途径,后句的动态标志为性状场的途径,两者都表述动态的方向,动态仍然进行着,都没有抵达动态的终止点。在形式表述中,两者的不同仅限于其语义场的下标。

$[_{途径}\ TO_{空间}([_{实体}水井])]$

$[_{途径}\ TO_{性状}([_{特征}小])]$

其中"TO -水井"发生空间动态就是"越来越接近"水井;"TO -小"的特征动态就是"越来越小"。当然,性状场和空间场一样,也可以有终位的概念内容。请比较:

The ball fell into the well.

The balloon became small.

其中空间小句解读为"球的空间位置朝着水井移动的动态,并最终到达水井";而性状小句则解读为"气球朝着小的状态变化,并最终到达小的状态"。两者的指涉可以表述为:

$[_{途径}\ TO_{空间}(_{位置}\ AT_{空间}([_{实体}水井]))]$

$[_{途径}\ TO_{性状}(_{位置}\ AT_{性状}([_{特征}小]))]$

如此概念语义结构可以表达为汉语小句:

球掉入了水井。

球变小了。

3.1.5 情景场

情景场(circumstantial field)主要表述某实体处于某情景。例如:

Tom kcpt asking the same question.

该小句解读为,实体 Tom 处于提问的情景之中。情景场中,

实体作题元;

事件或状态作指涉客体;

"实体 X 处于情景 Y"平行于"X 位于 Y"。

以上例句的实体是 Tom,指涉事件是 asking the same question,其中"Tom 不停地问同样的问题"平行于"Tom 处于'不停地问同样的问题'的情景位置上"。请比较:

Sam stayed in the sitting-room. 【空间场】

[$_{事件}$ STAY([SAM],[$_{位置}$ **AT**$_{空间}$([客厅])])]

Tom kept sending the signal. 【情景场】

[$_{事件}$ STAY([TOM]$_i$,[$_{位置}$ **AT**$_{情景}$([$_{事件 i}$传递信号])])]

前句表达 Sam 处于客厅这个空间位置上,而后句表达 Tom 处于发信号这个情景(位置);情景场的事件“传递信号”是 Tom 所处的情景,其平行于空间场中 Sam 所处的空间位置。相应的平行关系同样也呈现于致使小句中,请比较:

He kept Sam in the sitting-room. 【空间场】

[$_{事件}$ CAUSE([HE],[$_{事件}$ STAY([SAM],[$_{位置}$ **AT**$_{空间}$([客厅])])])]

He kept Tom sending the signal. 【情景场】

[$_{事件}$ CAUSE([HE],

[$_{事件}$ STAY([SAM]$_i$,[$_{位置}$ **AT**$_{情景}$([$_{事件 i}$传递信号])])])]

其中同样作为题元的 Tom 和 Sam 处于平行的语义关系中。

情景可以有各种类型,它涉及情景的起始、延续进行和终结。这些情景就是相关事件在时间段的位置。这些不同时间点的事件情景,也可以用功能论元结构作形式化表述。例如:

Ted started dancing.

[$_{事件}$ GO$_{情景}$([TED]$_i$,[$_{途径}$ TO$_{情景}$[$_i$ 跳舞]])]

Ted is dancing.

[$_{状态}$ BE$_{情景}$([TED]$_i$,[$_{位置}$ AT$_{情景}$[$_i$ 跳舞]])]

Ted stopped dancing.

[$_{事件}$ GO$_{情景}$([TED]$_i$,[$_{途径}$ FROM$_{情景}$[$_i$ 跳舞]])]

上述三个概念结构也可以有类似的汉语小句表达:

客人们开始翩翩起舞。

客人们正在跳舞。

客人们停止了跳舞。

在该语义场中,平行关系将情景视为一种“延续标志体”。情景的起始、进行和终止平行解读为情景的三个"空间关系"。其中起始情景解读为处于情景中的"客人"朝向"跳舞"情景动态空间变化,即"客人"向情景"跳舞"移动,故该情景平行表述为途径 TO。同理,终结"跳舞"解读为客人处于从"跳舞"情景动态而来的位置,脱离"跳舞"情景的空间变化。其中"跳舞"为其原来的情景,"客人"则处于终止情景之外,故该情景视为和途径 FROM 功能结构平行。进行情景解读为"客人"处于某一个情景位置上,所以用 BE 功能结构表述。英语的 BE 一般处理为进行时的助动词,汉语的 BE 显性表达为"正在"。但也有人认为 BE 是主动词,表示进行时(Emonds 1976)。事件可以处于起始、延续和终止情景,分别由 TO 功能、AT 功能和 FROM 功能表述。事件的情景当然不仅限于这三类,从起始点到终止点可以是个连续统。英语就可以表达许多不同情景,它们同时又和空间场概念语义联系密切,例如:

You are { (nowhere) close to / (not) far from / on the verge of } finishing this book.

又如:

Sam succeeded in finishing the book.

Sam managed to finish the book.

汉语小句也可以有:

你离成功还有一段距离。

你离成功已经不远了。

这些常用于空间表达的语词,同样用来表达情景。Jackendoff (1983: 201)称其为"**情景距离**"(circumstantial distance)。语言可以借表达空间概念的语词识解情景。

情景场还可以有使役类。例如:

Joe asked Ted to dance.

$[_{事件}$ CAUSE$_{情景}$([JOE],
$[_{事件}$ GO([TED]$_i$,$[_{途径}$ TO$_{情景}$($[_i$ 跳舞])])])]

又如:

学生请老师跳舞。

$[_{事件}$ CAUSE$_{情景}$([学生],
$[_{事件}$ GO([老师]$_i$,$[_{途径}$ TO$_{情景}$($[_i$ 跳舞])])])]

英语使役功能还可以有 CAUSE 实例，也可以有 LET 实例。这些使役功能也可以和非使役功能论元结构一样，有不同情景的变异。例如：

Joe forced/pressured/tricked/talked Ted into dancing.

Joe forced/pressured/tricked/talked Ted to dance.

[$_{事件}$ CAUSE$_{情景}$([JOE],

[$_{事件}$ GO([TED]$_{i}$,[$_{途径}$ TO$_{情景}$([$_{i}$ 跳舞]))]))]

Joe kept/restrained/prevented Ted from dancing.

[$_{事件}$ CAUSE$_{情景}$([JOE],

[$_{事件}$ GO([TED]$_{i}$,[$_{途径}$ NOT AT$_{情景}$([$_{i}$ 跳舞]))]))]

Joe allowed/permitted Ted to dance.

[$_{事件}$ LET$_{情景}$([JOE],[$_{事件}$ GO([TED]$_{i}$,[$_{途径}$ TO$_{情景}$([$_{i}$ 跳舞]))]))]

Joe released Ted from dancing.

[$_{事件}$ LET$_{情景}$([JOE],

[$_{事件}$ GO([TED]$_{i}$,[$_{途径}$ FROM$_{情景}$([$_{i}$ 跳舞]))]))]

Joe exempted Ted from dancing.

[$_{事件}$ LET$_{情景}$([JOE],

[$_{事件}$ GO([TED]$_{i}$,[$_{途径}$ NOT AT$_{情景}$([$_{i}$ 跳舞]))]))]

3.1.6 存在场

在方位观平行模式中，**存在场**(existential field)也解读为空间场的一个次类。Jackendoff(1983: 202-203)认为，存在场中，

事件和性状都可以作为题元；

指涉范围由“存在”表达。

由于某物体或某事件的存在，常常进一步说明它存在的位置，所以具有 BE(关系)功能和 STAY(静态)功能的存在句，也含方位成分。其中存在场和方位场的 BE(关系)概念结构，它们形式表述和例句可以比较如下：

There was a statue on the table.

[$_{状态}$ BE$_{存在}$([$_{实体}$雕像],[$_{位置}$ AT$_{存在}$([$_{实体}$桌子])])]

The statue was on the table.

[$_{状态}$ BE$_{空间}$([$_{实体}$雕像],[$_{位置}$ AT$_{空间}$([$_{实体}$桌子])])]

但是,两者的 STAY 概念结构难以区别,例如:

The statue remained on the table.

它好像可以归作两者的任何概念结构。动态存在结构也可以有对应的动态方位句。请比较:

The statue disappeared.

[$_{状态}$ GO$_{存在}$([$_{实体}$雕像],[$_{位置}$ FROM$_{存在}$[$_{状态}$ BE$_{存在}$([$_{实体}$雕像])]])]

The bird flew away.

[$_{状态}$ GO$_{存在}$([$_{实体}$鸟],[$_{位置}$ FROM$_{存在}$[$_{状态}$ BE$_{存在}$([$_{实体}$鸟])]])]

汉语的关系存在结构和关系方位结构的表达形式也是有区别的,请比较:

桌子上有只花瓶。　　　　　(存在)

花瓶在桌子上。　　　　　　(方位)

动态概念结构也只有存在场有,例如:

客人很快消失在人群中。

[$_{状态}$ GO$_{存在}$([$_{实体}$客人],[$_{位置}$ FROM$_{存在}$[$_{状态}$ BE$_{空间}$([$_{实体}$人群])]])]

客人出现在人群中。

[$_{状态}$ GO$_{存在}$([$_{实体}$客人],[$_{位置}$ TO$_{存在}$[$_{状态}$ BE$_{空间}$([$_{实体}$人群])]])]

以上是非使役存在结构,英语还有使役存在结构,涵盖 BE(关系)功能结构,STAY 静态功能结构和 GO 动态功能结构三类。例如:

They created a statue.

They kept the statue on the table.

They destroyed the statue.

汉语也有相同的概念结构,例如:

老师画了幅山水。

[$_{事件}$ CAUSE([$_{实体}$老师],
　　[$_{事件}$ GO$_{存在}$([$_{实体}$山水],[$_{位置}$ TO$_{存在}$([$_{实体}$山水])])])]

学生将山水留在教室的墙上。

[$_{事件}$ CAUSE([$_{实体}$老师],
　　[$_{事件}$ STAY$_{存在}$([$_{实体}$山水],[$_{位置}$ AT$_{存在}$([$_{实体}$山水])])])]

老师烧了那幅山水。

[$_{事件}$ CAUSE([$_{实体}$老师],

[$_{事件}$ GO$_{存在}$([$_{实体}$山水],[$_{位置}$ FROM$_{存在}$([$_{实体}$山水])])])]

通过方位概念结构的分析,不同语义场的动词可以有相同的方位概念结构,这样的理论表征具有可观的概括性,同时也能合理表述语法格标记。另外,动词的不同用法也可以作出统一的理论表征。

方位观的题元关系假设并非没有问题。方位观各模式所设置的语义角色太抽象,无法解决语义角色各理论模式未能解决的语义角色配给问题。更大的缺陷是并非所有的动词都可以识解为移动或方位类,尤其是动作动词(例如,*chew*, *cry*, *knead*, *juggle*, *play* 等)。方位观也无法正确表述论元的语法体现。虽然 Jackendoff 采用了方位观,但他的动作层表述得更像使役观的力传递观念。Jackendoff(1990)开始脱离方位观,为了解决论元体现的问题,他将使移结构和使成结构分开,因为变化的实体在使成结构中只能体现为宾语,但在使移结构中它可以有多个体现。

方位观和概念隐喻理论有相似之处。其中方位语义场延伸细化到其他语义场的过程,可以视为从基本方位关系隐喻形成非方位关系的过程。方位观更重视基本结构和延伸结构之间的平行关系,而概念隐喻理论更重视从本体到喻体的过程。

3.2 体貌观

体貌根据其语言表达形式,可分作**语法体貌**(aspect)和**词汇体貌**(Aktionsart)。虽然两者的语言表达形式不同,但它们都涉及情状语义本身内在的时间结构。在印欧诸语中,语法体貌体现为动词时态表达形式的一部分,例如进行时和完成时等。汉语没有如此丰繁的形位系统,其语法体貌则体现为体貌词“了”“着”“过”。当然,两者不仅仅是表达形式的不同,语义分类也有所不同。请比较:

We have been reading your books.

*我们看着过你的书。

英语的进行体貌和完成体貌可以混合体现在一个小句中,但汉语没有这样的表达形式，也就不存在其对应的混合语义。但汉语有经历体貌（过）和完成体貌（了）的混合。例如：

我已经尝过了所有的甜点。

词汇体貌涉及事件结构的体貌分类，探究体貌语义特征如何确定参与者（或论元）的语法体现，尤其是体貌语义特征如何确定宾语的语法体现。

体貌观和方位观一样，都是研究和表述事件结构的理论观点。但两种理论观点的关注点不同。方位观重点关注具有高度抽象程度的空间功能，重视跨语义域的平行空间关系；而体貌观基于时间关系，重点探究体貌语义特征，并基于体貌语义特征构建概括性语义结构，力图探究基于体貌语义特征的事件分类和论元体现。词汇体貌的研究关注事件概念化。参与研究的学者产出相当可观的成果，也遗留了许多难题（Bach 1981、1986；Dowty 1979；Filip 1999；Vendler 1957、1967；Verbkuyl 1972、1993）。

3.2.1 体貌分类

体貌语义的分析可以追溯至亚里士多德。但体貌特征的事件构建及其形式表述，影响比较久远的要数 Vendler（1957、1967）的四分类。无论是支持者、追随者，还是批评者、反对者，体貌语义研究者都以 Vendler 的词汇体貌四分类作为起始点，并对其分类提出自己的观点。另外，Croft 借助认知语言学的理论观点，提出了更为精细的分类。

体貌观和方位观不同，它从时间的角度出发对事件结构及其动词进行概括归类。Vendler 基于体貌语义特征，将动词及其事件分成四分类。它们是：**状态**（states）、**活动**（activities）、**结果**（achievements）和**完成**（accomplishments）。例如：

状态类：*be Chinese*, *be intelligent*, *love*

活动类：*sing*, *dance*

结果类：*realize your error*, *recognize him*, *discover the solution*

完成类：*build a house*, *fix a bike*, *run to the store*, *eat a pear*

该四类由三对语义特征来区分。它们是：静态（stative）/动态（dynamic）［或静态/过程（process）］、延续（durative）/点状（punctual 或 instantaneous）、有界（bounded）/无界（unbounded）［或终止（telic）/无终（atelic）］。其中语义特征和事件类型的关系可以用表 3.2 说明。

表 3.2　体貌四分类①

	状　态	活　动	结　果	完　成
变	−	+	+	+
延	+	+	−	+
终	−	−	+	+

（1）**状态类**描述的情状或事件在单位时间段内没有变化。所以记作“-变”。不变状态自然是就该时间段而言，所以它必须是延续性的，故记作“+延”。因为它在时间段中没有变化，所以也没有必要设置终点，故记作“-终”。

（2）**活动类**描述的情状或事件在时间段中是动态的，故记作“+变”，但它无终止点，所以它同时必须是“-终”和“+延”。和状态类比较，两者的主要区别是特征“变”的值。请比较：

我是个志愿者。

她在唱歌。

在某设定时间内，我和志愿者之间的关系延续不断，无终止；而她在唱歌的过程中是动态的，该动作是延续的，没有终止之意。

（3）**结果类**和活动类一样，该类的情状或事件也描述过程。但结果类事件描述的是动态的过程，而且该类动态过程是瞬间点状的，故记作“-延”。作为瞬间过程，它自然必须是有终止的，所以它必须含“+终”。例如：

He shattered the plate.

其中“碎”自然是动态的，而且有界，结果明确，同时它必须是瞬间点状，一撮就成的。又如：

程咬金一板斧就破了他的长枪法。

其中“破”也是动态的，而且有界，结果也明确。就“破”而言，它自然是瞬间的，不是延续性的。尽管结果类和活动类都是动态的，但结果类是瞬间，有终点的；而活动类则是延续型，无终点的。

（4）**完成类**也是一个过程，和结果类一样，也有自然终点，是有界的（Vendler 1967：101）。该过程也表述为一个完成的增量（incremental）过程（Dowty 1991）。例如：

① 表中“-变”表示静态，“-延”表示点状，“-终”表示无终（即无界）。

村民们在山坡上建起了一座希望小学。

其中“建”是一个过程，而且有明确的终止点。建造过程自然是一个完成比例增量的过程，是学校一点一点建起来的增量过程。完成类和结果类的主要区别在于是否有延续过程。结果类没有延续过程，动词表达的事件是即刻发生的，一撮就成的事件，所以其事件是点状的；而完成类有个延续过程。从宾语题元的角度出发，其题元从起始点到终点就是一个增量的过程。

Vendler 的经典式词汇体貌分类因过于简单而遗留了一些问题。许多研究者都尝试对其经典系统进行更精细的分析。时段（phasal）分析就是一个值得关注的分析方法（Sasse 1991、2002；Johanson 1996、2000；Bickel 1997）。时段分析将事件分出两个点以及两者间的过程：起始（inceptive）端，过程中段（course），终止（final）端。例如，*die*（死）分出一个过程，一个终端，即谢世过程到终寝状态。又如，*know*（知道）可以分出一个始端，一个终端。时段分析除了基于一维的时间外，还有关注时间和事件关系的二维分析（Timberlake 1985）。当然，这样的时段分类仍然不够精细。

Croft 和 Timberlake 一样，也重视时间和状态之间的关系，强调时间轴上事件的各种变异。Croft（2012）用双维图具体表述两者之间的不同关系。基于二维分析方法，他不但对事件的体貌有了更精细的分类，而且力图用二维分析将事件的体貌和使役统一起来。本小节集中讨论 Croft 的体貌部分。

Croft 的二维图由纵线和横线直角相交连接构成，其中纵线标示状态变异与否，横线标示时间推移，两者相交标示某时间段中时间推移过程中事件的状态。例如：

他爱你。

状态纵线上有“爱”和不“爱”的不同状态，标志在不同的位置上；时间横线表示某一时间段。这样双维图可以表示某时间段，某实体的状态。就“他”的时间而言，状态“爱你”是有变化的（见图 3.1）。“爱你”的变异表现在两个方面。一是“他”不是一生出来就“爱你”的，所以一开始“他”的状态是“不爱你”。从人生某一时间开始，“他”“爱你”。但是，这一状态可以保持终生（见图 3.1a），也可能在某一时间状态有变（见图 3.1b）。

在 Croft 更精细的表述中，用系动词的句子所表达的状态也可以分出三个细类：继承状态（inherent state）、转变状态（transitory state）和点状态（point state）。例如：

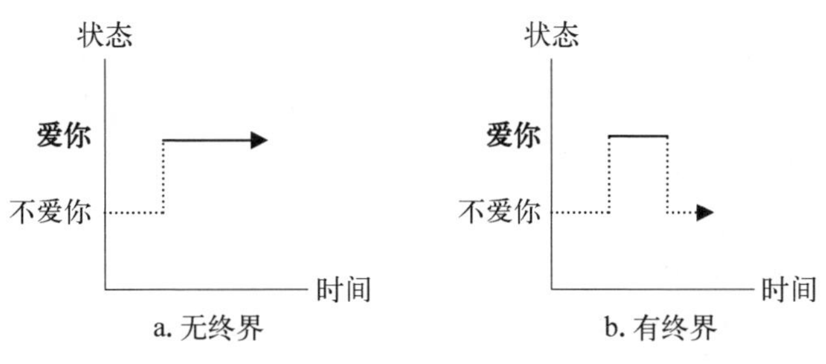

图 3.1 “爱”的体貌变异①

Jenny is a girl. 【继承】
The windows were open. 【转变】
It's eight o'clock. 【点状】

继承类状态是永久(整个一生)时间段内不变的状态。例句中 *is a girl* 的状态贯穿 *Jenny* 一生,其不变状态在图中用和状态轴相交的带箭头粗线表示(见图 3.2a)。转变类是一种在时间段展开过程中有变化的状态。上例的“窗”在过程中某时间点从“关”转变为“开”(见图 3.2b)。3.2b 图式中的粗线表示实体在所示时间段中处于“开”的状态,虚线表示该状态之前的转变状态。点状是瞬间状态(见图 3.2c)。

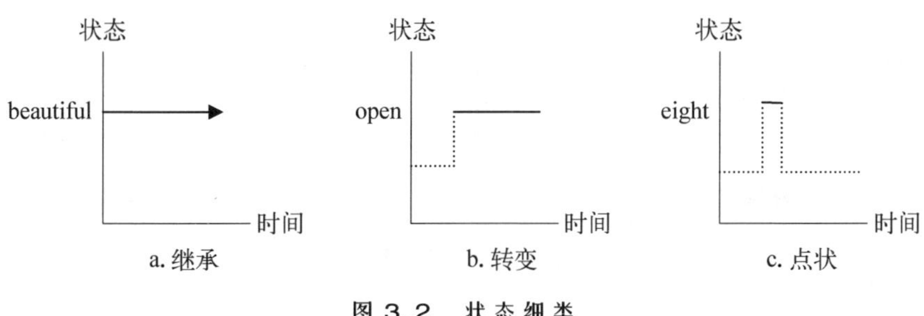

图 3.2 状态细类

如果从状态的界限比较三个次类(见图 3.2),继承状态无界;转变状态有起始界,但和终止界无关;点状既有起始界,又有终止界。汉语也有类似的状态细类。例如:

我们都是龙的传人。 【继承类】
他的头发是蓝的。 【转变类】

① 纵坐标线标示不同状态,横坐标线标示不同时间,粗线标示某时间中的具体状态。

现在是八点。　　　　　　　　　　　　【点状类】

结果类和状态类一样，也可以分出三个细类：可逆结果（reversible achievement）、不可逆结果（irreversible achievement）、循环结果（cyclic achievement）。由于结果类表达的是动作结果，所以它的动作是关注点，而结果状态却不是关注点。例如：

The vase shattered.　　　　　　　　【不可逆结果】

The windows opened.　　　　　　　　【可逆结果】

The light flashed.　　　　　　　　　【循环结果】

不可逆结果状态指结果状态不可改变，其中花瓶一旦“破碎”，此状态不可逆。可逆结果是指结果状态可以转变为相反的状态，上述窗户“开”的状态可以转变为“关”的状态。循环结果指状态的多次重复，比如上例灯光的重复闪烁。

不可逆结果状态相当于继承状态，它们在某时间段中都是不变的（见图 3.3a）。可逆结果状态相当于转变状态，它们都是可变的（见图 3.3b）。循环结果则和点状一样，是单次瞬间的（见图 3.3c）。三个结果细类和三个状态细类不同。结果细类是某时间点的过程，用粗纵线表示（见图 3.3a—c）；状态细类是某时间段的状态，用粗横线表示（见图 3.2a—c）。

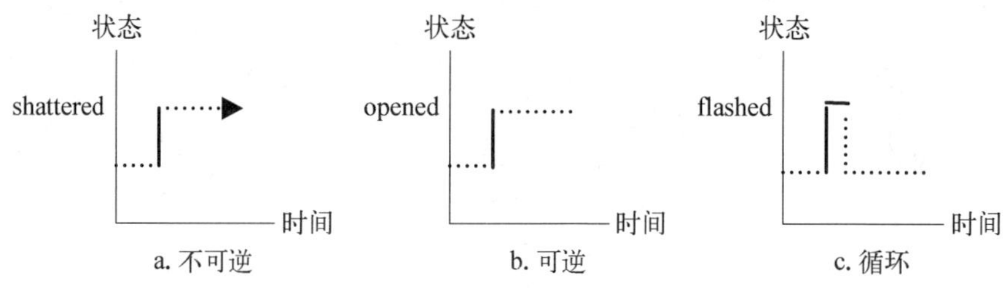

图 3.3　结果细类

汉语也可以有相同的分类，例如：

梅花谢了。　　　　　　　　　　　　【不可逆结果】

热水关上了。　　　　　　　　　　　【可逆结果】

手电筒闪了几下。　　　　　　　　　【循环结果】

活动类也可以细分，它的分类依据是活动的方向。活动可以有两个方向性不同的次类：**有向活动**（directed）和**无向活动**（undirected）。例如：

The pot was getting hotter.　　　　　【有向活动】

The man was talking there.　　　　　【无向活动】

前句“锅”温度变化的过程是按照固定的方向推进的，所以将该活动理解为有方向的活动，常常视为**增量变化**（incremental change），以上例句表达锅温度的增加。后句“人”说话过程是声音发出的过程，它没有活动的方向可言。作为活动，它有过程，但无界。过程在图中用横粗线表示。有向活动的过程用直线表示（见图 3. 4a），无向活动则用不同方向的线表示（见图 3. 4b）。

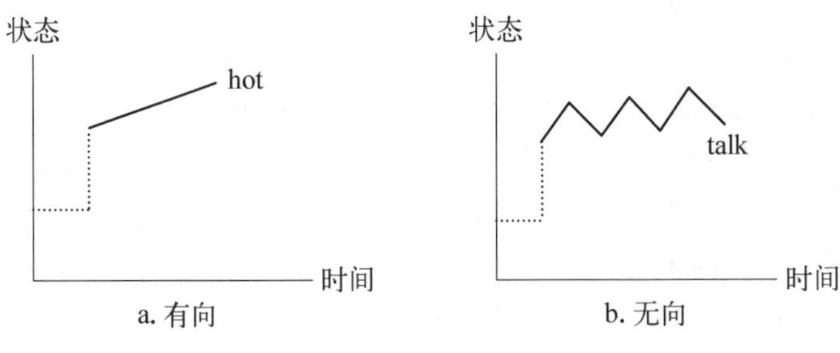

图 3.4　活动细类

无界过程一般归入活动体貌。当过程有界时，它就归入完成体貌。有界过程和无界过程一样，也可以根据有向和无向分出两个细类。例如：

Tom drank the whole bottle.　　　　【完成】

Help! Tom was dying.　　　　【过程结果】

有向有界过程解读为“完成类”（见图 3. 5a），它表达状态的增量过程。无向有界过程解读为**过程结果**（Run-up Achievement）（见图 3. 5b）。过程结果的过程不是一个有明确方向的增量过程，但有永久不变的最后结果状态。

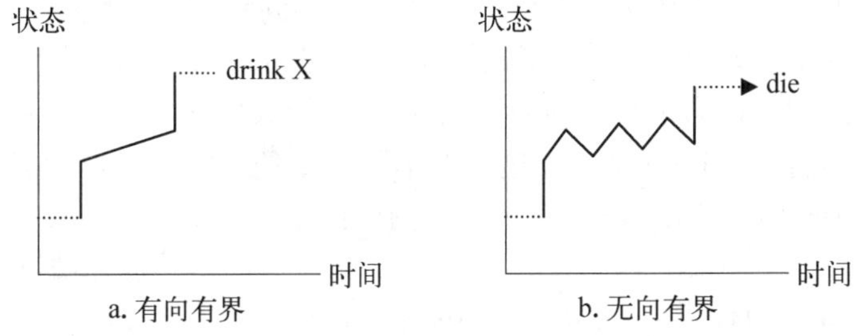

图 3.5　有界过程细类

词汇体貌的分类变异也可以用认知语言学的理论方法来解释。认知语言学十分关注概念化过程，在此可称作识解操作。识解操作大致可以分作四大类：注意、凸显、视角、格式塔(Croft and Cruse 2004)。和词汇体貌变异相关的至少有：凸显选择变异、结构图式变异和精度变异。

凸显的心理概念化操作是对一个框架的概念内容作出不同凸显的选择(Langacker 1987)。凸显选择的认知基础是一个词具有激活同一个语义框架中的两个或多个概念的潜能。同样的动词，可以有相同的概念内容整体，但却可以有不同的词汇体貌。例如：

I remember how to find it. 【转移状态】

I remembered her address. 【有向结果】

同样是动词 remember，它的概念内容是相同的，但是，它不同的时态可以有不同的词汇体貌。如果将不同时态视为不同时间段的凸显，那么动词 remember 作为一个固定概念内容，至少可以有两个不同的凸显。其概念内容的不同时间段的呈现识解为动词的不同词汇体貌凸显。在二维图中相同的状态用相同的状态线表示，不同的凸显则用不同时间段上的粗线表示(见图 3.6)。

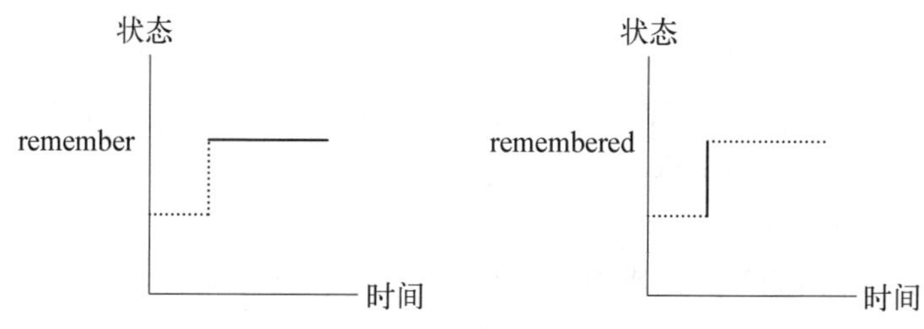

图 3.6 凸显变异

格式塔的识解操作可以表述为**结构图式化**(structural schematization)，而结构图式化可以解读为一个实体结构的不同识解(Talmy 1985)。例如，英语语词 *sheep* 既可以解读为单只羊，也可以解读为一群羊。英语 *sheep* 之所以可以有两种不同识解，也许是因为人们在放羊时一般将羊集合成群。在使用时用 sheep 表达一群羊更为简便。如此识解变异同样也存在于动词 *flash*(Talmy 1985：77)。例如：

The light flashed. 【循环结果】

The light flashed/was flashing for 5 minutes. 【无向活动】

闪烁是单次的(见图 3.7a)，也可以是单次的重复叠加(即重复多次的)(见图 3.7b)，甚至识解为一段时间中连续闪烁(见图 3.7c)。单次的闪烁是循环结果体貌(见图 3.7a)，而多次的闪烁则归入无向活动体貌(见图 3.7b—c)。

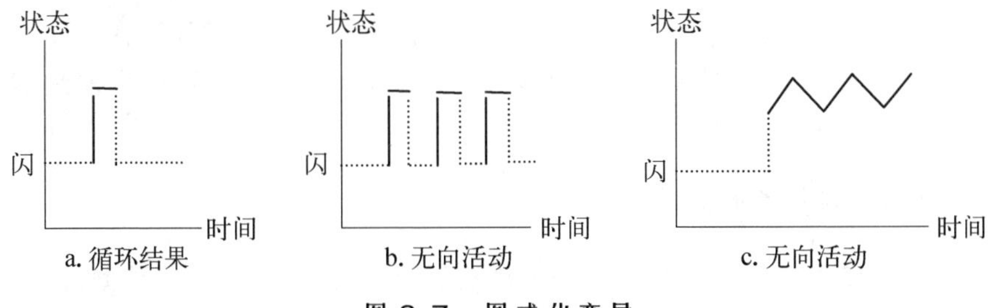

图 3.7 图式化变异

识解的认知过程还常有精度变异。所谓的精度变异就是概念化识解过程中,解读对象实体的不同精细程度。空间概念化认知过程是精度变异的常见现象(Croft and Cruse 2004: 51-53)。例如:

A squirrel ran across the road. 【低精度】

The construction workers dug through the road. 【高精度】

如果将"路"(road)视为一个实体的概念内容,那么语言对该概念内容的识解可以有不同的空间精度调整(spatial scalar adjustment)。前句是低精度的识解,将"路"视为一种二维的平面实体;而后句是高精度的识解,将"路"视为一种三维立体的实体。

不同精度的识解,同样出现在不同的事件中,并呈现为不同的词汇体貌类型。表达的动词都是系动词,但因时间精度的不同,事件可以识解为不同的体貌类型。例如:

Tom is being polite. 【高精度】

Tom is polite. 【低精度】

进行时的小句识解汤姆一次性的行为(见图 3.8a)。一般式的小句表达汤姆在所有场合都是彬彬有礼的。如果将每一个场合视为一个点,那么这些点串联起来构成汤姆整个一生中所有的彬彬有礼的一贯行为(见图 3.8b)。

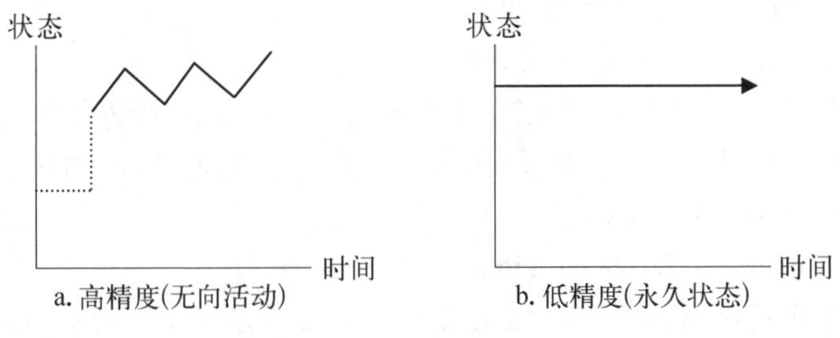

图 3.8 精度变异

将两句识解做一比较，前句的时间段短，状态表述精度高，在图示中形象地表述为短粗线；后句的时间段长，状态表述精度自然低，形象地表述为无数点连起来的线。

3.2.2 体貌分类的缺陷

虽然许多动词可以基于其词汇体貌特征分出不同的事件类型，但它们在整个语言系统中并非如其追随者宣称的那样成功。事实上，一个动词可以出现在体貌特征不同的事件结构中，词汇体貌和事件结构有时并不一致。从时间概念的角度出发，状态类就有恒定状态和限时状态之分。恒定状态就是指所有时间内某状态永恒不变；限时状态是指不同时间段某状态有变异。而确定永恒状态和限时状态的差异不是动词。例如：

他是个黄帝的子孙。

他是个贼。

按照体貌分类，“是”应该是状态的，理论上它应该没有变化。前句“他”和“子孙”的关系确实是不变的，他生为“龙的传人，死仍为龙的传人”，因此前句支持了词汇体貌定义。但后句的“他”和“贼”的关系是可变的，至少他并非生来为贼，“他是贼”也不一定是永恒不变的，所以后句是状态分类的反例。可见，决定体貌特征的不完全是动词语义，用动词语义来确定状态体貌是有缺陷的。当然，仅用句式本身也无法确定状态体貌。真正确定状态体貌的是事件整体，它既涉及动词语义，也涉及语义角色之间的概念内容关系，即“他”和“黄帝的子孙”之间以及“他”和“贼”之间的概念内容关系。很显然，状态是否变化，和动词“是”没有直接关系，而和动词连接的两个名词表达的概念内容有关。决定状态是永恒的还是限时的，是两者之间的以时间为尺度的概念语义关系。

基于经典的体貌分类，有些理论将点状类细分出对立的**单次**(semelfactives)和**多次重复**(iterative)。例如：

John hit her with a thick club.

John beat her with a thick club.

英语的 hit 就是一次性点状动词，而它的近义词 beat 则解读为多次重复的点状动词。如此细化的体貌特征，可能和同一个动词关联。例如：

John coughed (once).

John coughed the whole night.

前者是单次动作，后者是多次重复动作。但咳嗽是一次一次进行的，每一次咳嗽可以单独视为一次活动，其有始有终。无论是单次动作，还是重复多次动作，它们都没有任何明确变化，没有结果，也不能归入结果类。

以上句组本身也说明，动词语义的不确定性。动词“咳嗽”(cough)只表明一种无结果的动作，但它在不同的语境中却归入不同的体貌类。直接导致不同归类的不是动词，而是表示动作次数的状语。又如：

手电筒闪了一下。

手电筒闪了五分钟。

其中“一下”表示单次；按常识“闪了五分钟”则表示多次。

动词除了和状语共同来决定体貌分类外，有些还和语法体貌共同来决定体貌分类。在时态显性表达的印欧语言中，如此现象更明显。例如：

Tom is friendly.

Tom is being friendly.

前句可以表达 Tom 的个性气质，它是无时限的，不变的。但后句却仅限于某段时间，只强调该时段 Tom 的具体行为。

基于以上各例的分析探究，我们可以得出这样的结论：(1) 无论是英语还是汉语，它们的事件分类并非完全基于动词的词汇体貌；(2) 一个动词可以有多个不同的事件体貌分类，即一个动词可以出现在词汇体貌不同的事件中；(3) 动词的词汇体貌多义性，除了动词语义本身外，还涉及和动词匹配的其他成分，具体包括时间状语、语法体貌或论元之间的语义关系。因此，动词和词汇体貌之间的关系，不可能是简单的一对一的词汇体貌归类，词汇体貌和语法体貌有时无法分清(Dahl 1985: 26－27)。

3.2.3　完成性体貌

事件结构的词汇体貌研究，不只停留在事件结构的体貌分类，它还试图探索体貌特征如何参与处理论元体现。这类研究大多集中在及物结构的宾语和中动结构的主语。这些论元角色的对应词汇体貌主要涉及**完成性**(telicity)。

词汇体貌研究始于对小句分类的研究。研究者基于不同体貌特征，对小句进行归类，其中完成性是一个颇受关注的体貌特征。随着研究的深入发展，研究者发现，词汇体貌的研究不仅限于小句的体貌分类，它还涉及不同小句成分的事件描述。

及物结构的体貌特征研究没有将重点置于小句的体貌类型上，而重点关注直接宾语的形位句法表达和谓词词汇体貌特征之间的对应关系。词汇体貌的关键特征是完成性，它又涉及**增量题元**(incremental theme)、

度量(measure)等。

体貌研究者认为,完成性特征能够证明小句组合性的存在。例如:

Tom watered the flower. 【活动类】

Tom watered the flower flat. 【完成类】

两句有相同的动词,主语和宾语也相同,但体貌类型却不同。两句的差异主要由后句中的形容词 flat 造成的。可见完成小句主要建于活动小句。换言之,该完成事件结构是活动事件结构和完成性特征的组合结果。如此小句可作为语言组合性存在的一个例证。完成小句的组合就是活动组合性状的过程,而且该性状是活动的终止性状。组合性本身也表明,仅用动词是无法精确划归词汇体貌类型的,它的分类常常基于动词和其他成分的组合。

当然,仅将完成性视为动作和结果性状的组合,这样的词汇体貌理论模式仍然存在问题。有些事件可以明显地在事件过程中形成自然**高潮**(culmination)(Dowty 1979: 186 - 187),但没有明确的完成终点。这样的体貌理论陈述显然无法证明完成性在 translate(译)、memorize(记)等事件表述中具有描述合理性(Levin and Rappaport Hovav 2005: 93)。例如:

We translated love poems through translation workshops.

它没有任何明确的完成终点。宾语 love poems 也不含完成体貌语义。

完成性体貌分析可以明确表述许多含**度量短语**(measure phrase)的小句事件,例如:

Tom cooled the water to 10 degree in an hour/ * for an hour.

Tom cooled the water by 10 degree in an hour/ * for an hour.

Tom walked from home to his office in an hour/ * for an hour.

句 1 的终点是 10 度,句 2 的终点是少于 10 度的温度,句 3 的终点是办公室。但是,并非含度量短语的小句表达的语义都可以归入完成类事件,例如:

Tom walked ***two miles***.

Sam moved the table ***two feet***.

其中走和移动没有明确终点,实体“汤姆”和“桌子”本身也无法确切标记事件终点。换言之,“汤姆走动”没有终点含义,“桌子移动”也没有终点含义。

完成词汇体貌可以区分许多动词及其事件,例如:

Ted ***hit*** the ball.

Ted ***crashed*** the ball.

很显然,两个动词内在完成性是不同的。就其动作对象而言,前者是非完成的,Ted 击打球没有造成任何结果;后者却是完成的,Ted 把球给损坏了。但是,并非所有动词和完成体貌都有一致关系。有些动词既可以是完成的,又可以是非完成的。例如:

The milk cooled in ten minutes. 【+终点】

The milk cooled for ten minutes. 【-终点】

虽然两者动词都是凉,但前句表达的意思含"牛奶已凉"这样一个结果,而后句却没有如此结果。

完成性的分析也可以是非组合式的整体局部关系的分析(Kenny 1963: 172 - 173;Dowty 1979: 57)。运用如此分析法的学者提出,事件的时间展开和事件指涉的外部世界,两者基本一致(Krifka 1986、1989a、1989b、1992)。例如,吃苹果事件过程中,被吃掉每一口苹果和吃该苹果的每一个部分一致(Bach 1981、1986)。如此论元或称作**渐变受事**(gradual patient)(Krifka 1989b),或称作增量题元(Dowty 1991)。含增量题元的动词包括创造类(build, write)、销毁类(destroy, burn)、消耗类(eat, drink)、变化类(shorten, expand)、移动类(walk, jog)等。

完成性也可以从度量的角度来解读(Tenny 1987、1992、1994)。对事件的度量是在一个阶上进行的。度量的结束,就是阶的终点。度量则由作宾语的论元来完成,所以该宾语的论元称作"度量"。按度量依据的不同,事件过程可以有三个分类,可称作消失类、路径类和变化类。

(1) 消失类包括增量题元的核心类。例如:

John drank the orange juice.

橘子汁可以用来度量整个饮事件。饮的每一个步骤都会消耗一部分橘子汁。橘子汁从满到消失的减少过程,就是饮事件的过程;橘子汁消失就是饮事件的终点。从橘子汁和事件的一致关系出发,橘子汁作为论元可以用来度量事件过程本身,直至终结。

(2) 路径类涉及移动事件,用以度量的不是作为动作对象的实体,而是动作的路径。例如:

The students climbed the mountain.

当然,该类事件无法像第一类那样,将路径"山"解读为受影响而性状变化从有到无的实体,而是解读为攀爬未完成的路程。事件过程是攀爬未完成路程从多到少的变化过程,山的未完成路程,就是对攀爬事件的度量标准;未完成路程的最终消失,就是攀爬事件的终点。

(3) 变化类和消失类不同,它强调的程度终点解读为程度阶上的终点。例如:

They dried the cloth in the air.

虽然"干"的性状一定是相对的。如果将该性状视为一个动态变化的阶,那么相对"干"性状是可以解读为终点(Tenny 1994: 17)。从"不干"到"干"的程度就是一个以"干"为终点的阶。所谓的度量就是对"不干"部分减少,直至"消失"的过程。

阶本身就可以解读为抽象空间。不同的度量只是抽象空间的具体度量标准不同。第一类是实体存在与否的阶,第二类是路径距离的阶,第三类是实体性状变化的阶。实际上三类度量的平行关系是存在的,它们都是一种抽象空间阶上的进程。进程的抽象阶本身为界定各类事件进程的终点。甚至我们可以将这种平行关系视为隐喻思维一种结果。如此视角同时也可以解读为方位观和体貌观的巧妙互补。

词汇完成体貌是事件结构研究的一个重点。围绕着这个重点的研究除了涉及完成体貌的界定、它和宾语的关系,还涉及完成体貌的词汇化。完成体貌词汇化程度是有争议的。有些人认为完成体貌不可词汇化(Borer 1994、1998),有些则认为完成体貌有一定程度的词汇化(Rappaport Hovav and Levin 2002)。有人认为,完成性不取决于增量题元。含增量题元的谓词甚至可以是非完成的(Filip 1999; Hay, Kennedy, and Levin 1999; Jackendoff 1996; Krifka 1992; Levin and Rappaport Hovav 1995; Ramchand 1997)。当性状变化类动词作谓语时,如此非对应关系更加明显(Abusch 1986; Bertinetto and Squartini 1995; Hay, Kennedy and Levin 1999)。请比较:

They emptied the box in five minutes. 【+终点】

They lengthened the line for five minutes. 【-终点】

虽然两句都含增量题元,但两者的事件完成性是不同的。前者是有界的,它表达 box 变化的终点"空"。后者没有终点,他们还可以继续使线变得更长。有些谓词不带增量题元,但它仍然可以是完成类的。例如:

John broke the window.

事件的终点很显然是窗户破的性状,所以应该是完成类的,但它确实不含增量题元,因为破是瞬间的。

完成性和增量题元的关系,在汉语的有些变异句对中能够起到一定的作用。孙朝奋(Sun 1996)、张伯江(2000、2009)都认为把字句含整体受影响(total affectedness)语义,相当于含完成性的增量题元。下一步值得

我们考证的是,完成性增量题元是否可以区分把字句和它对应的一般句呢? 请比较:

他把小馄饨吃完了。/他吃完了小馄饨了。

他把小馄饨吃了。/他吃了小馄饨了。

两句对的前句都表达,"小馄饨没了",它们都含增量题元,把字句式和一般句式没有区别。但第二句对把字句和一般句的意思却不同,只有把字句式含增量题元,一般句式不含增量题元(程琪龙 2013)。以下句对支持后句对两者差异的存在:

他吃了那碗小馄饨了,但没吃完。

他把那碗小馄饨吃了,#**但没吃完**。

可见,把字句式和一般句式之间的差异是存在的,完成性体貌特征也有一定的能力区分两者的差异。但是,这种决定作用是有限的。

以上讨论的把字句,主要涉及完成性增量题元。但是,并非所有的把字句所含的增量题元都是完成性的。换言之,把字句中的受事并非都是整体性的。例如:

他把五个包子吃了三个。

其中"五个包子"就"吃"而言确实是增量题元,是吃掉部分从"五个"到"三个"的增量过程。但是,就"五个包子"的整体而言,它没有全被吃掉,所以无法解读为完成性增量题元。"把五个包子吃了"是完成性的,含完成性增量题元;"把五个包子吃了三个"不是(整体)完成性的,仅含非完成性增量题元。当然,非完成性增量题元不归为"整体受影响受事"为妥。如果把字句真的有决定性的因素,那么它很有可能包括增量题元,但该增量题元却不是完成性的(程琪龙 2013)。

3.2.4 体貌和论元体现

词汇体貌研究同时也十分关注它和论元体现之间的关系。其中首先提出了一个比较系统的论元体现的要数 Tenny(1987,1992,1994)。她的**体貌接口假设**(Aspectual Interface Hypothesis)成了体貌研究的一个关注点。该假设认为,管辖限定从题元结构到句法论元结构映射的是体貌特征。体貌特征限定了准入直接和间接域内论元和域外论元的相关事件参与者(Tenny 1994: 2)。虽然 Tenny 认为度量是完成性的界定特征,但她只是将度量和直接宾语捆绑在一起,而不是和直接宾语的具体形位句法表达捆绑在一起。她的理论模式也不要求所有的直接宾语都必须是度量论元。

尽管如此,完成性体貌特征在论元变式体现中仍然起到了一定的作用。首先,完成性体貌特征和动词及物性之间有对应关系。典型的及物动词,它们的直接宾语一般都是度量或增量题元。离典型及物动词越远的动词,它们的及物性就越差,其直接宾语越不可能是度量或增量题元。请比较:

Romans have destroyed the city. 【典型及物】

Romans saw the wall. 【非典型及物】

前句的动词 destroy 是典型及物动词,其直接宾语是个增量题元;后句的动词 see 不是典型及物动词,其直接宾语不是增量题元。

但是,动词及物性和增量题元之间的关系,在有些汉语小句中却是不对应的。例如:

他们把西安走了一遍。

?? 他们把西安走了。

两句有相同的动词"走",但它们的宾语是否增量却不同,成句与否也不同。就"走"的过程而言,前句的宾语可以解读为增量宾语(即从部分到全部的过程),后句宾语却没有如此语义。但是否增量和成句与否相关。

尽管如此,完成性体貌特征和变式体现之间也有一定的对应关系,这点毋庸置疑。变式体现可以有三类:论元的直接宾语和附属语的变异,论元的直接宾语和主语的变异,直接宾语论元的不同选择。前两类变异对应的是完成体貌和非完成体貌的变异。第三类涉及决定事件完成性的论元。

(1)宾语和附属语变异。直接宾语和附属语的变异有时会涉及语法性。英语动词有些需要匹配直接宾语,而非介词短语。请比较 Tenny (1994: 45)的如下例子。

Jenny ate the apple in an hour. 【完成体貌】

*Jenny ate at the apple in an hour. 【非完成体貌】

前句解读为完成体貌,而后句无法解读为完成体貌。和体貌特征对应的是语法性。解读为完成体貌的小句成句,无法解读为完成体貌的小句不成句。

(2)宾语和主语变异。基于形位句法表达,有些动词具有非宾格和非作格双重特征。如果动词唯一论元显非宾格特征,那么它体现为宾语,如果显作格特征,那么它体现为主语。这样的主宾变异多见于移动方式动词类中。许多研究者已经在研究荷兰语、德语和意大利语中找到了证据(Centineo 1986、1996; L. Levin 1986、1987; Van Valin 1990; Zaenen

1993)。

英语中动句的动词一般是及物动词,但并非所有及物动词都可以出现在中动句。例如:

Tom cut the bread. /The home-made bread cuts easily.

Everyone saw the red sign. /* The red sign sees easily.

英语动词 cut 和 see 都是及物动词,但 cut 可以用于中动句,而 see 却不准入中动句。要将准入中动句的及物动词和不准入中动句的及物动词分开,对任何理论模式都是个难题。为了解决这一难题,许多研究者运用"影响"特征(Doron and Rappaport Hovav 1991: 81-82;Fiengo 1980: 37-38;Hale and Keyser 1987: 44;Jaeggli 1986: 607-608)。他们认为作中动句主语的成分必须是受动词所表达动作影响的实体。这样的理论陈述可以较好地区分动词 cut 和 see。但是,反例尚存。例如:

This linguistics book reads easily.

动词 read 的宾语显然不受其动作的影响,但中动句是可以接受的。

有些研究者则运用完成性词汇体貌特征来解决该难题。有些认为中动句仅限于完成类事件(Robert 1987),有些则认为活动类事件也成立(Fagan 1992)。例如:

The truck drives easily. 【活动类】

This paper reads easily. 【完成类】

后继的研究则将研究的中心从事件类别转移到词汇体貌特征。

汉语的句首成分更突出其语篇连贯的主题功能,对什么可以作主题限制很小。它们至少不受动词词汇体貌的限制。

(3)宾语的论元变异。论元变异主要指作宾语的论元可以有多个选择。方位变异(locative alternation)类动词(smear, cram, load 等)准入两类变式。例如:

Tom loaded bricks onto the truck.

Tom loaded the truck with bricks.

前句的宾语是个增量题元,表达已过途径距离的增加;后句的宾语也是一个增量题元,表达容器已接受实体量的增加。

论元体现在体貌观的研究中涉及颇有争议的两大问题。一、联系事件结构和动词短语句法的体貌观念是增量题元还是完成性特征。Levin & Rappaport Hovav(1995)提供的证据和直接宾语相关的是增强题元,动词无论是完成的还是非完成的,它们都是非宾格的。二、体现关系中的体貌观念应该连接直接宾语还是连接非宾格。第二问题的论证中,许多研究者提供语料证据证明体貌观念应该和非宾格连接(Pereltsvaig 2000; Wechsler and Lee 1996)。但是,有些语言对增强题元体现为宾语仅限于完成性解读。由于非宾格动词的论元是增强题元,动词又无法分配宾格,所以增强题元和宾格之间没有严格的对应关系。

汉语小句的宾语选择限制也很小。结果,汉语小句的宾语选择范围要比印欧语言小句的宾语大。

3.2.5 完成体貌的语法体现局限

体貌观的完成性及其相关的度量、增量题元,在许多宾语体现关系中起着决定性作用。增量题元和宾语之间有显著的对应关系,但是,两者之间对应关系的范围有多大,学界是有争议的。有些学者认为增量题元的完成性能够确定所有的宾语,另一些则认为两者之间的对应关系有一定的限度。Rappaport Hovav & Levin(2002)甚至认为,体貌特征相似的动词,它们的论元体现的概率不同。变化类(change-of-state)动词就是如此(Levin and Rappaport Hovav 2005: 110)。首先,这些动词必须是及物的,例如:

*Pat broke/dimmed.

Alex broke (*at) the vase.

Sam dimmed (*at/from) the lights.

而且它们的题元是唯一一个作宾语的成分,其他成分不可体现为宾语,例如:

*My kids broke me into the poorhouse.

*The stagehand dimmed the scene dark.

和变化类动词比较,传统的增量题元的及物性两可,例如:

Dana ate.

Dana ate from the apple.

Dana ate the apple.

I wrote.

I wrote at my book.

I wrote my book.

甚至增量题元之外的其他成分也可以体现为宾语,例如:

My kids ate me into the poorhouse.

I wrote myself out of a job.

英语**方位变异**(locative alternation)常常是体貌观争论的焦点。方位变异的两个变式中的宾语都可以解读为增量题元。

John loaded the books onto the truck.

John loaded the truck with books.

其中方位 truck 作为宾语时,它可以理解为"车装满了书"(充满解读)或"车到处都有书"(遍及解读)(Levin and Rappaport Hovav 2005:108)。因此,"书"和"车"都可以解读为增量题元,都可以体现为宾语。但是,有些体现为宾语的方位论元却没有增量题元解读。例如:

Sam distributed food to fifty senior citizens in three hours.

由于接受者是多数,食品就无法作为增量题元来度量(Levin and Rappaport Hovav 2005:108)。

英语的**递送变异**(dative alternation)也无法用完成体貌特征来区分。首先,大多数递送类动词都没有增量题元,例如:

John gave a book to her.

John gave her a book.

其中前句的"书"和后句的"她"都不是增量题元,因为递送事件中接受者不可以解读为接受书的增量过程,也不可将递送途径解读为增量过程。所以两个不同变式无法由完成性特征来区分。

有些递送变异的变式中虽然可以有增量题元,但它们的变式却无法以完成性特征来区分,例如:

Tom read poetry to his students for an hour. 【非完成】

Tom read the story to his students in an hour. 【完成】

同样变式中的相同动词,它们的完成性却不同。其完成性的不同却和宾语的语法体现没有关系,而和时间状语对应。同样的对应关系甚至在递送变异的双及物变式中出现。

Tom read his students poetry for an hour. 【非完成】

Tom read his students the story in an hour. 【完成】

比较各变式,我们可以肯定,递送变式的宾语不是由体貌特征来确定的。**工具变异**(instrument alternation)的两个变式中,它们的宾语也不同,一个是动作对象,一个是工具。但是,两个变式都是非完成的,而且两个变式中的宾语也都无法解读并归作增量题元,例如:

Charlie kicked the iron ball with his left foot. 【非完成】

Charlie kicked his left foot against the iron ball. 【非完成】

因此,两者的宾语选择似乎和增量题元和完成体貌无关。

英语有些不及物非宾格(unaccusative)动词可以后接结果形容词,例如:

The door rolled open.

The gate swung shut.

The cookies burned black.

The coats steamed dry.

这样的语法体现关系任何体貌理论都无法描述(Levin and Rappaport Hovav 2004)。有些归作非作格(unergative)的不及物动词,它们的句法行为和非宾格动词不同。例如:

Tom sang for hours. 【非完成】

Tom sang himself hoarse in one hour. 【完成】

Tom sang the audience to their feet in ten minutes. 【完成】

将两大类动词做一比较,非作格动词允许 self 代词作宾语,但非宾格动词不允许如此宾语。如此差异也无法用体貌特征来解释。

除了宾语、主语的形位句法(或语法)体现外,不同的附属语体现,不同工具次类的句法行为等,它们都无法由体貌理论来描述。例如:

*Joe put the books on the table, and John did so on the bed.

Joe read the book in her study, and John did so in his bedroom.

体貌理论对两者的不同句法行为也无能为力。笔者认为,体貌理论之所以无法解释上述两例句,是因为该理论忽略了动宾组合和介词短语之间的关系。Put something 和介词短语 on the bed 之间的组合关系紧密,后者应该是动词 put 的必有成分,例如:

*Joe put the books.

Read something 和介词短语 in her study 之间的组合关系不紧密,后者应该只是动词 read 的可有成分,例如:

Joe was reading the book.

两者组合性的不同,导致两例句语法性的差异。但是,如此差异在体貌理论框架中仍然无法得到重视。

综上所述,体貌观作为一种理论能够解释许多语法体现的动因。但是,体貌特征和语法体现之间的对应关系是有限的。对应关系的具体范围如何,它们的动因是什么,这些问题也许体貌观无法最终解决。

3.2.6 复杂事件

事件的复杂性研究也涉及论元体现。所谓的复杂性就是指一个句子可以表达的事件可以有简单(simple)和复杂(complex)之分。其中复杂事件由多个简单事件组合构成。在复杂事件分析中,简单事件称作**次事件**(subevent)。次事件分析虽然不涉及完成性、度量、增量论元等体貌特征,但它的理论表述仍然和时间一致,不同的次事件出现在不同时间范围中,所以复杂事件分析可以视为体貌分析的一个重要方法。

次事件分析表明:(1)一个复杂事件中次事件的数目,(2)各次事件之间的时间关系,(3)次事件的论元及其数目,(4)次事件的句法体现(Engelberg 1994,2000;Grimshaw and Vikner 1993;B. Levin and Rappaport Hovav 1999;Pustejovsky 1991,1995;Rappaport Hovav and B. Levin 1998,2000;Hout 1996,2000a,2000b;Wunderlich 1997a,1997b,2000)。就句法而言,每一个次事件至少有一个句法论元(Rappaport Hovav and Levin 2001: 779)。

在次事件研究中,所有的完成性都分析为复杂事件。分析研究的结果表明,次事件分析比完成性分析更能揭示事件结构和论元体现。例如:

他把牛肉切成了片。

切事件由两个次事件组成,一个是(切的)致使次事件,另一个是(切的)结果次事件。其中,致使次事件含"使动者""使动对象"两个论元,结果次事件则含"变化客体"和"结果实体"两个论元。结果次事件的"牛肉"变成许多"片"的过程可以视为一种度量过程,一个从肉块到肉片的性状度量过程。其中使动者、对象客体以及结果实体,它们分别体现为主语、宾语和附属语。

但是,事件的复杂性和完成性,两者的表述范围还是有差异的。例如:

The actor sang himself hoarse. / * The actor sang hoarse.

* The pants steamed themselves dry. /The pants steamed dry.

两句对的差异主要表现在反身代词是否出现。前句对说明反身代词必须出现,后句对则说明反身代词不能出现。两者的句法行为差异体貌观无法解释。但它们可以用复杂事件的时间来作出合理解释(Levin and Rappaport Hovav 1999; Rappaport Hovav and Levin 2001; Pustejovsky 1991)。前句对的 sing 和 hoarse 不是同时出现的,而后句对的 steam 和 dry 是同时出现的。可见前者是复杂事件,后者是简单事件。根据次事件限制条件,复杂事件的每一个次事件至少有一个论元,所以前句对需要反身代词来充当结果次事件的论元。后句是个简单事件,也就不需要反身代词了。

3.3 使役观

使役结构一直是语言研究的热点。采用使役观展开研究的研究者包括 Croft（1990，1991，1994，1998）、DeLancey（1984，1985，1990，1991）、Jackendoff（1990）、Langacker（1987，1990，1991，1993）和 Voorst（1988，1993，1995）等。他们都受到 Talmy（1976，1988）使役研究成果的影响。典型使役链（causal chain）含三个部分：（1）动作者作用于对象，即从动作者到动作对象的力的不对称（asymmetric）传递；（2）对象的性状变化；（3）对象处于结果性状，而且只有一个结果。但英语语料表明，英语的结果可以有两个但结果词只显性表达一个，另一个可以借助动词表达。例如：

Sam cut the potatoes into the plate.

其中"马铃薯"既包括性状变化，又包括方位变化。其中方位变化由介词短语 into the plate 作显性表达，而性状变化只由动词 cut 隐含。汉语的小句可以同时出现两种变化的显性表达，例如：

把拉线套紧在扳机上。

"线"既有表达性状变化的"紧"，又有表达方位变化的"在扳机上"。

汉语的情况似乎更复杂些。汉语小句的谓词可以由一个动词词组充当，动词词组还可以后接一个介词短语。例如：

他们把土匪炸死在山洞里了。

其中作谓词的动词词组是"炸死"，后接介词短语"在山洞里"。动词词组中的后置词"死"表达受事性状变化的结果，介词短语表达其变化结果所处的终止位置。可见，两者都不是由主动词"炸"表达的。

基于 Fillmore（1982，1985）和 Langacker（1987）的研究成果，Croft（1998）和 Langacker（1987）都认为，使役观的关键是凸显（profile）。Croft 将语义分作**预设**（presupposed）义和**断言**（asserted）义。预设义来自根义，它是一种动词语义，涵盖动词的所有用法；断言义表述动词不同用法的意义，也称语义框架或**基础**（base）。动词的变式解读为凸显不同的各小句（Croft 1994：37）。例如：

Tom broke the window.

The window broke.

The window was broken.

持使役观的研究者,将它们相关语义表述为语义的**使役链**(causal chain):

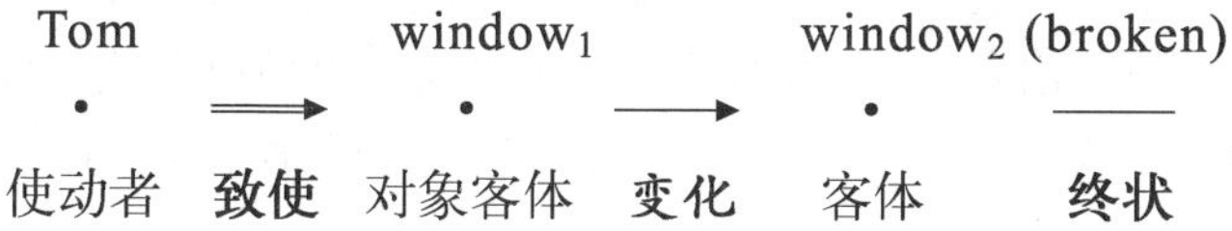

Tom		window$_1$		window$_2$ (broken)	
•	⟹	•	⟶	•	——
使动者	**致使**	对象客体	**变化**	客体	**终状**

使役链涉及三个单位体。一个是动作起始者(Tom),一个是动作对象(window$_1$),一个是变化客体(window$_2$);其中动作对象和变化客体语言表达为相同实体(window),前者是变化的起始状态,后者是变化的终止结果状态。动作者起始动作,动作作用于动作对象,并致使动作对象变化。以上三个不同的小句,可以解读为相同使役事件的三种不同凸显。句(1)凸显整个使役链的过程(即图示中的所有标示关系的线条),句(2)凸显动作对象,句(3)凸显变化客体。

使役观和其他基于语义角色的理论模式,两者之间的最大区别在于解析和表述的视角的不同。前者强调使役链整体,所有的语义角色是整体完形的一部分;后者从使役链的构成成分出发,更注重语义角色,并以参与者及其互相关系来定义和表述致使事件。使役观有非常明确的完形说理论基础。从使役事件的完形整体角度出发,参与者的定义必须以使役链整体中这些参与者之间的关系为基础,并关注它们的语法体现。例如,施事是有意致使动作的起始者,工具是使役链中动作起始者和动作对象之间的中介,受事是受影响而变的客体(Croft 1991: 176)。

在语法体现关系中,使役链也作为主要的理论表述基础。主语和宾语均为使役链中的凸显参与者,并由动词词化,即动词蕴含这些使役链的信息。就主语和宾语的语法体现出发,不同的语义角色可以归作两大类。一类归作主语,另一类归作宾语。Croft(1991)将它们称作**前置**(antecedent)角色和**后置**(subsequent)角色。归作前置类的有工具、方式、**手段**(means)、**伴随**(comitative)、**原由**(cause);归入后置类的有**受益者**(benefactive)、**接收者**(recipient)、**结果**(result)。Langacker(1990)也有类似的两个分类,一个称作**原域**(source domain),另一个称作**终域**(target domain)。原域包括施事、工具,终域包括题元、经历者、接收者。前置类一般体现为主语,而后置类一般体现为宾语。当然,具体语法体现中还有两者间的灰色地带需要理论去精确表述,而太确切的两分法本身肯定不够精致。汉语就存在许多反例,例如:

他们把铲子挖断了。

我的包子从未吃死过人。

就动词“挖”而言,“铲子”是工具,属于前置类;但它却体现为宾语。就动词“吃”而言,“人”是施事,也属于前置类;但它也体现为宾语。

从句法角度出发,使役观似乎用于表述及物事件更合理。但是,Croft却有不同的解读。许多不及物动词(lean,sit,sand)所出现的事件结构,在方位观中不被视为力转移的**力变图式**(force-dynamics schema)。但Croft(1991)基于使役观,将此表述为使役链对动词所指事件的“**压制**”(coerce),即动词事件被压制进入典型力变事件。基于使役链及其不同凸显的表述方法,不及物动词事件中的题元,仍然是使役链中的致使对象和变化客体。在语法体现中,使役链的致使动作者不凸显,题元被选为主语,因为在使役链中,“题元”置于“方位”之前。

典型及物事件表达一个参与者作用于另一个参与者,并致使该动作对象发生变化。这样的典型事件可以较好地表述为**弹子模式**(billiard model)(Michotte 1963;Langacker 1991: 13-14、1993: 483),具体说明动作者作用于动作对象的非对称传力变化的过程。国人也多有过分强调如此非对称传力变化过程的。但是,并非所有的使役事件中两个参与者之间的力变关系都是如此非对称的。基于Talmy(1988)力变图式,Croft(1998: 29)还提出,**倚靠使役**(causation of rest)事件,虽然该事件不是非对称的典型使役事件,但仍然可以用其使役链来合理表述其力变使役事件和语法体现之间的关系。例如:

The large base supports the bridge.

虽然base是方位,但它却选作主语。就“桥”的重力而言,作为方位的base作为一种反作用力和“桥”的重力(即作用力)相对。实际上,这种两力相对的“支撑”(support)含义,可以解读为方位体本身的反作用力抵消“桥”的作用力,阻止它移动。根据力变的使役链,变动客体体现为宾语,而非变动体则体现为主语。Croft的这个例子似乎证明,语法体现的决定因素,不是语义角色,不是所有的主语必须是施事,也不是所有的宾语都是受事(或题元),也不是作用力和反作用力,而应该是使役链中的前置成分和后置成分。问题是如何确定前置成分和后置成分。Croft一开始试图在使役链中通过语义角色来定义其分类。但是,要定义他的两分法似乎倚靠的是动词事件对使役链的解读。这样的解读是可以解决上述例子的问题。但它的解释能力仍然是有限的。

持使役观的研究者认为,使役观可以更好地表述心理类动词及其语法体现(Croft 1993)。心理动词事件都涉及经历者。但它在不同动词事件中或体现为主语，或体现为宾语。心理事件包含两个参与者：**经历者**（experiencer）和**刺激**（stimulus）。心理动词可以有两类。一类动词词汇化的事件将经验者视为将注意指向题元的控制者。这样的动词有 look at、listen to、watch 等，例如：

Tom was listening to her songs.

在使役链中，动作者 Tom 自然置于动作对象 her songs 之前，所以作为前置参与者的 Tom 体现为语法主语。另一类动词词汇化的事件则将经验者作为变化的参与者，例如：

Her songs surprised Tom.

事件中的 songs 是刺激参与者，它是经历者变化的主要原因，所以在使役链中归入前置类，并体现为语法主语。心理动词除了上述两类有致使方向的动词外，还有静态的没有致使方向的动词（fear、hate），这些动词事件似乎较难用使役链合理表述。

事件参与者的语法体现研究还涉及不同变式的不同语法体现。以方位变异为例。

Tom loaded the books onto the truck.

Tom loaded the truck with books.

对两个变式使役链可解释如下。前句的力作用于题元 books，题元解读为一种"力"，并向终位 truck 转移，但不一定抵达终位，题元体现为语法宾语。后句的 truck 既涉及途径过程终点，又涉及"力"转移的终点，而且受"力"的终位解读为焦点。后句的终位视为终点肯定没有问题。但是，将前句视为没有终点的事件，似乎和语感不符。Croft（1998：45）认为，使役链凸显部分必须能够解读为自足事件。使役链必须有一个起始者，它必须清晰界定于致使类型和起始者对使役的控制程度。就汉语语料而言，这样的解释或许过于主观。例如：

小鸟儿把天都唱亮了。

一般认为，把字句可以表述为一个使役链。这个"唱"使役链的起始者应该是主语"小鸟儿"，被控制并变化的受事理应是"天"。但是，语感告诉我们，"小鸟儿"并不控制"天"，也无法以"唱"的方式让"天"变亮。

Jackendoff（1987、1990）基于 Culicover & Wilkins（1984）的研究成果，分出题元和动作两个层面。它的论元体现以动作层的动作者—受事两个论元的语义角色分配为基础。其中动作者主要体现为主语，动作对象主要体现为宾语。在一般小句中，这样的表述是合理的。但是，汉语的反例仍然存在。例如：

我的包子从来没有吃死过人。

吃者在句子中，非但没有作主语，反而出现在宾语的位置上。另外，Jackendoff 也没有细说所有论元的句法体现。保守点说，他的理论表述对语法体现方面的研究，至少还有很大的研究空间。

和体貌观一样，使役观能较好表述主语、宾语的论元体现，两者都能合理证明有生命（sentience）和自愿（volition）并非主语的决定语义特征。体貌观认为典型的主语和宾语分别是启始者（initiators）和终点（endpoints），使役观则认为典型的主语和宾语分别是致使者（causes）和对象变体（effects）。体貌观将重点置于完成终点，但终点选择及其论元体现并没有得到系统解释。由于事件的时间观念和语言表达之间的顺序差异，体貌观终究无法系统解释论元体现。使役观的前置词和后置词能够合理表述语法体现，但要形式表述哪些论元归作前置词，哪些论元归作后置词，仍然困难重重。

方位观代表人物 Gruber 和 Jackendoff 对论元体现研究的贡献意义不算太大，对语义延伸和多义性的研究值得关注。体貌观和使役观能够表述部分论元体现，但无法系统穷尽所有的体现关系。事件概念化研究似乎表明，使役观念、体貌观念（完成性和增量题元）、事件复杂性和相关语义特征，都涉及论元形位句法体现，但它们又都不能穷尽系统地确定论元的体现。使役观模式的前置词和后置词也许和语法体现只差一步之遥，但何以为前置词，何以为后置词？理论模式仍然缺乏强有力的依据。可见，使役观模式的最后这一步，是一道难以逾越的理论鸿沟。

4

论元体现

词汇进路各理论模式一般认为,句法结构是由词汇语义映射获得。动词语义到句法结构的派生过程包括:动词分配其语义角色,并投射派生一个论元结构,再由各论元映射体现形位句法。简而言之,动词语义投射到论元结构,各论元再连接到形位句法结构中的语法关系(即句法位置上的语法单位)。从动词语义到句法结构,其中论元起着承上启下的连接纽带作用。向动词语义的那一边,论元必须理论表述论元和语义角色之间的关系。向句法结构的那一边,它必须理论表述论元和结构成分之间的关系。本章重点讨论语义结构和句法结构之间的体现关系以及论元和语法关系之间的体现规则。

词汇进路的体现关系和构式进路的体现关系,两者的表述方法略有不同。词汇进路的理论模式更重视体现关系的概括性,即一个语言系统,它的语义角色、论元和语法关系之间的体现关系,是一种系统的体现关系。理论上,在任何变式中,语义和句法之间的关系都视为一种概括性的关系。本章主要讨论词汇进路的概括性论元体现。

词汇进路的义形体现关系的研究可以从两个角度展

开。一个是论元的等级阶(详见第 4.2—4.3 小节),一个是语义和句法之间成分的对应保留关系(详见第 4.5 小节)。

4.1 论元等级

从动词语义到句法结构,各理论模式需要设置不同的语义角色。它们设置的精密度各不相同,有些精细,有些概括。学界比较关注 Dowty (1991)的理论模式。Dowty 通过蕴含语义来确定语义角色和句法之间的映射关系。例如:

张三打了李四。

学生看见老师了。

其中"张三"和"学生"蕴含施事语义,所以归入元施事,并体现为主语;"李四"和"老师"蕴含受事语义,所以归入元受事,并体现为宾语。又如:

孩子怕爆竹。

爆竹把**孩子**吓着了。

虽然两句中的"孩子"是相同的经历者语义角色,却归作不同的元论元。根据 Dowty 的分析,两个相同的经历者蕴含不同的语义。动词 frighten 的经历者蕴含"受影响"语义,而动词 fear 的经历者没有如此蕴含语义。所以前句的经历者只能归作元施事,并体现为主语;而后句的经历者同时蕴含"受影响"的语义,归入元受事,并体现为宾语。

如果设置的语义角色及其论元能够直接表述其论元体现,那么词汇进路的理论模式将很容易地合理表述论元结构到句法结构的映射关系。但结果并非人们所预想的如此美好。各种理论模式的映射关系很快遇到了理论难题。例如:

John loaded the train with **a crane**.

The crane loaded the train.

*__**The crane**__ loaded the train by John.

三句中有相同的工具 *crane*,蕴含相同的语义,但它们前两句成句,第三句不成句。成句的前两句中工具的句法体现也不同。显然导致语法性的不同以及句法体现的不同,并非工具论元蕴含语义的不同。三例句中的第 1、3 句有三个论元,第 2 句有两个论元。通过比较,我们不难观察到工具

crane 能否体现为主语,取决于施事是否出现。如果施事出现(见第 1、3 句),那么作主语的只能是施事,而不是工具。如果施事不出现(见第 2 句),那么工具可以作主语。主语选择顺序中,施事优先,工具随后。这种选择顺序称为选择等级关系。主语选择等级正确预判了为什么第 3 句不成立。可见,语法体现有些取决于论元的优先等级关系。各论元的优先等级关系构成等级阶。例如,主语选择中相关论元的等级阶是"施事>工具>……"。人们将各论元之间的优先程度称作论元等级[也称**题元等级**(thematic hierarchy)],所有论元根据其选择顺序排列构成**阶**(rank),也称作**序列等级**(priority hierarchies)(Dik 1997: 36)。

论元等级是一种理论构造,各理论模式通过参照论元等级阶来表述论元体现诸多关系。论元既可以表述为它的语义角色,也可以表述为一组蕴含语义特征(Fillmore 1977a)。它们的等级就是词汇语义角色的凸显程度的排序(Primus 1998: 439-441、1999: 52)。自然语言充满了自然等级,其中涉及语义层面的语义角色、蕴含特征、概念、语用等,句法方面涉及形位、语法关系等的等级(McCarthy 2002: 21)。

研究者一般认为,语义等级和句法等级之间存在一定的对应关系,通过义形对应关系,可以合理表述论元体现,即语义到句法的映射。为了保证合理理论表述论元体现,在义形映射演算中,义形两极的对应等级关系必须维持不变。最常见的等级关系对应涉及主语和宾语。例如:

他们把书都卖了。

该句的语义结构含施事"他们"和受事"书"两个论元,其中施事等级高于受事等级。该句的句法结构含主语和宾语,其中主语等级高于宾语等级。该句的语义和句法的关系视为语义角色和语法功能的对应。其中施事和主语的对应以及受事和宾语的对应,两者对应关系的等级是一致的。**优选理论**(Optimality Theory)将如此关系称作**一致性对应**(harmonic alignment)(Aissen 1999; McCarthy 2002; Prince and Smolensky 1993: 136)。所谓的对应就是义形成分之间等级关系的一致性。高等级的语义角色体现为高等级的语法功能,低等级的语义角色体现为低等级的语法功能。

等级及其义形对应关系可以从两个视角去探究。一个是语义特征视角,一个是事件结构视角。前者通过语义特征来探究语义角色的等级关系(详见第 4.1.1 小节),后者主要探究复合事件结构中次事件的等级,并通过次事件的等级来确定所有次事件中语义角色的等级(详见第 4.1.2 小节)。

4.1.1 语义特征视角

无论是语义特征组成的论元，还是述谓结构中的论元，它们的研究者都要面对复杂的论元体现，面对一个（或一类）动词和多个变式之间的关系。等级阶就是对动词和变式之间映射关系的一种概括，它力图完成两件大事：一、概括表述具体语言中所有动词类和所有变式之间的关系；二、概括表述跨语言论元体现的异同。从论元视角出发，研究者关注蕴含（语义）特征，探究各论元的蕴含语义。所谓的论元视角就是研究者通过解析论元的蕴含特征及其认知凸显程度来给论元定位。各种凸显阶是蕴含特征不同凸显程度的排列。论元凸显程度的排列，就是论元的等级阶。

有些研究者认为，论元的凸显性表现在一个语言单位的**主题性**（topicality）（Bresnan and Kanerva 1989：23 – 24；Fillmore 1977b；Givón 1984b；Hawkinson and Hyman 1974；Trithart 1979）。所谓的主题性就是语义单位作主题的可能性。不同的语义单位有不同的主题性，构成**主题性等级**（topicality hierarchy）。主题性等级越高的语言单位，越有可能充当主题。和主题相关的属性包括语言单位的语义、语用、形态等的凸显值。英语和许多其他印欧诸语强调语法结构，而汉语强调主题—述题结构。汉语语篇中的施事常常是隐性的，没有表达形式。

[我]到南京时，[我]有朋友约[我]去游逛，[我]勾留了一日；第二日上午[我]便须渡江到浦口，下午[我]上车北去。（朱自清《背影》）

该段落中，言语者就是作者，均处理成隐性成分，意思存在，但没有显性表达形式（见方括号中的“我”）。就主体性等级而言，汉语似乎和英语以及其他印欧诸语有很大区别。

论元常常视为蕴含一定的语义特征，常见的语义特征的等级阶包括**生命**（animacy）、**人称**（person）和**定性**（definiteness）。这些语义特征可以构成各自的等级阶。其中有生命特征比无生命特征的等级高，限定比非限定的等级高。和语义特征对应的是表达特征的等级阶，它包括语法关系等级和**语法格形态**（morphological case）等级等。论元一般体现为名词短语。和论元对应的名词短语自然在各等级阶中占据相同的等级。例如：

John wrote a letter to her.

其中 John 是施事，其论元等级最高，生命等级也最高；John 是专有名词，所以定性等级也最高。语法方面，John 是主语，语法关系等级最高，并作为主格，语法格形态等级也最高。语义层面的最高等级单位和语法层面的最高等级单位之间存在一定的映射对应关系。这种等级对应是一致的等级关系对应。它们的对应一致也可以解读为等级关系在映射中的保留(详见第4.5.1小节)。

等级一致的对应关系设定为**无标记的**(unmarked)关系。任何语言中施事、受事和主语、宾语之间的等级一致对应关系,都是无标记的。这种无标记等级对应关系具有普适性。等级不一致的自然是有标记的对应关系。请比较:

Sam smashed the vase. 【无标记】

The vase was smashed by Sam. 【有标记】

其中后句的论元低等级受事和语法高等级主语对应,形成有标记等级对应关系。当论元和语法关系的对应等级不一致时,谓语动词便有一定的语法形态标记(Dik 1997: 266)。其中后句的语法形态标记是动词的被动形式 *be smashed*。而无标记的等级对应,它相应的动词没有额外的特殊标记。

生命等级阶是以"有生命"和"无生命"为两端的等级阶。其中有生命的等级自然高于无生命的。有生命的成分更容易作为主题,并体现为主语。这样的映射对应是无标记的(Siewierska 1993: 834-836)。含有生命语义的主语应该是一种无标记的典型主语。宾语的等级次于主语,无生命的等级自然也低于有生命的等级。根据映射对齐原则,无生命的宾语是无标记典型宾语。有些语言的典型宾语和非典型宾语的形态标记是不同的。其中非典型宾语(即含有生命语义的宾语)具有额外的形态标记(Aissen 2003;Bossong 1991、1998)。

有生命蕴含特征并非施事独有。除了施事,经历者、受益者和接收者都含"有生命者"语义特征。这些语义角色的等级各不相同,语法体现也不同,体现关系也不相同。因此,就论元体现而言,"有生命者"语义特征精度太低,它和事件结构关系不大,其等级无法说明相关论元体现关系。例如:

学校奖给她一千元。

其中施事是否含生命特征尚有争议,但作宾语接收者的"她"肯定含"有生命"特征。从等级排列出发,该小句的论元体现中语义等级和语法等级不一致。但是,小句不可能归作非典型结构。

除了"有生命"的语义特征外,"变动"和"没变动",这两个语义特征的等级关系还是有意义的,其中"变动"自然比"没变动"的等级高(Fillmore 1977b;Mohanan 1994: 28)。由于两者能够区分受事(题元)和非受事(非题元),所以变动与否的等级和受事的等级是一致的。受事是宾语的最佳选择,受事的语义区别特征“变动”自然也是宾语的最佳选择。由于含“变动”语义特征的语义角色并非都作受事,所以该语义特征也不是在任何结构中都体现为宾语。因此,“变动”是有局限性的。

含“变动”语义特征的论元具有体现为宾语的潜能。该语义特征可以是动词语义角色的特征,同时和结构关联。例如:

他将**肉包子**吃完了。

我的肉包子从来没有吃死过人。

前句“肉包子”因吃而变动,归作动词“吃”的受事,是个典型宾语。后句虽然“人”不归作动词“吃”的受事,但它仍然有“变动”的语义特征,即从“活”到“死”的变化过程。“肉包子”和“人”都含“变动”语义特征。虽然两者都含“变动”语义特征,都可以解读为增量题元,并有各自的结果状态,但小句显性表述的结果状态的实体不同。前句“完”指向“肉包子”,而后句“死”指向“人”。就动词“吃”而言,“肉包子”含“变动”语义特征,而就结果状态而言,各句不同。决定论元体现的不是动词语义角色的特征,而是结果状态指向实体的特征。后者有显性表达式来表达“变动”,而前者的“变动”没有显性的表达式,所以表达本身也构成一个等级阶。

我们提出显性等级,宣称显性语义的等级高于隐性语义。上例第 2 句的“人”是施事,却体现为宾语。就施事论元而言,它是论元高等级的,和它对应的应该是语法高等级主语。但是,句 2 中的语义角色高等级的施事“人”却体现为语法低等级的宾语。作为动词受事的“肉包子”,就动词语义特征“变动”而言,它是高等级的。但就结果性状表达的“变动”而言,施事“人”也含“变动”之意。动词受事的“变动”语义特征是隐性的,而动词施事“人”的“变动”语义特征却是显性的。根据表达性等级,显性的等级比隐性的等级高。结果,语义角色的等级和表达性等级不一致。在这个特殊情况下,论元体现选择了表达性等级作为主要依据。句子中和语法等级一致的是表达性等级,而不是语义角色等级。

定性在汉语中也起一定作用。由于宾语常常是受影响而变动的成分,所以限定成分的等级高于非限定成分。汉语的把字句凸显宾语,显性表达宾语变动的含义,所以它是限定的。例如:

他们把肉包子吃了。

虽然宾语“肉包子”没有限定成分,但它肯定是专指他们所吃的肉包子。

总之,蕴含语义特征在论元体现中能够起一定的决定作用,但决定范围有限。在印欧语言中,蕴含语义特征大多能决定语法形态。

4.1.2 事件结构视角

论元等级的设定可以基于它们的蕴含特征,也可以派生于动词语义的结构。基于词汇投射的理论观点,动词语义结构就是动词语义事件结构。就其逻辑关系而言,就是由动词谓词派生获得的谓词和谓元组合构成的逻辑式。在述谓逻辑式中,谓元(相当于论元)只是位置,而语义角色则是谓词位置的标签。在等级构建中,研究者关注的是事件结构中各论元根据其语义角色凸显程度所作出的排序。如果甲凸显程度高于乙,那么甲的等级高于乙。

基于事件结构构建的等级阶可以有两种解读。许多研究者认为,如果论元等级构建基于事件结构中各语义角色之间的凸显性排序,那么等级阶一定和事件结构中的嵌套关系有关(Kiparsky 1997: 484;Wunderlich 1997a: 102、1997b: 44)。在事件结构解析中,使役结构分解为两个次结构:致使结构和致使对象结果结构。其中结果次事件结构嵌套在致使次事件结构中。例如:

他们把库房烧毁了。

该句的使役事件结构分解为致使次事件结构(他们烧库房)和结果次事件结构(库房毁了),它们可以理论表述为:

[[x 动作] 致使 [变成[y<结状>]]]

其中结果次事件结构嵌套在致使次事件结构中。致使次事件有参与者 x,结果次事件有参与者 y。嵌套的结果次事件的等级自然低于致使次事件,所以 x 的等级高于 y。当然,参与者 x 和 y 分别蕴含**原由**(cause)和**致使对象**(causee),其中致使者等级高于致使对象等级。根据它们的等级排序,致使者体现为主语,而致使对象体现为宾语。

大多数语言的次事件结构等级和语义角色等级是一致的,英语就是这样一种语言。例如:

Sam put the jacket on the bed.

从语义角色的角度出发,Sam 归作施事,jacket 归作受事。从次事件的角度出发,Sam 是致使次事件中的致使者,jacket 是结果次事件的致使对象。施事和致使者都是高等级的,受事和致使对象都是低等级的,两者一致。这种一致关系在语法等级中保留下来了。其中施事致使者体现为高等级的主语,受事致使对象体现为低等级的宾语。

等级也可以解读为论元和动词组合的先后。越先和动词组合的论元，和动词距离越近，等级越低。相反，论元和动词的距离越远，等级也就越高（Kiparsky 1987、1997；Larson 1988：382－383）。如此等级关系可以正确预判英语习语中题元和接收者在双宾结构中的用法。例如：

*crush sb. a mountain/ * crush sb. a peak*

*lend sb. an ear/ * lend sb. an eye*

就动词语义而言，题元比接收者和动作的关系更密切，离动词语义更近，它和动词构成固定的动宾关系，所以题元等级高；而接受者离动作语义远，所以接受者等级低。等级高的题元是习语的固定成分，因此前一个习语只能选 *mountain*，不能选 *peak*；第二个习语只能选 *ear*，不能选 *eye*。等级低的接受者是一个空位，它可以由各种不同词项来填充。例如：

crush her a mountain/crush him a mountain

lend her an ear/lend them an ear

虽然作宾语的语词不同，但习语都是可以成立的。

4.2 语义角色的等级

等级关系各理论模式讨论最多的自然是语义角色的论元等级关系。不同的理论模式，出于不同的目的，为了解决不同的问题，提出了不同的语义角色等级阶，相关语义角色有不同的排序。下文详细讨论各语义角色的等级阶。

4.2.1 施事的等级

所有的理论模式都认为，施事总是排在等级阶的首位，任何语义角色和作施事的语义角色的等级关系都是确定的，施事同时是主语选择中等级最高的。一般认为，最没有争议的是施事总是在受事前面（施事>受事），例如：

Tom tore the book.

李四把书撕破了。

施事等级最高，和语法主语等级保持一致。由于施事（Tom、李四）的等级比受事（book、书）高，所以主语选择施事，宾语选择受事。如果将施事细分成动作者和致使者，那么致使者应该在任何上下文中都是最高等级，没有例外（Grimshaw 1990）。这一等级关系同样能够解释汉语的各种变式。尤其可以解释动作者不作致使者的句式，例如：

那本书把他的眼睛都看花了。

其中“看”的动作者应该是“他”，而“眼睛”只是动作者的局部，直接实施动作“看”。但是，句子“他的眼睛”却作宾语，而不是主语。作主语的却是使“他的眼睛”花的致使原由（cause），或致使者。说得更精确些，致使原由应该是“他看书”这个致使次事件。

工具和施事之间的等级关系比较清晰，施事在各句子中都会比工具的等级高，例如：

Ted broke the vase with a club.

*The club broke the vase by Ted.

The club broke the vase.

当施事和工具同时出现在一个小句中时，作主语的只能是施事，而不是工具；所以第1句成句，第2句不成句。如果没有施事出现，工具才可以作主语；所以第3句虽然工具作主语，但小句仍然成立。

Fillmore（1968：27）在他的早期格语法研究中就观察到，主语选择的等级可以是“施事>工具>受事”。主语选择从前（高等级）往后（低等级）依次进行。该选择等级可以正确预测下例各句的主语选择。

Tom opened the door with a key.

The key opened the door.

The door opened.

第1句三个论元都出现，根据阶的排列，施事选为主语。第2句没有施事，工具选为主语。第3句自然唯一的受事作为主语。但是，工具和受事之间的排序不是确定的。在其他一些表达式中，受事作主语，而工具则作附属语。例如：

The door opened with the new key.

按照工具和受事的等级关系，当两者都出现在同一个表达式中时，选作主语的应该是工具，而不是受事。但是，上例告诉我们这样的等级阶需要修正。

我们认为，工具和受事应该视为位于相同的等级阶，并表述为“施事>［工具/受事］”。虽然两种排序都成立，但两者的出现频次各不相同。下一步，我们可以探究排序和频次之间是否存在对应关系。

主语选择阶同样可以对 Levin and Rappaport（2005：159）所列小句成立与否作出正确判断。

* The door opened with the wind.

* The door opened by John.

* The chisel opened the door by John.

三句之所以不成立,是因为它们违反了主语选择等级原则。

施事等级除了高于工具、自然力等语义角色,还高于接受者(recipient)。接受者只能在施事不出现的条件下才能作主语(Speas 1990:73)。例如:

John received a package from Baraboo.

Mary sent a package to John from Baraboo.

归入施事的语义角色除了动作者外,还包括**起始者**(instigator)、**影响者**(effector)、原由(Grimshaw 1990;Persetsky 1995),当然还包括**致使者**(causer)。

在主语选择中,施事等级最高,而且没有例外。但是,这样的等级关系在汉语中却被打破了。请比较:

他吃完了所有的肉包子。

我的肉包子从来没有吃死过人。

两句的动词都是"吃",吃都投射出施事和受事。但是,施事在不同的结构中却体现为不同的语法关系。前句的主语选择施事,但后句的主语却选择了"吃"的受事。因此,汉语的动词语义角色本身似乎难以正确排出等级阶。

我们认为,排序的理论表述意义还是存在的,但它们不是刚性的,不是决定性的。排序主要和各自的频次大小对应。排序在前的,频次高;反之,频次低。

实际上,这样的困难并非无法解决。如果我们也将汉语施事分出动作者和致使者,那么我们发现汉语的动作者和致使者既可以融合,也可以不融合。上例前句的动作"吃"的实施者和致使"包子完了"的致使者融合同指,该施事和主语保持等级程度一致,所以句子成立。后句的动作者和致使者却不融合不同指,其中动作者为"人",(按照 Grimshaw 的分析,)致使者是"肉包子"。由于致使者等级最高(Grimshaw 1990),所以它选作主语仍然保持义形等级的一致性。如此等级一致性仍然可以解释该表达式为什么是成立的。尽管如此,非动作者作致使者的出现频次相对比较低。

4.2.2 经历者的等级

经历者和施事的等级问题颇有争议,焦点在于施事和经历者是互补

的,还是对立的(即两者能否同现于一个结构中)。如果两者是对立的,它们就可以同时出现在一个相同的结构中。例如:

The kid pleased the teacher.

该例句有两种理解。如果将它理解为"孩子并非有意让老师高兴,甚至他自己根本不知道,他能让老师高兴"。这样的"孩子"自然只是一个刺激者,归作题元。在这样的句子中,和经历者(the teacher)对立的是题元,而不是施事。如果将该句理解为"孩子做了某事故意让老师高兴"。这样的"孩子"归作施事,它和经历者对立。基于两者的论元体现,施事的等级高于经历者的等级。

经历者总高于非施事语义角色(Bresnan and Kanerva 1989;Grimshaw 1990;Speas 1990)。如此语义等级关系可以较好地解释以下例句。

The monkey feared the rock.

The rock frightened the monkey.

同样是心理动词的小句,前句的经历者作主语,而后句的经历者却只能作宾语。经历者的不同语法功能同样能够通过语义等级关系作出正确判断。和经历者相关的语义等级关系应该是:施事>经历者>其他非施事语义角色。前句的 rock 是非施事的刺激者(stimulus)语义角色,列于经历者之后(Grimshaw 1990;Van Valin 1990),所以经历者选作主语。后句的 rock 是刺激者,它不归作施事,只能作题元。在后句中题元显得比经历者的等级高。经历者的两个不同句法体现自然难以参与一个等级阶来合理表述。目前等级阶研究者也难以给出一个两全其美的解。当然,我们仍然可以用处理工具和受事的方法一样,将两者置于相同的等级上,并表述为"施事>[经历者/刺激物]"。

4.2.3 工具的等级

动词的语义角色工具在排列等级阶时,既有固定不变的位置,又有交替变异。首先,工具和施事的等级关系是固定不变的,施事总是高于工具。但是,工具语义角色的论元体现除了作主语外,还和题元的论元体现产生变异。英语工具常见的句法位置是句尾的 with 介词短语。但语义角色工具也可以体现为宾语。请比较:

John kicked the ball with his left foot.

John kicked his left foot against the ball.

因此,工具和受事之间的等级关系,就其动词语义而言,无法定位。两者的语法体现同样也证明了工具和受事需要设定在相同的等级上。

在许多理论模式中,工具是一种相对抽象的术语,它还包括材料语义角色。请比较:

Joe fed the kid with a silver spoon/milk.

其中 a silver spoon 是典型的工具,而 milk 是材料。虽然两者都可以体现为句尾介词短语,但两者其他句法行为却不尽相同。例如:

Mother fed milk/*a silver spoon to the kid.

Mother fed the kid some milk/*a spoon.

在这两小句中,材料更像题元,而不像工具。如果将材料归入题元,那么理论模式必须解释为什么该题元可以体现为句法介词短语。当然,有些句子工具和材料题元可以同时出现,例如:

Mother fed some milk to the kid with a silver spoon.

又如:

They loaded the truck with iron bars with a huge crane.

其中材料 iron bars(铁块)和工具 crane(吊车)都体现为介词短语。但材料在前,工具在后。这些例子似乎证明,至少英语的工具和材料应该设定为不同的语义角色。

4.2.4 题元和终的等级

题元和终的等级排列在学界颇有争议。Kiparsky(1987)等将终和位置分开。在他们的等级阶中,终高于题元,位置低于题元:

施事>终>题元>位置。

Jackendoff(1972)、Foley & Van Valin(1984)以及 Grimshaw(1990)等则将终和位置都置于题元之前:

施事>终/位置>题元。

Larson(1988)和 Baker(1989)等则将终和位置置于题元之后:

施事>题元>终/位置。

问题的焦点集中在予格变异(dative shift alternation),也称方位变异。予格变异的两个变式,一个是予格变式,另一个是双及物变式。以英语为例:

Sam threw a ball to her. 【予格变式】

Sam threw her a ball. 【双及物变式】

两例句动词相同,动词语义角色自然也相同,都有题元和终。但它们的句法结构显然是不同的,具体表现为题元和终的句法位置不同。在予格变式中,题元体现为作宾语的名词短语,终体现为介词短语,作附属语。例如:

John passed the ring to Mary.

根据予格变式,题元应该优于终。在双及物变式中,题元和终的句法位置颠倒了一下,终成了优先于题元(Larson 1988)的论元。例如:

John passed Mary the ring.

将两变式做一比较,不难发现题元和终之间的等级关系在不同的变式中是不同的。换言之,题元和终之间的等级关系是相对的。予格变式中题元等级高于终;双及物变式中则反之。

研究者试图设定基本结构和移位来解决问题。具体处理方法就是将其中一个变式设定为基本结构,将另一个变式视为从基本结构派生获得。例如,在原则参数模式中,予格变式视为基本结构,双及物变式通过名词短语移位获得(Larson 1988)。但是,基本结构的设置似乎无法受到原则制约。有些模式也可以将双及物变式设定为基本结构(Aoun and Li 1989)。甚至不同语言,占据主导的变式也不同。法语是题元为主导的语言,那么予格变式应该设定为基本结构;而有些语言(例如,Sesotho、Mohawk)的主导变式却是双及物结构。

予格/工具变异也是一个难题。有些动词只能出现在予格变式,有些动词只能出现在工具变式,有些则两者皆可。例如:

They loaded the books on the truck/the truck with books.

They put the books on the truck/ * the truck with books.

Tom put the cloth over the table/ * the table with cloth.

Tom covered * the cloth over the table/the table with cloth.

这样的语料似乎说明,任何一种变式都没有理由设定为基本特征。题元和工具也无法分成不同等级。

4.2.5 接受者和受益者的等级

不同的理论模式对语义角色的精细度及其称谓是不同的。其中终是抽象的语义角色。与其相比,接受者和受益者要更精细。有些终是可以细化为接受者和受益者的,题元和终的等级争议,自然也存在于题元和接受者、受益者之间的关系上。例子中 Mary 划入接受者,Tom 划入受益者。例如:

John gave a book to Mary.

John opened a can for Tom.

它们都可以作双及物句式中的宾语，例如：

John gave Mary a book.

John opened Tom a can.

但有些接受者比较难以归入终，例如：

Alex received a package.

Sam sent Alex a package.

其中前句的 Alex 显然归入接受者更妥。该接受者虽然选作主语，但它不是施事。当施事出现时，它选作宾语（见后句），并置于题元前面（Speas 1990：73）。

Givón（1984a）也指出接受者［即他的予格（dative）］和受益者常常占据题元的位置。它们可以在被动句中当主语，在双及物句中当第一宾语。

4.2.6 原终图式的等级

每一种语言的概念语义都存在原终图式。完整的原终图式由三个成分构成，它们是原、途径和终。就图式而言，它们的等级排序是：原>途径>终。例如：

Bill drove the car from London to Paris.

老人将车从上海开到苏州。

虽然英语和汉语的原和终的位置都遵循以上原终等级阶，但原和动词的排序位置不同。汉语的原一般体现在动词之前，终体现在动词之后。汉语的语料还告诉我们，有些终并不体现在句尾位置。例如：

将军**朝城堡**射了一箭。

其中“朝城堡”肯定不是原，但它却体现在原的句法位置上。就论元而言，例句并没有和原终等级阶抵触。但，该句中的终和其他终的语法位置不同。可见，论元等级阶还无法正确表述论元名词短语和动词之间的语法位置。如果将以下两句做一比较，我们可以发现语法位置不同的两个终存在语义差异，请比较：

他们**朝城堡**投了一块大石头。

他们把大石头投**进城堡**。

前句的“朝城堡”是一种**意向终**（intended goal），表示投之前计划好的方向；后句的“进城堡”表示“石头”移动的具体方向。Cheng（2014：17－18）认为，汉语的原终图式的语法体现遵循**顺序临摹原则**（Temporal Iconic

Principle)。由于计划先于动作,所以意向终的介词短语体现在动作动词前面。

4.3 等级和句式

参照论元等级可以较好获得主语和宾语的选择体现规则,也可以获得其他的体现规则,其中包括被动(Bresnan and Kanerva 1989;Givón 1990;Grimshaw 1990;Jackendoff 1972;Trithart 1979)、致使(Carrier-Duncan 1985;Dik 1980;Foley and Van Valin 1984;Polinsky and Kozinsky 1992)、连动动词(serial verb)(Baker 1989;Carstens 2002),也包括事件结构主次关系中的语义角色(Croft 1991;Wunderlich 1997b)。

被动句最显著的特征是,作为动词最高等级的语义角色施事被压制(Bresnan and Kanerva 1989: 24),导致被动句的主语选择次高等级的论元。但是,在具体汉语被字句操作中,语义角色等级阶的作用仍然有限。例如:

鱼塘被人下了煤油。

该句动词“下”可以有施事“人”、题元“煤油”和终位“鱼塘”。它们的等级阶应该是: 施事>题元>终位。如果等级阶是对的,那么次高等级的论元应该是题元“煤油”,而不是终位“鱼塘”。很显然,等级阶的预测是错误的。当然,汉语可以有:

煤油被人倒入鱼塘。

题元和终位都可以选作汉语被字句的主语。如果等级阶用来解释被字句,那么题元和终位就成了同等级的了。这自然不是人们想看到的。

致使句式的理论表述可参照蕴含语义等级,也可以参照述谓结构的语义深度。实际上,两者只是同一对象的两个不同视角。从蕴含语义的角度出发,致使者(或原由)的语义等级比非致使者的语义等级高;从语义深度的角度出发,致使次事件结构比结果次事件结构等级高。由于致使事件的语义角色就是致使者,所以它体现为主语。例如:

领导们把酒都喝完了。

该小句是一个复杂事件结构,其中致使次事件结构是“领导喝(酒)”,结果次事件结构是“酒完了”。其中致使事件结构的语义角色致使者(领导)等级高于结果事件结构的语义角色致使对象(酒)。所以致使者"领导"体现为主语。

4.4 跨语言的等级

题元等级研究涵盖诸多语言,其中包括汉语(Li 1990)。语义层面各成分和语法层面各成分的对齐范围,各语言是不同的。换言之,语义角色及其蕴含特征和语法关系之间的对应范围不同。许多研究者将等级阶作为所有语言的参考理论结构(Dik 1978、1997; Givón 1984a)。在主语、宾语选择的参考等级阶的构建中,Dik(1978: 70)的等级阶是:

施事>受事>接受者>受益者>工具>位置>时间

基于该等级阶,他提出一个延续假设(Continuity Hypothesis)(Dik 1978: 76)。他认为等级阶从最高等级的施事开始有一个延续段,它们都可以选作主语。从第 2 等级的受事开始也有一个延续段,它们都可以选作宾语。在等级阶上主语和宾语之间有一个分界点,各语言分界点所处位置不同。Dik(1978, 1997)认为,所有语言的受事或题元都可以选作宾语,但接受者或受益者作宾语只局限于部分语言。受事或题元可以作非宾格不及物动词的主语,但接受者和受益者在许多语言中没有如此用法(Baker 1996, 1997)。

等级阶也可以比较好地预判不同语言"挖"事件概念结构各种语义角色作致使对象的限制(程琪龙 2007)。虽然程琪龙用的不完全是投射观,但等级阶在他的理论模式中也有一定的预判作用。根据人们的经验知识,挖事件的主要语义角色包括挖者(动作者)和挖的对象(受事)。例如:

<u>**他们**</u>正在挖<u>**土**</u>。　　　　　　　　　　【动作者,受事】

有时将对象挖走是为了寻找某物或创造出某物或某空间(终体)。

他们正在土里挖<u>**萝卜**</u>。　　　　　　　　　【终体】

挖动作还可能涉及挖的工具,以及操控工具的某身体部位(动作者局部)[相当于 Langacker(1987: 71 - 74)的**活动区**(active zone)]。

他们<u>**用铲子**</u>挖树根。　　　　　　　　　　【工具】

这些语义角色的等级排列如下:

分界点

动作者	动作者局部	工具	▌	受事	终体

虽然这些参与者在人们的经验知识中是存在的，但它们是否都可以选择作为宾语，各语言是不同的。以汉语和英语为例。等级阶可以在工具和受事之间确定一个分界点。英语的宾语仅限于分界点的右侧，而汉语的宾语则没有这个限制，任何参与者都可以选择作为宾语。请比较：

他在墙上挖了一个洞。	John dug a hole in the wall.
他挖走了上面的土。	John dug the earth away.
他挖断了铁锹。	*John dug the spade broken.
他把手挖起了泡。	*John dug his own hands blisters.
那块地可把他挖苦了。	*John dug himself tired.

无论是汉语还是英语，终体和受事都可以作致使对象，都可以体现为宾语。后三对小句只有汉语成句，相应的英语不成句。只有汉语的工具、动作者局部和动作者都可以作致使对象，都可以体现为宾语。

语义角色是动词词汇语义表征成分的派生构架，所以语义角色的题元等级也应该是派生构架。题元等级的不同解读基于对不同"凸显"（prominence）的理解：（1）凸显是基于动词词汇语义角色的"结构"定义（Baker 1997；Croft 1998；Jackendoff 1990；Kiparsky 1987）。因此，题元等级是概括的陈述，而不是独立的构架（Baker 1996、1997；Croft 1991：186、1998；Kiparsky 1987；Wunderlich 1997a、1997b）。（2）题元等级视为"自然凸显尺度"（natural prominence scales），其中包括"人""有生命""数""定性"等凸显尺度。

4.5 映射的制约机制

词汇进路对语义—句法关系的理论描述，自然始于动词语义。如此理论描述视为从词汇语义到句法的映射过程。语言学普遍性理论描述是概括性的描述，映射的概括性表述就是词汇语义表征和论元句法体现的概括性关系；具体涉及各动词的语义表征（或动词联系的事件结构），它们的论元又如何体现为什么样的句法结构。义形体现机制最具概括性的要数**普遍对应假设**(Universal Alignment Hypothesis)。普遍对应假设的研究者认为,普遍语法原则可以从小句语义出发,预测小句中每一个名词性成分的原始语法关系(Perlmutter 1978;Perlmutter and Postal 1984)。语义和句法之间一定程度的对应关系是存在的。可惜的是,两者之间的对应程度有多大?对应的具体实质是什么?对应普遍假设都没有具体交代。

语义角色(或成分)的数量和句法成分的数量是不一致的,前者总比后者多。如此义形差异给映射理论造成了很大困难。在普遍对应假设的基础上,词汇进路的研究者细化发展出各种理论模式,其中包括两大类限制机制以及和两者匹配的两种映射进路。

从动词语义到句法结构的映射,就是语义和句法之间的对应体现关系。在对应体现关系中,理论模式或保持语义类组和句法类组的一致性,简称"类组一致性"(详见第 4. 5. 1 小节);或保持语义凸显关系和句法凸显关系的一致性,简称"凸显关系一致性"(详见第 4. 5. 2 小节)。

4.5.1 类组一致性

类组一致性机制涉及动词语义和句法论元的一致性。具体表现为同类组的动词可以准入相同一组句法结构。理论表述上,动词类组在各变式映射体现中得以保留。这样的映射关系,在许多动词和句法结构的对应关系中,确实存在。例如:

They sprayed/splashed muddy water on the wall.

They sprayed/splashed the wall with muddy water.

两个动词语义相近,准入的句法结构也相同,它们确实能够归入同类动词。又如:

他们在桌上放/搁了一把枪。

他们把一把枪放/搁在桌上。

动词的同类保留限制在一定程度上能够正确预测同类动词的相同映射,它们的体现优势是存在的(Fillmore 1968;Larson 1988;Hale and Keyser 1992,1993,1999,2002)。Levin 及其团队在麻省理工学院开展过动词类组和变式关系的词项研究,构建了许多动词类组,并指出了它们准入的变式(Levin 1993)。

有些动词虽然语义并不相近,但它们句法行为却相同,结果它们被认为可以准入相同的一组句法结构中。例如:

They loaded bricks onto the truck.

They loaded the truck with bricks.

虽然动词 load 和 spray、splash 等谈不上语义相似，但它们却准入相同一组变式，所以归入相同类（Levin 1993）。根据第二种分类方法，同类组动词已经不是动词词义本身了，而是动词能够投射获得的语义角色。

同类组一致性映射中，强调一对一的映射。映射同时又涉及语义角色的设置问题。如果设置比较概括抽象的语义角色，那么语义角色数量更接近句法关系的数量。概括性的语义角色甚至能使一对一的映射成为可能。以动词 spray、splash、load 为例。至少前两个动词的语义角色可以相同，它们都可以是：

spray/splash <喷洒者　细颗粒体　喷洒对象>

但是，动词 load 的语义角色应该不同，它可以表述为：

load<装载者　装载物　装载容器>

虽然两个语义阵列不同，但喷洒者和装载者可以归入同类角色，都表示使移动作者，从语义投射的角度出发，load 和 spray 两词虽然语义不相近，它们仍然共享使移的语义特征。其中细颗粒体和装载物都归入移动物，喷洒对象和装载容器都归入终位。虽然精细语义角色的数量比句法关系的数量大，只要语义角色归入同一类组角色，结果仍然可以保持一对一的一致性映射。当然，理论模式在保持一对一映射的同时，还需要语义角色归类的理论表述。例如，概括性的施事可以包括意向施事、无意向施事、自然力，甚至还包括有些工具（Baker 1996、1997）。如此概括性施事都可以体现为主语，例如：

Tom/The wind/The club broke the window.

当然，我们也可以称其为多对一的映射，即多个精细语义角色到一个主语的映射关系。例如，喷洒者和装载者都可以映射体现为主语。又如：

Tom pushed *the cart* into the garage.

Tom sent *the cell-phone* to his girl friend.

Tom cooked *a fish soup*.

如果将三种不同宾语的语义角色归入同类，那么从类组到句法的映射是一对一的。如果不将它们归入同类，那么其映射是多（个语义角色）对一（个语法关系）的（Levin and Rappaport Hovav 1995）。从多到一的映射过程，需要一个精细语义角色归类的语义依据。理论上，该语义依据应该是所有归入同类组的精细语义角色共有的语义特征，而不是所有语义角色的所有语义特征。例如,以上归入施事的各语义角色(动作者、自然力、工具),它们共有语义特征[+施力],即三个语义角色都施力于对象 window。

基于上述讨论,语义角色和映射是互相影响的。一个部分的修改将影响另一个部分。因此,分析可以有两个视角,一个是句法的,另一个是词汇语义的。

语言系统的动词类组决定映射关系的能力是存在的,但非常有限。虽然有些类组中有些动词对映射关系有影响力,但反例仍然存在。动词 hit 和 strike 就是一个明显例子。就语义而言,两个动词自然归入同类组,而且它们都准入许多句法结构。例如:

Tom hit/stroke the ball into the pit.

Tom hit/stroke the ax into the trunk.

但两者同样存在不同的句法行为,例如:

Tom hit/*stroke her a ball.

该句对很显然无法保留同类组动词的句法映射。换言之,同类组动词 hit 和 strike 无法有相同的句法映射。

同类组语义角色的映射关系决定能力同样有限。从主语体现的角度出发,施事、工具、经历者、自然力等都可以归入同类施事,它们都可以体现为主语。但是,这些角色同时还有不同的其他体现关系。以工具为例:

Sam smashed *the club* against the wall. 【宾语】

Sam smashed the wall *with club*. 【附属语】

它除了体现为主语外,还可以体现为宾语或附属语。这样的句法体现只有工具才有。因此,同类组成员的句法体现没有完全一致性,同类组映射关系也无法得到保留。

同类组一致性旨在保留的是同类组动词的句法分布一致性。和如此制约条件匹配的映射,主要探究各种不同语义角色及其论元的句法体现。人们将如此体现关系称作**绝对映射**(absolute mapping)。

绝对映射涉及的句法和语义表征,不同的理论模式是不同的。其中句法表征有语法关系(Anderson 1977)、论元的语法位置(Levin and Rappaport Hovav 1995);语义表征有语义角色(Anderson 1977, Baker 1996,1997)、概括性语义角色(Aissen 1999;Asudeh 2001;Lee 2003;Primus 1998、1999;Van Valin and LaPolla 1997),语义角色精细度设定的也不相同。

绝对映射进路可以描述许多论元的句法体现,但它却无法对句法体现作出解释。例如,它无法解释为什么施事体现为主语,而受事要体现为宾语。绝对映射理论更无法解决为什么相同论元在各变式中有不同的句法体现。相比之下,凸显一致性的相对映射进路,可以为义形体现关系的合理表述提供更多帮助。

4.5.2 凸显一致性

凸显一致性就是指映射中语义凸显性和句法凸显性保持一致。所谓凸显就是组合构架中语言单位重要性的不同,其中包括语义、句法和形位重要性的不同。其中语义角色以及论元的凸显程度不同表述为它们等级的不同。Jackendoff(1992: 22)开诚布公地宣称,论元的句法凸出取决于题元凸出。在句法表征中,凸显程度高的论元控制凸显程度低的论元。

为了在映射中保留凸显一致关系,语言表达必须有自己的等级。句法表征也有自己的等级关系,表述为句法等级(Blake 2001: 86 - 87; Comrie 1976; Croft 2003: 142 - 155; Gary and Keenan 1977: 83 - 87)。例如:

主语>宾语>间接宾语>附属语

甚至许多研究者将句法等级视为元概念,它们不是由结构决定的(Bresnan 1982: 283 - 288)。作为语言表达一部分的形位格也有等级。例如,主宾格诸语可以有以下形位等级:

主格>宾格>与格>附属格

凸显关系在映射中保留的是,语义表征和形位句法表征的凸显等级一致关系。换言之,论元等级中的凸显程度,在形位句法中得以保留(Belletti and Rizzi 1988: 344; Larson 1990: 601)。Wechsler(1995: 4)甚至认为,施事无法体现为宾语,受事无法体现为主语,这本身表明语义凸显制约的存在,而同类组制约却无法解释这一现象。施事—主语、受事—宾语的体现关系,在印欧语言中是存在的。西方诸多理论也都持该观点。但是,如此体现限制不适用于汉语。例如:

一根冰棍就把孩子吃病了。

其中"吃"的施事"孩子"在句子中体现为宾语,而动词受事"冰棍"则体现为主语。这种义形体现关系,反映了语义和句法之间凸显的不一致性。

凸显一致性和类组一致性所关注的制约条件是不同的。前者关注的是一个句法结构中各论元之间的句法关系,而后者更多关注的是和句法相关的语义角色和论元的关系。因此,凸显一致性机制不必涉及句法论元的语义角色问题。由于它涉及句法中不同论元的关系,所以它是一种基于上下文的句法体现研究。以主语为例,它的等级如果设定为:施事>工具>受事。该等级阶可以合理解释以下两个例句:

Tom hit the ball with a heavy club. 【施事】

The heavy club hit the ball. 【工具】

前句既有施事,又有工具。施事的等级比工具的高,所以施事体现为主语。后句没有施事,所以工具体现为受事。这样的研究能够更好地表述变式中相同论元的不同句法体现,而同类组一致性机制很难做到这一点。

和凸显一致性匹配的是相对映射。和同类组一致性的绝对映射不同,相对映射参照的是各论元之间的凸显等级关系。论元和形位句法表达各有自己的凸显关系等级。映射中两者的等级是对应一致的。例如,语义角色最高等级施事,在映射中和句法最高等级主语保持对应一致性不变。

等级表述为一个根据各范畴凸显程度排列的**阶**(rank),映射演算可以同时从论元等级阶和句法等级阶最凸显的范畴开始。这样的对应方法称作**自上而下**(top-down)的演算(Carrier-Duncan 1985:7)。对应也可以始于最不凸显的范畴,这样的对应称作**自下而上**(bottom-up)的演算(Larson 1988:382)。阶可以就语法功能有主语阶和宾语阶。也可以用一个阶同时来表述不同的语法功能。当一个阶用来同时演算主语和宾语时,其演算的方向肯定是双向的,因为主语的语义等级最高,相比较而言,宾语的等级比主语的低。在双向算法中,主语的对应始于高等级,而宾语的对应始于低等级。

论元的映射并非一对一的关系。由于变式的存在,一个语义结构可以体现为多个句法结构。同理,一个语义角色有可能映射到多个语法关系上。例如:

She fed *some milk* to the kid.

She fed the kid *with milk*.

She fed the kid *some milk*.

同样是动词的移动对象语义角色,但它却可以有三个不同的语法体现。另外,不同的语义角色可以体现为相同的语法功能,例如:

They broke *the door*. 【受事】

They pleased *the kid*. 【经历者】

They sent *him* a book. 【终】

They hiked *Huang-Shan*. 【位】

以上四个不同的语义角色,却体现为语法宾语。这些非一对一的义形关系,使得映射的描述颇有难度。

4.6 论元等级的利弊

题元等级在论元体现的理论表述中有参考价值。当然,它的参考价值主要应该是等级阶上各成分之间的语法排序关系。等级阶上的成分是语义角色的,但它的排序依据应该是句法结构的。在整个论元体现的理论表述中,论元等级扮演着极其重要的角色。

等级阶的论元体现参考价值是多方面的。它能够预判有些主语、宾语选择的规律。由于它可以较好地表述和主语、宾语连接的语义角色,那么等级阶本身可以在致使结构、连动结构、被动结构等句式的描述中,起到重要的参考作用。等级阶同时还可以表述不同语言的论元体现差异。

虽然等级阶可以较好表述小句中各语义角色的体现关系,但它对有些变异关系中的不同变式却显得力不从心。由于变式的句法结构是不同的,而它们的语义角色有些是相似或相同的,所以相同语义角色的不同句法体现使得相同论元有了不同的句法体现。如果将变式放在一起考虑,那么一个论元有可能体现为几个不同的语法关系。从一对多义形体现关系的角度出发,变异现象将是等级阶的无形杀手。因此,论元的不同变体应该是等级阶难以逾越的障碍。

等级阶的理论构建旨在解决变式中相关语义角色的不同句法体现。有些等级阶专为某些语义角色之间的等级关系而设,有些则试图决定所有语义角色的所有句法体现,有些甚至用等级阶来解释跨语言的句法体现异同。那么等级阶是否能够解决上述各类问题呢?数十载的研究似乎表明,任何等级阶都受制于具体语境。由于具体语境不同,等级阶也有不同。为此,题元等级研究至今尚未获得一个统一的概括性等级阶,也未曾获得一个普世性的等级阶(Newmeyer 2002: 65)。等级阶起作用的范围比较小。等级阶既不具备普世性,也不具备天赋性,对有些变异问题它也显得无能为力,但研究者还是利用各种等级阶解决了许多理论问题。

如果等级阶不是天生语法的一部分,那么理论需要解释等级阶从何而来。如果等级设定为语义角色的等级,由于语义角色是动词派生的,那么等级阶也应该是动词派生的。我们观察到有些汉语句法结构无法从动词语义获得,所以等级阶源于动词的理论思路并不能解决所有问题。有人甚至提出要废弃等级观念(Newmeyer 2002: 65)。

4.7 动词和变式的关系

动词和变式关系的研究有两大类问题需要我们关注和探究。词汇进路的研究者在表述动词和变式之间的关系时,关注的仅是动词的句法分布。推而得之,词汇进路投射模式的动词是多义的,不同变式中的相同动词将有不同的语义。这样的处理方法可以表述部分动词和变式之间的对应关系,但它仍然有难以解决的问题(详见第 4.7.1 小节)。由于动词的数量大,而变式的数量小,所以语言系统中许多动词可以共同进入一个或一组变式。能够进入一组相同变式的动词,可以归入相同的动词类组,从而使理论模式具有更大的概括性。但是,动词如何归入类组,分类的依据,动词类组的语义表征,这些都是理论模式需要去探究的难题(详见第 4.7.2 小节)。

4.7.1 动词和变式

词汇进路的研究者认为,构式是由动词语义投射构成的。不同的构式自然由不同的动词语义投射构成。英语动词 load 可以出现在使移构式,也可以出现在双及物构式,例如:

John loaded the bricks onto the truck.

John loaded the truck with bricks.

按照词汇进路的表述,进入两个不同变式的动词有不同的语义。那么前句的 load 语义是表示题元的移动,而后句的 load 语义是表示用题元装载容器。如果动词可以有不同语义,那是因为它出现在不同的变式中。那么为什么动词可以出现在不同变式中? 因为动词有不同的语义。当然,这样的逻辑循环怪圈,无法正确预判其动因。

汉语动词和变式之间的关系,有时也很难用动词多义性及其不同投射来表述。例如:

有人在鱼塘下了农药。

鱼塘被人下了农药。

所有的汉语母语者都不认为这两句的动词“下”有任何语义方面的区别，它们都表示“某人将某物移入某地”。当然，被字句本身还含“某地受到负面影响”的意思，但该意思不是动词“下”造成的。该负面影响的存在可以由以下例句证明。

?? 鱼塘被人下了营养食料。

虽然两句的被字句句式相同，动词也相同，但后者却不成立。不成立的原因是“营养食料”不会给“鱼塘”带来负面影响。可见，被字句不成立不是动词“下”的不同语义，而是“营养食料”和“鱼塘”之间不可能存在负面影响的语义关系。

4.7.2 动词类组和变式

笔者的语言分析表明，从动词到论元结构，从论元到句法结构，它们之间的关系比我们想象的要复杂得多。事实上，动词语义和句法结构之间的关系是多对多的关系。映射应该是一种多对多的复杂关系。从概括性理论表述的原则出发，类组等级一致的映射可以提高理论模式的概括性。许多研究者也试探从变式的角度出发，构建动词类组。做得比较成功的要数 Levin 和她的团队。Levin 曾对英语动词的类组及其对应的变式进行了描述(Levin 1993)。但她的描述比较粗糙，例外不少，需要进一步修整。

迄今为止的动词类组及其变式的研究结果似乎表明，动词类组和变式之间的关系不可能有清晰界线。换言之，一个动词类组只和一组变式对应，那组变式也只和这类组动词对应，这样泾渭分明的对应关系是不存在的。句式数量要远远小于动词的数量，动词可以出现在许多不同变式中，所以动词和变式之间的关系只能是非常复杂的，因为只有这样才能保持语义表达的丰富性和表达形式的经济性。尽管如此，有些语义相同或相近的动词确实可以有相同对应的变式，例如：

Joe brushed the teeth with the new toothpaste.

Joe brushed the new toothpaste onto the teeth.

Tom slathered the face with the new lather.

Tom slathered the new lather onto the face.

其中动词 brush 和 slather，都表达“致使某糊状物移动到某处”。两者有相同的语义特征，含如此语义特征的两个动词理应归入相同动词类组。而且，两者都可以出现在方位变异的两个变式中。就这两个动词以及它们对应的这对变式而言，同类组一致性的映射是存在的。如果所有的动词都是如此清晰地归入类组，和类组所有动词的对应的变式组也都是如此清晰定义，那么动词类组和变式之间的研究就会变得简洁直接。当然，丰富的语言不可能是如此简洁的系统。再比较以下例句：

Joe brushed the teeth.

*Tom slathered the face.

其中动词 brush 准入及物小句，而动词 slather 却不准入及物小句。如此句法分布的差异，和两动词的语义特征差异仍然有关。动词 brush 所表达的动词还含“摩擦”语义特征，摩擦动作自然会影响被摩擦的对象，所以摩擦动作是一个及物动作，摩擦对象是典型的受影响对象，所以动词准入及物句式，摩擦对象可以体现为语法宾语。含“摩擦”语义特征的动作动词 brush 准入及物小句，表达某人摩擦某物。这样的动词语义和句式的对应关系可以得到更多的语料证据。例如：

She rubbed her knee for a long time.

She ground the coffee beans for a long time.

She erased the blackboard.

其中动词 rub、grind、erase 都含“摩擦”语义特征，和动词 brush 一样，它们都可以归入及物句式。不含该语义特征的动作动词 slather 自然不准入及物小句。以上的例句似乎证明，动词语义特征和句式（或构式）语义之间的对应一致性，才是我们需要探究的动词类组和变式的关键所在。我们有理由提倡更精细的分解表述，并探究更精细的动词语义特征和变式之间的对应关系。我们称其为“动词语义特征解析法”。虽然该解析法和当今现有的理论模式不同，但就动词和变式语义匹配探究而言，该解析法更为合理。下文我们举例论证解析法的可行性和合理性。

如果动词类组和句式之间存在一定的语义匹配对应关系，由于句式数量远小于动词，所以动词语义一定可以是抽象的。在概括描述层面上，同类组动词有一个相同的抽象语义特征。例如，动词 brush（刷）和 load（装）似乎没有什么概念语义相似性。如果我们通过概念框架来分析两个动词，我们还是应该能够找到它们的相同之处。动作“刷”有可能在刷子上放上某种糊状物（例如，牙膏、鞋油等）。将该糊状物移动的被刷对象是“刷”动作的前提，所以“刷”事件框架含使移语义特征。“刷”事件框架中移动“糊状物”的语义也许凸显程度比较弱，大多数情景中摩擦语义才是凸显的。但在有些情景中仍然存在被凸显的可能。动作“装”就是将被装物移动到装载容器中,并最终使它位于该容器中,所以"装"事件框架含使移语义特征。方位句式(或称使移构式)本身主要表达使移语义。虽然动词 brush 和 load 似乎没有太大语义关系,但两者都含使移语义特征;该使移语义又和句式语义匹配,所以两者都准入方位句式(即使移构式)。如果从动词的概念语义或整体语义的角度出发,动词 brush 和 load 没有理由归入同类。如果从共享语义特征和句式语义的匹配性出发,这两个动词应该归入同类组。所谓的同类组,就是对某句式语义而言,动词有相同的并能和句式语义匹配的语义特征。

凸显一致性确实可以进一步解决许多类组一致性难以解决的问题。但它自身也有一定的局限性,具体表现在动词中心论(或谓词中心论)的不足。许多句子中,动词和句式之间没有完全的匹配。换言之,动词语义和句式语义之间,有时会存在一定的差异。构式语法不仅看到了词汇进路的这一理论表述的缺陷,而且着手构建新的理论模式,解决动词语义和句式语义之间的不匹配性。第 5 章和第 6 章,我们将从构式切入,进一步讨论动词语义和句式语义之间的匹配关系。

5

认知构式进路研究

构式进路是认知语言学研究语法的一种理论方法。采用构式进路构建的语法系统称作构式语法(或认知语法)。采用构式进路的理论方法,有形式语言学中的新构式语法(Borer 2005a、2005b),但更多的还是认知语言学的构式语法各式(Boas 2003、2010、2011、2013;Croft 2002;Fillmore 1982、1988;Goldberg 1995、2006、2013;Lakoff 1987;Lakoff and Johnson 1999;Langacker 1987、1990、1991、1999、2008;Östman and Fried 2005),其中也包括词汇构式进路的词汇构式语法(详见第6章)。虽然它们分属不同语言学理论学派,但他们研究的理论框架都重视构式(或结构),都认为构式(或结构)在小句表征中起重要作用。新构式语法自然和其他形式语法的理论模式一样,更重视句法,而认知语言学各构式语法版本则重视经验语义及其句法体现。

本章研究范围主要是认知语言学学派的构式语法,并将重点放在国内外学界主要关注的论元结构构式语法上。下文将展开讨论论元结构构式语法(下文称"构式语法")的界定(详见第5.1小节)、构式语法理论特征(详见第5.2小节)、构式动词的语义框架(详见第5.3小节)、构式的理论机制（详见第5.4小节）、构式的多义性（详见第5.5小节）、构式内部的转喻和隐喻机制（详见第5.6小节）、构式的联结网络（详见第5.7小节）以及构式的认知意义（详见第5.8小节）。

5.1 界定构式

界定构式涉及两个问题，一个是构式的定义问题，另一个是构式分类界定问题。构式语法顾名思义将构式作为主要的语言单位。构式可以定义为：

任何语言结构型，如果它们的形式或功能无法由其他成分预示，也无法由其他构式预示，那么它们均视为构式。可完全预示的语言结构型，只要有一定的出现率，也可视为构式（Goldberg 2006：5）。

就动词和构式之间的关系出发，作为句子一部分的动词，如果无法预示句型的语义，那么它应该属于一个构式。Goldberg 的经典漏配句型：

Tom sneezed the tissue off the table.

在该句中，动词语义和句型语义不一致，动词无法精确预示句型语义。根据上述定义，该句型属于构式。当然，如果动词语义和句型语义一致，只要句型有一定的重复出现率，也能够视为构式。[①] 例如：

Tom put the books on the table.

其动词 put 的语义和句型的语义一致，即动词语义可以预示句型语义，这样的句型是英语的一个常见句型。这样的句型也被视为一种构式。

笔者认为，理论上成立的句型应该都可以归作构式。如果有不是构式的句子，那么这些句子又是什么呢？构式语法是否要将这些句子排除在外呢？如果是，那么认知语言学对形式语法的批评同样可以用在自己语法身上。这当然是认知构式语法所不愿意看到的。当然，我们可以分出抽象程度不同的构式（详见第6章）。

如果构式语法将构式视为语言的基本单位，那么构式语法的研究者除了定义构式外，还必须在合理描述构式的同时，探究语言系统应该有多少构式。就小句而言，要弄清语言系统有多少构式，理论必须提供划分构

① 笔者认为，这个定义因太模糊而难以操作。

式的原则。其研究者有必要定义,哪些句型可以归入相同构式,哪些句型必须归作不同构式。但是,构式语法研究者没有非常详细地展开这方面的系统研究。

也许对英语而言,它们不是一个问题。但是,至少在汉语分析中,构式范畴的确定是一个重要问题。既然构式是一个义形结构体,那么句型的语义和句法之间的关系至少可以有三大类:(1)语义和句法都不同;(2)语义相同或相似,但句法不同;(3)语义相同或相似,但句法相同。

(1)如果两个句型的语义和句法都不同,那么它们肯定分别归入不同构式,这点应该没有异议。例如:

Tom threw the ball into the basket.

Tom gave her a ball.

两句句法结构不同,前者是 NP – V – NP – PP,后者是 NP – V – NP – NP。两句的语义也不同。前者语义是"X 致使 Y 作 Z 的位移",后者语义是"X 致使 Z 获得 Y"。两者分别归入使移构式和使获双及物构式。

(2)语义相同或相似,但句法不同的句型,分别归入不同构式?还是归作相同构式?这点需要进一步探究。例如:

They shot down the plane.

They shot the plane down.

两句语义应该相同,但变异句式肯定不同。构式语法有些版本不太关注变异,研究者一般将变式归入不同构式。如果将两句式归入不同构式,那么构式联结网络会比较复杂;如果将两者归入相同构式,两者的句法差异又难以得到解释。类似的难题汉语也有,例如:

他们送了幅画给你。

他们送给你一幅画。

他们送你一幅画。

三个句式语义基本相同,语用也基本相同,但句法结构却不同。对如此句式仍然感到难以用现有的构式语法来表述。

(3)句法相同但语义不同的句式是否归作不同构式呢?例如:

Tom passed the ball to her.

Tom threw the ball to the net.

两句有相同的句法结构,它们都是 NP – V – NP – PP。语义的唯一区别是:前句题元移动至某人,后句题元移动至某地。如果从变异的角度出发,它们的性质不同。前句可以和使获双及物构式变替,后句却无法和使获双及物构式变替。例如:

Tom passed her a ball.

*Tom threw the net a ball.

根据 Goldberg(1995: 90 - 91)的分析,前句称作方位使移构式,后句归入领属转移构式。

5.2 理论特征

有研究者认为,构式进路的各种理论框架是一种生成理论模式,但它们放弃了转换派生的路子。所有的认知构式进路理论模式可以有共同的五点特征,它们和生成语法针锋相对(Goldberg 2013: 15 - 16)。这五点分别是:语法的构式性、构式的表层结构、构式的网络组织、构式的跨语言变体和概括以及构式构建的语言使用基础。我们在 Goldberg 讨论的基础上,细谈构式进路研究的这五个理论特征。

(1) 语法构式性。语法研究中,动词和构式之间的关系一直是一个重要课题。由于讨论的对象是动词和构式之间的关系,它的研究不言而喻可以有两个研究视角。词汇进路自然以动词作为研究视角和切入点,而构式进路则以构式作为研究视角和切入点。Goldberg 所说的构式性最关键的就是突出构式的重要性,强调构式的独立性。强调构式的独立性,就是强调构式不是派生于动词,它自己构成语言的基本单位,和词项一样,贮存于长期记忆中。

语法构式是约定俗成的。它的独立性还进一步界定为构式是一个独立的义形语符,其语义和形式构成对应关系(Lakoff 1987;Fillmore 1988;Wierzbicksa 1988;Goldberg 1995、2006;Birnerand and Ward 1998)。在儿童语言发展过程中,义形作为整体涌现。

语言义形关系的研究始于索绪尔的语符研究(Saussure 1916)。在他的语言研究中,语言视为符号系统,符号则由所指和能指连接构成。两者仿佛是一个硬币的两个面,缺一不可。Hjelmslev(1961)则将它描述为概念内容和语言表达的关系(程琪龙 2005)。就叶姆斯列夫而言,符号就是符号关系。兰姆甚至将语言系统直接表述为一个语言符号关系系统(Lamb 1966、1971、1999、2004)。

对认知语言学而言,作为义形对应的语言基本单位,不仅仅包括根形位,还包括语法结构。对构式语法的研究者而言,词汇和语法没有根本区别,两者都是义形对应的语言基本单位,词汇和语法构成一个连续统。构式除了是形位或语词,同时还是短语、小句。无论是形位、语词,还是短语、小句,它们都是义形关系,都是由义形连接构成的构式。构式语法重视构式,并通过构式将词汇和语法统一在一起。

动词和变式关系中常见的是:一个动词可以出现在多个变式中。在如此一对多关系的研究中,词汇进路和构式进路自然会带来不同的理论模式及其不同的理论侧重。词汇进路的研究中,研究者将一对多的关系设定为一个动词多个语义,并通过多个语义投射获得多个变式。在以构式为主的语法研究中,一对多的关系设定为一个动词语义和多个构式语义的匹配整合,并通过多个构式连接体现多个句法结构。词汇理论尽可能将词汇多义性最大化。和词汇理论不同,构式理论尽可能将词汇多义性最小化,尽可能将构式多义性最大化。

(2)基于表层的概括。对构式语法各式而言,构式并非如形式语法所宣称的,通过转换机制,或其他派生机制获得。构式语法各式的理论模式中,语义直接和表层表达形式联结(Goldberg 2002; Culicover and Jackendoff 2005)。所谓的表层概括,就是基于表层实例涌现出来的句法功能,直接和语义联结,无须通过转换派生等规则。出于转换以及派生过程的需要,语言研究需要分析动词派生出来的不同**交替变式**(alternating variants)。Goldberg(2013: 20)甚至认为,变异研究是转换、派生研究的动因,由于构式语法再也不需要转换和派生,作为转换、派生的动因变异,变异研究也就没有必要予以特别关注。在构式语法中,许多变式(即变异句式)归入不同的构式。

认知语言学重视构式的具身经验知识,并以其为理论的哲学基础。笔者认为,所谓的经验知识就是人类从各种经历中概念内化的世界知识。而变式具有相似的概念内容。换言之,变式相关的概念内容相似。相似的概念内容可以通过具体语言识解为不同的变异构式。因此,以义形关系作为研究重点的构式进路,没有理由不研究动词和变式之间的关系(详见第7章)。构式进路在将不同变式归入不同构式的同时,同样需要研究它们之间的概念语义关系。当然,不同版本的构式语法,对该问题的理论表述方法并不完全相同。

现代形位学的许多研究者都认为,形位涌现于对具体语词的概括过程,形位是一种由各空位(或称槽)组构而成的模块构架。形位的如此理论表述,同样适用于其他层面上的构式。构式的空位有些已由具体实体填充。虽然构式都为表层的概括,但具体构式概括程度各不相同,并和构式的出现频率以及能产性有密切关系。具体表现在基于填充程度不同,构式有不同的抽象程度。被填充的空位越多,构式越具体,抽象程度越低,能产性自然也越低。反之,被填充的空位越少,构式就越抽象,能产性也就越高。可见,不同构式有不同程度的能产性(Aronoff 1983;Blevins 2001;Ackerman and Nikolaeva 2004;Booij 2010)。请比较两条英语习语:

... the more ..., the more ...

... kill the bucket

前句有三个空位可以填充,而后句只有一个空位可以填充。相比之下,前者可以产生更多的具体句子,而后者的变化仅限于不同的主语。因此,两条习语相比较,前例构式有更高的**能产性**(productivity),抽象程度也高,出现频率也高。

(3) 构式网络。语言的构式是各种各样的。它们除了有不同结构平面(例如,形位构式、词位构式、短语构式以及小句的论元结构构式),在一个结构平面上,还可以有不同的抽象程度。不同程度的构式在所有构式平面上都存在。这些抽象程度不同的构式,按照它们之间的承接(inheritance)关系,联结构成构式网络。例如,英语短语有 to school 和 to the school 的区别,两者分别表述为 PN 构式和 PP 构式(Goldberg 2013:21)。两者的语义和句法行为略有差异,例如:

We students go to school every morning.

#The policemen go to school every morning.

PN 构式不含定冠词,表达一种和职业、身份对应的习惯性日常活动,例如,学生上学,医生上医院等;PP 构式含定冠词,表达某人去某地点。PP 构式固化程度高,出现频率比 PN 构式要高。两者通过承接关系联结。

小句平面上的构式也有不同的承接关系。例如:

他把我们逼进了客厅。　　【使移构式】

我们进了客厅。　　【移动构式】

使移构式视为含一个移动构式。其中移动构式是使移构式的一个局部。移动构式通过局部承接,和使移构式联结。又如:

他把鱼送进了厨房。　　【使移构式】

他把鱼做成了汤。　　【使成构式】

按照 Goldberg 的分析方法,使成构式通过隐喻关系联结使移构式。汉语还有一种非常奇特的构式,它可以同时承接使移构式和使成构式,并构成一个统一的使移结果构式。例如：

盟国军队把毒蛇炸死在它的巢穴里。(CCL)

该句子既包括了致使者导致动作对象“毒蛇”进入结果状态“死”，状态同时结束于终止位置“巢穴”。与此同时，使移结果构式还同时承接了(状态)变化构式和移动构式。变化构式表述受事“毒蛇”从“活”到“死”的状态变化；移动构式表述题元“毒蛇”从某地到“巢穴”的移动。而题元移动的过程，同时又是同一个论元角色状态变化的过程，两者同步。同步具体表现为变化的结束同时又是移动的结束。换言之，变化结束在移动终止位置上，即受事/题元“死在它的巢穴里”。如果用 Jackendoff(1990)的理论模式来表述，该例子同时属于两个不同的语义场，一个是方位场，一个是性状场。

(4) 跨语言的概括性和具体变体。构式语法的研究者认为，跨语言的概括性不是源于所谓的天生普遍性。就构式语法而言，语言普遍性存在于语法之外，它们涉及功能普遍性、临摹普遍性、认知过程和习得限制条件的普遍性。例如，从功能角度出发，语言都会有被动句，被动句式的施事都不再体现为句首主语。请比较：

The vase was broken (by the kid).

花瓶被(孩子)打碎了。

有些语言的被动句可以没有如此施事(Van Valin 1980)。又如，所有语言都存在原终图式。根据原终图式的序列临摹性，原、途径、终在语言表达中的排序和事件过程中的时空关系一致。例如：

They drove the car from Shanghai to Suzhou.

他们从上海开车到了苏州。

当然，每一种语言又有它特殊的识解方式。一样是终位，汉语的终位细分出两个分类：终位和意图终位。终位自然是终止位置，而意图终位则表明动作前计划好的终止位置。由于是动作实施前计划好的，根据序列临摹原则，它应该排列在动作动词前面(Cheng 2014)。例如：

他们朝空中发射了三颗信号弹。

当然，这样的动词前终位，英语是不允许的。例如：

*They towards the sky shot three signal flares.

英语言语者可能会意识到终和意图终的概念语义区别，但它们没有句法分布的区别，所以概念语义区别往往被忽略。

笔者注意到，语言前阶段，3 个月大的小孩似乎已经形成了简单的概念结构，同时还有能力辨别音节和清晰发出音节(Mandler 2004)。

Goldberg(2013：26)认为，语言源于人类概念系统。如此理论表述既有对的一面，也有错的一面。就语言发展而言，语言的形成确实和概念系统有关。初步概念的形成确实早于语言系统的形成。基于神经科学的成果，以及 Mandler 的心理实验研究成果，我们有理由宣称语言形成不仅仅源于概念系统，而应该是概念系统和音节结构之间连通的神经认知过程。所以任何语言所表达的基本概念结构都有可能是所有语言共有的。例如，所有语言都会有使移事件、使获事件和使成事件的概念语义框架(或认知事件框架)，它们的框架成分也大致相同。但是，这些事件概念语义框架在不同的语言中发展形成不同的语言表达。换言之，相同的概念语义将在不同的语言环境中，识解为不同的语言表达形式。不同语言表达形式的差异又反过来导致概念内容细节上的差异以及组合性方面的差异。

(5) 基于使用的模式。基于使用的模式既关注语言的创新性，更关注语言的预制性。所谓的预制性就是语言表达重复性或部分重复性。构式语法对预制性的研究更有其独到之处。人们发现，2 岁孩子 63%的言语都是对过去语言行为的重复(Lieven et al. 2003)。人们在儿童语言研究中还发现，使用频率高的言语说起来更快更准(Bannard and Matthews 2008)，成人使用语言的情况也保持这一规律(Bod 1998)。如果中国先哲相生相克的理论确实有普遍性，那么语言的创新性和预制性就处于一种相生相克的动态平衡关系中。两者相互制约，创新性受到制约，因为创新太多会导致理解的困难；预制性受到制约，因为预制太多会导致言语者失去发展新的信息量。两者同时又互相促进，新语言片段的涌现，基于预制片段高频使用；频率越高的构式，延伸发展创新语言片段的可能性就越大。

5.3 语义框架

构式语法和词汇进路的理论模式不同，它的研究者将词项语义视为更丰富的百科知识，而不是语言语义。构式进路的研究者认为，小句成句与否，仅依靠抽象词典语义还不够。例如：

Joe walked into the room slowly.

?? Joe careened into the room slowly.

句对中小句的成立与否基于动词和副词之间的匹配关系(Goldberg 1995: 29-30)。前句中的动词 walk 是可以和 slowly 匹配的,所以小句成立。后句中的动词 careen 本身含“快”的意思,它和副词 slowly 自相矛盾,所以小句不成立。又如:

Sally, playing a child's game, avoided touching the crack by skipping over it.

?? Sally, playing a child's game, avoided touching the crack by crawling over it.

由于跳(skip)可以避免碰到地上缝隙,所以前句成立;而爬(crawl)则无法避免碰到地上缝隙,所以后句不成立。

有些小句成句与否,还涉及动词和介词宾语的语义匹配关系。例如:

They built a hut with logs.

They built parapets with logs.

其中 hut 和 parapets 都可以作宾语。但它们却不能在另一个变式中作介词宾语,例如:

They built logs into parapets.

?? They built logs into a hut.

两句都是使移构式,动词同样是 build,但前句成立,而后句却不成立。使移构式的抽象语义是“致使者致使题元移动到某处所”。谓词为建造动词的使移构式形成了建造使移构式。该构式的语义是“题元实体(原木)移动并结集构成新构造的实体”。在如此构造使移构式中,建造动词语义受限于构式的使移意思,只含“简单堆建”的语义。前句的建造是从“原木”到“围栏”的简单堆建过程,所以小句成立。但后句的建造过程,从“原木”到“房子”的建造过程,不仅仅是“堆建”这么简单,所以该小句基本不成立。由此可见,仅靠动词的抽象词典语义,无法对这两个小句的成立与否做出正确判断。

对框架语义的解读和运用的方法,各种版本不尽相同。就词汇进路和构式进路的互补性而言,构式语法可以有论元结构构式语法,也可以有词汇构式语法。前者重视构式的抽象性,后者则强调构式的许多细节。从抽象构式到具体构式的关系出发,词汇构式语法详细讨论构式和动词之间的关系(详见第 6 章)。下文第 5.4 小节主要讨论论元结构构式的理论表述及其利弊。

5.4 论元结构构式

论元结构构式语法和框架语义的研究有非常密切的关系，和以言语者情景识解为中心的经验主义语言研究（Lakoff 1977、1987；Langacker 1987、1991）也有密切关系。

论元结构构式语法有生成语义学的渊源，但又不同于后者。论元结构构式语法反对以动词为中心的词汇投射理论观点。词汇投射观认为，动词的词汇语义独立预示其句法次范畴框架（Levin 1985；Chomsky 1986；Carter 1988；Levin and Rapoport 1988；Rappaport and Levin 1988；Pinker 1989）。论元结构构式语法用漏配小句，论证了这种理论表征的谬误（见第1章），并提出用动词和论元结构整合的构式来合理表述漏配小句（Goldberg 1995）。

论元结构构式的理论表述集中在以下四个问题上：（1）动词和构式之间的语义整合关系；（2）构式的多义性；（3）构式的联结承接性；（4）构式的概括原则。下文分别论述这四个问题。

5.4.1 内部结构

论元结构构式主要讨论小句级阶上的构式。论元结构构式强调义形结合。每一个构式都有其语义部分和表达部分。这个内部结构贯穿于所有构式的理论表述。包括形位构式、词项构式和论元结构构式。在这层意思上，语言系统中的词汇和语法是个连续统。

构式语法研究者认为，论元结构构式具有独立性，它不是由动词语义派生投射获取。构式语法将构式视为动词语义和构式语义的整合。其整合具体表述为动词参与者角色和构式论元角色之间的各种融合关系。构式语法的研究者认为，这一关键性观点，既能够合理表述匹配小句，又能够合理表述漏配小句。例如：

John put the beer on the table.

前句动词 put 的动词语义有三个参与者。换言之，“放置动作”含三个参与者。它们是放置动作实施者（放置者）、动作对象（放置物）、最终位置（放置位置）。该小句论元结构是一个使移构式，表达的语义是“某致使者致使对象物移动到某位置”。使移构式有三个论元，它们是施事、题元和终位。构式语法的形式表述中,动词语义整合进入构式语义(相当于语义论元结构)。整合的具体方法就是动词参与者和相应的论元融合。上例句中,动词 put 和使移构式的融合关系表述如下(具体表述为动词参与者和与它对齐的论元之间的对应关系):

Put	<放置者	放置物	放置位置>①
使移	<致使者	题元	终位 >

融合可以理解为**识解**(construe)。其中放置者识解为致使者,放置物识解为题元,放置位置识解为终位。换言之,放置者、放置物和放置位置,分别融合到致使者、题元和终位。所谓的匹配小句,就是小句动词的所有参与者和小句构式论元结构所有论元的融合形成小句构式的语义部分。最后构式语义各论元分别体现为相应的句法功能。它们的体现关系可以形式表征如下:

语义:	Put	< 放置者	放置物	放置位置	>
	使移	< 致使者	题元	终位	>
句法:		主语	宾语	间接语	

漏配句的动词语义和构式论元结构的语义之间,它们的整合关系和匹配句的不同。例如:

Tom sneezed the foam off the top of the beer.

动词 sneeze 的参与者只有一个(打喷嚏者),但论元结构的论元却有三个:致使者、对象物和原位(即移动前的位置)。很显然,动词和论元结构之间的关系是一对三的整合关系。由于动词参与者只有一个,整合中只有一个参与者可以和论元融合(见下列表述)。

语义:	sneeze	< 打喷嚏者			>
	使移	< 致使者	题元	终位	>
句法:		主语	宾语	间接语	

那么题元和终位这两个论元,只得由构式论元结构提供。所谓的漏配,主要是参与者和论元之间数量的不一致。就构式中论元的来源而论,上例

① 为了便于描写,我们将动词语义置于论元结构语义之上。动词和论元结构上下位置不影响两者之间融合关系的形式表征。

漏配句只有致使者是动词和论元结构共同提供的，而动词无法提供其他两个论元，只能由构式论元结构自身提供。从构式成分（即构式论元）的来源而论，构式论元结构可以提供所有的成分，而动词有可能只提供部分成分。漏配句本身证明：(1) 动词语义无法单独投射获得论元结构；(2) 论元结构独立存在的必要性。

汉语的许多结果状态小句（即使成小句）都属于漏配小句的构式。例如：

胖子坐塌了椅子。

如果将“（坐的）位置”也视为一个参与者，那么“坐”的框架有参与者“坐者”和“位置”。但小句的论元结构却是：施事、受事、终状（即结果状态）。[①] 它们的融合关系表述为：

语义：	坐	< 坐者	位置		>
	使成	< 施事	受事	终状	>
句法：		主语	宾语	间接语	

其中参与者位置却意外地和受事融合，而终状由论元结构提供。当然，融合观对动词参与者和论元结构的成分，两者之间的融合是有限制条件的（详见第 5.4.3 小节）。

5.4.2　融合种种

构式中并不是所有的动词参与者都可以和所有的论元融合。融合仅限于动词参与者角色和论元结构角色之间的合法语义关系（Goldberg 1995：50）。它们之间的关系大致可以从三个方面分类：数目、类型和凸显性。动词角色和论元角色之间在三个方面可以是相同对应的，也可以是不同不对应的。

(1) 数目的对应关系。对应的数目关系自然是动词参与者和构式论元的数目相同。例如：

Joe sprayed the paint on the wall.

它的动词角色和论元角色的数目相同，都是三个。它们的融合关系可以表述如下：

---

① 有些研究者将“坐塌”视为动词短语整体。椅子是该动词短语的受事宾语。但是，这样处理会让动词短语的数量不必要地急剧大增，结果会使理论表征失去经济性和概括性。

语义：spray	< 喷者	液体	喷对象 >
使移	< 施事	题元	终位 >
句法：	主语	宾语	间接语

但有些小句论元的数目可以比动词参与者的数目多，例如：

Tom made her a pancake.

其中动词 make 的角色有两个，一个是制作者，另一个是制作物；而构式的论元却有三个，它们是施事、终属（或接受者）和受事。其中终属的论元由构式论元结构提供。它们的融合关系可以表述如下：

语义：make	< 制作者		制作物 >
使成	< 施事	终属	受事 >
句法：	主语	宾语$_1$	宾语$_2$

其中制作者参与者和制作物参与者分别识解为施事论元和受事论元。终属没有对应融合的参与者，只能由构式论元结构单独提供。就语言表达式而言，有些小句动词参与者的数目比构式论元的数目要大，例如：

John drove away.

动词 drive 的参与者至少有两个，一个是动作实施的驾驶者，一个是驾驶的交通工具。但构式论元却只有一个施事。结果其中一个动词参与者被消除，没有显性表达。被消除的参与者自然没有相应的构式论元，也没有融合的对象。

语义：drive	< 驾驶者	驾驶对象 >
移动	< 施事	>
句法：	主语	

Fillmore（1986）也观察到动词隐性角色的存在，就动词而言它是存在的，但却没有显性表达形式。

（2）类型的对应关系。所谓的类型关系，就是动词参与者和构式论元是否匹配。如果匹配，两者可以融合；否则不能融合。该类型融合关系也称**语义连贯原则**（the Semantic Coherence Principle）（Goldberg 1995：50；Goldberg and Jackendoff 2004）。

构式语法讨论的类型对应关系有两个细类：完全匹配和部分匹配（简

称漏配）。完全匹配就是动词参与者可以识解为构式论元。例如：

Bill threw the ball into the net.

该小句是个使移构式。其中动词 throw 的“投掷者”可以识解为施事的一个实例，所以“投掷者”参与者可以和施事论元融合。同理，“投掷对象”可以识解为题元；投掷位置识解为终位。它们的融合关系可以表述如下：

语义：	throw	< 投掷者	投掷对象		>
	移动	< 施事	题元	终位	>
句法：		主语	宾语	间接语	

有些表达式的动词参与者和构式论元的数目相同，但参与者和论元因类型不匹配而不能融合。例如：

Sam drank the pub dry.

该小句动词 drink 的参与者分别是饮者和饮品。作为一个使成构式，它有三个论元：施事、受事和终状。如果用 Goldberg 融合观的表述形式，那么该例句的义形关系可以表述为：

语义：	drink	< 饮者			饮品	>
	使成	< 施事	受事	终状		>
句法：		主语	宾语	间接语		

其中饮者可以识解为施事，但饮品却没有融合任何构式论元，所以没有显性表达形式。当然，受事论元和终状可以由构式论元结构单独提供。[①] 表达式中的 pub 实际表示动作的位置，但动作位置却不作为动词语义的参与者。

根据构式语语法的语义连贯原则，动作者不能和受事融合（Goldberg and Jackendoff 2004），即动作者和受事完全不匹配。如此义形关系的英语构式确实没有。但该融合关系汉语小句中却是存在的。例如：

那场球把他们都看累了。

如果用构式来表述，那么该句的动词框架应该表述为：

看<看者$_{\text{他们}}$　对象$_{\text{球}}$>

其中“看者”和“对象”应该是必有参与者。小句是个使成构式，其抽象构

① 一般受事或题元才体现为宾语。

式语义表述为：

使成<致使者　受事　结果>

但以上例句中动词参与者和构式论元的融合却是：

看<对象$_{球}$　看者$_{他们}$　>
使成<致使者　受事　结果>

其中动词参与者"对象"融合进入致使者，并连接体现为主语；参与者看者融合进入受事，并连接体现为宾语。如此融合关系在英语中是不允许的。但在汉语中这样的小句确确实实地存在，而且同构小句还不少。例如：

那碗面把他吃病了。

那些文稿把他看累了。

当然，这样的句式动词投射模式也难以作出正确表述。

（3）凸显的对应关系。动词的凸显和构式的凸显都表示各自成分在和其他成分的对比中更加突出。但是，动词参与者的凸显性和构式论元的凸显性，它们定位肯定不同。构式论元的凸显与否以其连接的句法功能为标准。一般认为，体现为主语或宾语的构式论元，定义为凸显论元。例如：

John watered roses flat.

其中施事 John 和受事 roses 分别体现为主语和宾语，两者归为凸显论元。大多数构式中，施事或致使者以及受事或题元，都视为凸显论元。

动词参与者的凸显定义有些和它们融合的构式论元相关。词项凸显并作显性表达的参与者必须和凸显论元融合（Goldberg 1995：50－52）。更直截了当地说，凸显参与者必须体现为主语或宾语。例如：

Sam mailed her a letter.

该小句含使获双及物论元结构，它有三个凸显论元角色：施事、终属、受事。动词 mail 也有三个参与者角色：寄者、收者、被寄物。基于句法体现关系，动词的三个参与者和构式三个论元融合。它们的融合关系可以表述为：

语义：	mail	< 寄者	收者	被寄物	>
	使获	< 施事	终属	受事	>
句法：		主语	宾语$_1$	宾语$_2$	

同样动词 mail，它的三个凸显的参与者角色，其中收者允许和非凸显终位

论元融合,例如:

Sam mailed a letter to her.

该句动词凸显参与者角色有三个:寄者、被寄物、收者,论元结构凸显的论元角色却只有两个:施事、受事。它们的融合和连接关系表述如下:

语义:	spray	< 寄者	被寄物	收者 >
	使移	< 致使者	题元	终位 >
句法:		主语	宾语	间接语

其中和收者融合的终位论元,是个非凸显的可有成分间接语。实际上,完全融合也好,允许一个凸显参与者和一个非凸显论元融合也罢,它们背后动因都是动词的句法分布。凸显与否,竟然还是以句法因素为标准。这样的表述有一定的逻辑循环嫌疑。

当然,有些动词和构式之间凸显性的对应,既有语义因素,又有句法因素。换言之,凸显性在如此案例中有了义形构式因素。英语动词 rob(抢)和 steal(偷)两者都可以表述为相同的参与者**阵列**(array),但它们的凸显参与者却有不同(Goldberg 1995: 46 – 47)。两者的凸显差异可以用黑体字表述如下:

Rob <**实施者**　**对象**　物>

Steal<**实施者**　对象　**物**>

从句法角度看,动词 rob 的宾语是抢的对象,而动词 steal 的宾语则是偷的物。例如:

Sam robbed her of her necklace.

Tom stole the necklace from her.

从语义的角度出发,直接受抢动作首先影响的自然是人,而受偷动作首先影响的是物。

动词 rob 和动词 steal 的凸显参与者的区别是令人信服的。但是,更多的动词对凸显参与者的选择,并没有如此明确的义形界定。看起来似乎语义任意性仍然很大。例如,动词 load 和动词 spray 都是三元动词,它们都含三个参与者角色。但 Goldberg(1995: 178)认为,它们的凸显参与者不同。

Load <**装载者**　**装载物**　**处所**　　>

Spay <喷洒者　**细状物**　**喷洒对象**>

除了句法动因外，人们仍然无法获知两者的不同凸显的语义标准是什么。我们仍然无法说明为什么装载者可以视为凸显语义，而喷洒者不可以视为凸显语义。

就语义而言，动作抢凸显是被抢的对象，而动作偷凸显则是被偷之物。从心理关注程度而言，动态物体比静态物体关注度要大。受影响的物体自然视为动态的，而没有受影响的物体则视为静态的。就动词语义而言，有原终图式的构式中，动态物体比原终图式的处所参与者更凸显。这是一种典型的凸显排序关系。但是，当处所参与者在某作用下成为动态物体时，它也成了凸显参与者，并融合受事，体现为宾语。请比较：

John loaded the books onto the truck.

John loaded the truck with books.

前句凸显的是动态移动物 books，并体现为语法宾语。后句凸显的则是移动终止位置的标志物，而且这一终位物体受到进一步关注，并可以有额外隐含意思，可解读为车中到处都有“书”，或车内装满了“书”。这种“遍及义”或“充满义”前句的终位是没有的。后句终位的额外隐含意，增加了终位的凸显程度。从这个角度出发，终位凸显的义形定义显得更加清晰可辨。

虽然装载处所可以有隐含意或没有隐含意之分，其信息有增量或不增量以及凸显或非凸显之别，它们的差异并不是由动词本身语义造成的，而是由构式造成的。凸显装载处所和受事论元融合，并体现为语法宾语 *the truck*；缺省（即非凸显）装载处所和终位论元融合，并体现为间接语的介词短语 *onto the truck*。可见，处所是动词提供的，而处所是否凸显则是由构式提供的。使移构式确定其缺省不凸显特征，而 with 构式则确定其凸显特征。

从经验知识的角度出发，抢和偷的不同凸显和语言无关。如果我们接受这一观点，那么汉语相应的动词有同样的凸显特征差异。汉语和英语不同的是它们的句法分布。英语的 steal 和 rob 有不同的句法行为，但汉语的动词“偷”和“抢”有相同的句法分布。请比较：

小偷偷了他一个钱包。

*小偷偷了一个钱包他。

流氓抢了他一块手表。

*那流氓抢了一块手表他。

由此可见，Goldberg 讨论的两个动词所表达的概念内容差异虽然存在，但它和句法分布并没有直接关系。

动词参与者和构式论元,它们有各自的凸显性。在构式中,参与者凸显性受到构式论元凸显性的影响。在具体构式中,凸显论元可以使和它融合的不凸显参与者更加凸显。例如:

我们把书装进箱子里。

我们把箱子装满了书。

就动词"装"而言,其参与者移动物"书"比参与者处所更凸显。前句中移动物(书)是凸显的,把字句构式中作宾语的题元也是凸显的,所以句子是成立的。后句中不凸显的参与者处所(箱子),和凸显的受事融合,变得更加凸显,凸显的处所有了额外的隐含语义。该隐含语义表示处所空间"充满"移动物之物。另外,笔者还饶有兴趣地观察到,凸显融合关系和构式的使用频率有关。当动词凸显参与者移动物和构式凸显论元题元融合时,因为是强强融合,其构式出现率高;而动词非凸显参与者处所和凸显论元受事融合时,由于动词参与者不凸显,其构式出现率要低许多。

5.4.3 融合原则

作为一种语言理论,它对各要素的理论表述,都需要考虑其概括性。融合原则的背后推力,就是对理论表述概括性的追求。基于融合原则,Goldberg(1995: 65-66)总结出五类动词参与者角色和论元结构的论元角色之间的融合关系。理论表述的机制主要是事件语义。动词语义表述为动词事件,构式语义表述为构式事件,动词和构式之间的关系表述为两个事件之间的关系。融合原则的理论表述和深入讨论,主要在动词事件和构式事件之间的关系上展开。

(1) 动词事件可以是构式事件的次类。在如此事件关系中,动词语义是构式语义的一部分。例如:

Sam put the book on the table.

构式语义是一种抽象语义结构,而动词 put 语义是一个具体的使移构式指派的一个具体的放置事件。放置事件是使移事件的一个具体实例。具体实例就是抽象类型的一个次类。就以上例句而言,放置事件是使移事件的一个次类。这样的融合原则可以作用于汉语构式。例如:

老师将相片挂在墙上。

其中挂事件就是使移事件的一个实例构式。

(2) 动词事件可以作为构式事件的**辨认手段**(means of identifying)。它们的融合关系解读为构式事件和其手段次事件的融合。例如,声响动词不表示移动结果,但它却可以解读为确定移动路径的手段。例如:

? The police car screamed down the street.

所谓声音解读为确定路径的手段,就是指警笛声本身确定了警车驶过的路径。按照构式语法表述,就是声响事件作为构式事件的一个手段次事件。这样的融合,勉强成立。

(3) 有些声响动词事件还可以指定为构式事件的结果。换言之,动词表达的声响是构式表达事件的自然结果。Croft(1991)也认为,有些表示移动结果的声响动词(例如,climb、buzz、rumble、creak、screech 等),可以和使移构式整合。例如:

The train screeched into the station.

其中火车刹车时的尖叫声是它移动到车站刹车时发出的声音,是刹车自身导致的自然结果。这样的融合也是允许的。

(4) 动词事件可以指定为构式事件的先设条件。所谓的先设条件就是动作事件先于构式事件存在,并构成构式事件形成的条件。例如:

Mary baked Larry a cake.

其中动词所表达的创造事件(to bake a cake)为构式表达的使获事件(to give Larry a cake)的先设条件。两者组成创造事件和使获事件的序列,其中创造事件是使获事件的先决条件,要使 Larry 获得蛋糕,首先 Marry 得做好它。后者以前者为基础,构成了一个顺序关系。

在具体语料的研究中,这一融合原则是值得商榷的。如果创造类动词是个先决条件,那么何为创造类动词?这个问题似乎并不容易解决。动词 cut 和 carve 理解为“雕刻”时,自然可以创造一个“新”终体,两者作为创造类动词当之无愧。这两个动词也确实能够出现在双及物句式中,例如:

Tom cut/carved her a model boat.

那么动词 engrave 是否可以归作创造类动词?该动词和 cut、carve 一样,都表达切刻动作,同时切刻动作都能创造一个新的实体。Levin(1993)至少将它归入了图文创造类。当然,三个动词概念语义的细微差别还是存在的。前两个动词可以表达雕刻和镌刻事件,第三个动词只能表达镌刻事件。雕刻事件可以解读为通过切刻动作创造一个被雕刻的实体;镌刻事件则解读为通过切刻动作在某实体表面创造出图文。例如:

Tom engraved a seal with his name.

其中“图章”只有在章石上出现文字才成其为“图章”。从这个意义出发,engrave 至少可以创造“图章”或“章石上的文字”。但是,engrave 解读为“镌刻”进入使获构式,它的小句在母语者中有语感争议。例如:

?? Tom engraved her the initials/a seal.

同样是图文创造类动词,write 就可以出现在使获构式中,例如:

Tom wrote her a poem.

相比之下,同样是图文创造,engrave 和 write 的语感不同,和雕刻动词 carve 和 cut 的语感也不同。其中 engrave 的用法和构式融合原则 4 抵触。

(5) 在有限范围中,动词事件可以指定为构式事件的方式、确定手段、意向结果。

无论是哪种融合原则,它们存在的意义是表述哪些融合是合理的,能够成句;哪些不能融合,不能成句。融合原则能够表述许多句子的合理与否。但是,这些原则却不是穷尽的,它们的反证还是有的,它们的应用范围是有限的。另外,这些融合关系一般都局限于某种构式中,而不是对所有构式都起作用。

当然,最抽象的融合限制原则还是存在的。所有五类融合关系中,至少有一个参与者和一个论元融合(Matsumoto 1991)。我们不妨将它称作"最小融合关系"。这样的原则如果成立,应该是一种概括性的限制原则。最小融合关系是英语必守的融合原则之一,更是构式语法不得不遵循的一个原则,否则没有融合可言。没了动词参与者和构式论元之间的融合,那么动词语义整合进入构式语义在构式语法中也无从谈起。

5.4.4 汉语反例

汉语有两类表达式对融合观构式语法构成挑战。一类是失配句式,另一类是无配句式。本小节具体讨论这两类句式及其如何对构式语法形成挑战。

小句中动词语义和构式语义的整合是通过两类角色的融合关系实现的。融合又有一定的限定条件,它至少是有一个动词参与者融合一个构式论元。而且,致使者或动作者不允许融合受事或题元。这两个基本条件必须得到遵循,否则英语表达式将判定为不成立。但是,这个基本原则似乎还无法正确预判汉语的成句与否。汉语除了匹配句、漏配句,还有失配句。所谓的失配就动词参与者角色和构式论元角色之间没有任何融合关系。例如:

第二次瞄准才将子弹扣出去。　　　　　　(央视 5 套采访对话)

其中动词"扣"有两个参与者,一个是"扣者",另一个是"被扣物";表达式属于使移构式,它有三个构式论元,它们是致使者、题元和终位。由于汉语作主语的施事可以省略,所以参与者扣者及其构式致使者都没有显性表达。动词参与者被扣扳机也没有出现，题元和终位都得由使移构式提供。结果使移构式的三个论元都和动词参与者无关（见以下形式表征）。

语义：	扣	<［扣者］	被扣物		>
	使移	<［致使者］		题元	终位 >
句法：		主语		宾语	间接语

虽然参与者无法识解为论元，但小句却是成立的。又如：

阜阳一学校食堂吃出死青蛙。

该例句的动词“吃”是个二元动词，构式是表述发现事件的发现结果构式。动词的两个参与者分别是：食者和食物。发现结果构式的核心论元分别是：发现者施事和被发现物受事。动词参与者和构式论元之间似乎也没有任何融合关系（见下列形式表述）。

语义：	吃	<［食者］	［食物］		>
	结果	<［施事］		受事	终状 >
句法：				宾语	间接语

动词“吃”的两个参与者都没有显性表达形式，而构式的施事论元也是隐性的。但是，由构式提供的受事（死青蛙）和终状（出），却没有任何动词参与者的融合对象，动词语义和构式语义完全失配。由此可见，Goldberg 推崇的“最小融合关系”在汉语失配小句中是不存在的。

对构式语法的融合观而言，汉语的另一类反例是无配句式。所谓的无配句式，就是句式表达没有主动词。例如：

把空壳丰满起来。（上海卫视纪实频道）

刚教了几个月的书，还把太太死了呢。（CCL）

两例句都含表达结果的语词“丰满起来”以及“死”，但两者都不是致使动词。如果把字句有显性主动词，那么它一定有致使含义。例如：

把空壳填满。

其中“填”是主动词，表示致使受事“空壳”变成“满”的最后状态。如此主动词，在两句反例中没有出现。既然主动词没有出现，动词参与者就无从谈起，也就没有融合一说。为此，作为一种形式化理论模式，如果要保持跨语言的概括性，构式语法需要进一步修整。

5.4.5 语义限制条件

除了融合原则外,构式语法研究者还试图通过概括性较强的语言限制条件来进一步界定构式。构式语法力图通过融合原则来揭示动词准入变式的条件,解决词汇进路研究遗留下来的问题,并取得了一定成果。尽管如此,这些条件也有需要改进的地方。Goldberg 讨论的语义限制条件不是作用于整个语言系统。每一个构式有它自己的语义限制条件。我们至今尚不清楚有没有概括性更强的语义限制条件。

另外,Goldberg 提出的限制条件许多都无法用于汉语相应构式。换言之,这些语义限制条件没有很强的跨语言概括性。英语使移构式有一个致使单一事件的限制条件,即一个构式只允许有一个致使事件。这个宏观的限制条件可以细化出若干个语义条件。其中一个是题元不允许对其移动作出决策。根据这一限制条件,移动题元一定是致使的自然结果。请比较:

Tom forced her into the cell.

*Tom asked her into the cell.

这个限制条件在汉语使移构式中似乎无法区分语法性,请比较:

他逼老师进办公室(但老师没有进去)。

他请老师进办公室(但老师没有进去)。

虽然题元“老师”自身选择决定不进办公室,但句子仍然是成立的。而且动词使力程度和题元是否做出决策无关。但是,老师是否做出决策,却和构式有关。例如:

妈妈哄孩子进卧室,孩子没有进去。

#妈妈把孩子哄进卧室,孩子没有进去。

前句的构式允许孩子有自己的决策权,即该构式没有限制条件。而把字句却不允许题元有自己的决策权,即该构式受到“无决策”语义条件的限制。总之,笔者初步的研究发现,汉语的限制条件和英语的不尽相同。如果要探究构式语法的概括性限制条件,可能现在的思路仍需调整。

5.4.6 能产性和词—构式搭配

很多成句与否的问题,实质上就是动词类组准入构式的条件和动因。论元结构构式语法通过几个理论机制来探究这两个问题:(1) 通过动词语义角色和构式论元角色之间的融合来完成;(2) 通过概括性语义限制条件;(3) 通过构式的能产性。Goldberg(1995)发现,构式的能产性是有限的,不同的构式会有不同的能产性。动词类组的成员越多,构式使用频率自然就越高,它的能产性也会越高。将英语的 way 构式和双及物构式做一比较。几乎所有动词都准入 way 构式,但准入双及物构式的却十分有限。另外,Goldberg 还注意到,构式中的不同构式成分和构式也有一定的共现关系。Goldberg(2019)进一步论证了能产性和构式记忆的关系。

在构式语法的框架下,基于语言使用的研究者开始运用语料库来进一步扩大研究范围和深度。当前颇受关注的要数 Stefanowitsch & Gries(2003、2005)的研究。他们将其研究对象称作 **collostruction**(搭配构式)。如果将构式搭配视为一种研究进路,那么它应该是构式语法(Lakoff 1987;Goldberg 1995)和语料库语言学的一个合理结合。理论上,构式搭配研究基本上是认知构式语法的。研究者也坚持认为,词汇和结构没有本质上的差异,它们都是义形的结合体,即语符关系。

基于词汇和结构是个连续统的理论观点,语词和结构都是独立的义形结合的构式。如果词项和结构都是相互独立的构式,那么语言肯定不会允许所有的词项可以准入所有的构式。换言之,所有的词项不可能和所有的构式同现搭配。因此,构式语法有必要研究词项(尤其是动词)的准入构式的条件,尤其是准入的语义条件。构式搭配的研究者通过语料统计的方法,表述作为**搭配词**(collexeme)的动词和构式之间的搭配程度,即搭配词的**构式搭配力**(collostruction strength)。搭配力通过 Fisher exact test 的语料统计方法,计算出配值。构式搭配研究者不仅关注动词准入构式关系,还基于巨型语料库语料统计和分析,关注准入构式动词的语义倾向性以及各动词准入概率,并寻求该构式的典型动词。这样的研究结果,对动词类组和变式的研究,无疑提供了有意义的量化证据。构式搭配研究可以进一步验证定性研究成果的合理性。例如,双及物构式的构式搭配研究表明,构式搭配力最强的前十位动词(give、tell、send、offer、show、cost、teach、award、allow、lend)和母语者语感判断基本一致,它们都属于典型双及物动词(Stefanowitsch and Gries 2003)。当然,研究的搭配词除了可以是实例(token),还可以是类型(type)。

由于词汇和结构之间的界线被打破,由于构式有自身的独立性,所以构式搭配研究者还关注在具体构式中不同构式成分之间的同现搭配关系。由于搭配是两个或多个语言单位之间的关系,所以它们的搭配值可以从多个角度来分别统计计算。

5.5 构式多义性

动词和构式之间的关系不是简单一对一的,而是多对多的。从动词的角度出发,一个动词可以出现在多个构式中,不同构式中的动词有不同的语义,结果动词多义得到关注。从构式的角度出发,一个构式中可以出现多个动词,不同动词出现在一个构式中,造成构式的不同语义,这就是构式语法研究者所说的构式多义性。

构式进路的研究者强调构式的多义性。这点和词汇进路的抽象简洁理论表征形成鲜明对照。以双及物构式(或变式)为例。词汇进路的抽象义理论表征大致可以是:

X 致使 Y 的领属关系转移并为 Z 领有。

构式研究者将构式视为一个含多义的范畴,双及物构式至少可以有以下六个细节不同的语义(Goldberg 1995: 38)。而抽象语义理论表征的语义只是其中的一个,而且是中心语义,或称双及物构式的典型语义。其中心语义是"X 致使 Z 成功获得 Y"。例如:

John gave her a book. 【成功领有】

其中"她"最终获得"约翰"送的"书"。并非所有的双及物构式都含如此语义。其他五个非中心语义可以是中心语义的延伸变异。

(1) 有些表达式可以表达某种承诺。如果承诺兑现,转移才可能成功。我们可以称其为承诺领有双及物构式,例如:

Mother promised her daughter a computer. 【承诺领有】

她女儿获得计算机的前提是她妈兑现对她的诺言。

(2) 双及物构式还可以表达将来领有的关系。在将来领有构式中,施事并不充当具体动作者,而是在领属关系转移前充当决定者或计划者。例如:

The dying uncle has left her a house. 【将来领有】

(3) 有些领属转移关系只是动作者的意图,但实际转移是否成功,那就另当别论了。例如:

She cooked Tom some noodles. 【意想领有】

其中做面条的人打算做面条给汤姆吃,但最终是否实现了不得而知。意向性领属转移不仅仅和制作创建类动词匹配,还可以和使移类动词匹配。

例如：

I threw John the ball, but it didn't reach him because of the strong wind.（Baker 1997：89）

该句虽然没有实际领属转移，但转移的意图是存在的。投掷者希望接受者获得该球。

（4）双及物构式还可以表达施事放弃对领属转移的阻碍，致使转移有可能成功，例如：

Sam allowed the kids some candies. 【允许领有】

山姆本不愿意让孩子吃糖，但他放弃了对孩子的管束，让孩子吃糖成为可能。

（5）双及物构式甚至可以表达施事阻碍转移发生，使领属转移失败，例如：

Their government has refused Tom a visa. 【阻碍领有】

该例句表达致使某人无法获得某物，解读为某人获得某物的否定。

构式语法强调构式的多义性。视为不同意思的相同构式结构，它们的不同只限于动词。我们甚至可以说，构式的多义性是由准入动词的不同所造成的。根据（Goldberg 1995：38）的分析，双及物构式的不同语义和出现在构式中的动词有关系（见表5.1）。虽然同一构式可以有不同的语义，但它们之间还是有共享的语义成分"转移领有"。Goldsmith（1980）将双及物构式的领有者视为抽象的"预期领有者"（prospective

表 5.1　多义构式和动词类型

构式实例	动　　词
成功领有	give、pass、hand、serve、feed（给予） throw、toss、slap、kick、poke、fling、shoot bring、take
承诺领有	guarantee、promise、owe
将来领有	leave、bequeath、allocate、reserve、grant
意想领有	bake、make、build、cook、sew、knit get、grab、win、earn
允许领有	permit、allow
阻碍领有	refuse、deny

possessor)。该预期领有者可以识解为"实在(actual)领有者""将来(future)领有者""意想(intended)领有者"或"被拒(refused)领有者",即领有者之反。

汉语也存在核心语义为"X 致使 Y 获得 Z"的构式,该核心语义结构,可以体现为双宾语的句法结构。例如:

老师送了他一本书。

但是,汉语的双宾语句法结构,除了表述使获构式的核心语义外,还可以连接语义"X 致使 Y 失去 Z"。请比较:

老师借他一本词典。

该句子可以有两种解读:

老师借给他一本词典。

老师向他借一本词典。

换言之,汉语双宾结构可以体现两个不同但又相近的核心语义结构。如果将双宾结构视为含两个宾语的句法结构,那么这样的句法结构可以体现不同的核心语义结构。而且不同的核心语义结构又有一定的语义关系。按照语义的标准,它们应该归作不同的构式。

5.6 转喻和隐喻

构式内部结构除了动词语义和构式语义的整合以及动词语义角色和构式论元的融合外,还涉及转喻和隐喻机制。论元结构构式有三类基本构式,它们都涉及使役事件。在许多使役事件中,动作对象同时又是变化的客体。例如:

Tom kicked the ball to Mary.

其中 ball 既是动作"踢"的对象,又是移动的客体。有些填充题元的词项需要通过转喻机制句子才能获得正确理解。例如:

The government drained the swamp into the sea.

其中"抽干沼泽"(drain the swamp)语义连贯搭配是合理的,但"沼泽移动到大海"(swamp into the sea)没有意义。当然,人们由经验得知沼泽地里含水,后者是前者的一部分。通过如此经验知识中的转喻机制,读者可以将"沼泽移动到大海"转喻理解为"沼泽地中的水移动到大海"。又如:

John drank the pub dry.

其中"喝酒吧"(drink the pub)是无意义的。但读者可以通过从酒吧到酒的转喻机制,将"喝酒吧"正确理解为"喝酒"。

抽干事件和喝酒事件分别表述为使移和使变事件。其中致使次事件和结果次事件之间的融合是通过转喻机制实施的。

构式中的转喻或隐喻关系不仅仅存在于典型构式语义和延伸构式语义之间,还存在于构式中的论元填充词项。以英语的双及物构式为例。

Sandy flew him a kiss.

Tom gave her a kick in return.

句中的 kiss 和 kick 并不是可以递送转移的实物,而是动作。但是,并非所有表示动作的词项都可以填充双及物构式中的第 2 宾语,例如:

* Sam threw her a sit.

* Ted gave her a stand.

比较这两对例句,我们发现前两句的 kiss 和 kick 是二价的。它们不仅仅是二价的,而且动作自然延及对象。双及物构式的核心语义包括接受者获得领属转移物。如果将动作延及对象视为延及对象获得该动作,那么如此隐喻双及物句式背后有隐喻:

动作喻为实体。

动作所及的对象喻为"动作实体"的获得者。

由于动作"坐"和"站"不涉及动作延及之人,所以后两句不能成立。

更有趣的是,汉语在这个隐喻的基础上还看到转喻机制的运作。例如:

给他一拳

给他一脚

从语法单位出发,"一拳""一脚"似乎等同于英语的下列数量词短语。

Tom gave her a can (of beer).

Bill gave her a chunk (of chocolate).

但是,英语的数量词短语只是单纯的隐喻。汉语的动量词则表达动作的次数。所以"拳""脚"是"打"和"踢"事件框架的一部分。这个整体和局部的转喻关系作用在隐喻之上。只有隐喻和转喻两个机制同时运作,句子的理解才成为可能。而隐喻和转喻机制的存在,又以事件框架的存在为前提。

5.7 构式连接和层级

构式语法有两个意思：一个是指研究构式的一门学科，另一个是由构式联结构成的系统。我们可以将后者称作构式系统。语言组织涉及单元和关系两个部分。Haiman（1985）曾将语言和地图以及乐谱做比较，以此解释构式的理论表述。地图用来表述疆土地域，乐谱表述旋律，语言则表述对现实的识解。图谱中的每个点和现实中的某点对应；反之，现实世界中的每个点和图谱中的每个点对应。这种双向的对关系称作**同形**（isomorphism）关系。点和点构成各种连接关系。图谱中点之间的关系和现实世界中点之间的关系对应。如此对应关系视为一种认知临摹**动因**（motivation）。

当然，图谱的表述形式和现实物质形态并非完全一致。地图中冰岛总要比其他地域描绘得更大些，乐谱中同样一个音符，它们在低音谱中的位置比在高音谱中的位置要高得多。我们在图谱中对现实世界进行概括简洁表征，而不是对现实世界进行再现。表述形式永远是现实主旨的概括和抽象。

语言以同样的方式表征现实世界，而不是再现现实世界。同形原则涉及两个方面：**非同义原则**（Principle of No Synonymy）和**表达最大化原则**（Principle of Maximized Expressive Power）。根据非同义原则，不同表达形式对应不同语义或语用（Bolinger 1968，Haiman 1985，Clark 1987）。两个不同的句法结构中，如果它们语义相同，那么它们的语用特征肯定不同；如果它们语用特征相同，那么它们的语义肯定不同。根据表达最大化原则，不同的语义或语用导致表达形式的不同。另外，语言使用者会尽可能地用简洁语言表达形式表征现实世界。如此语言使用倾向性原则称作**最大化经济原则**（Principle of Maximized Economy）。基于表达最大化原则，构式系统中的构式越多越好，构式越多，语义和语用的细节就越能得到充分表达。基于最大化经济原则，构式系统中构式越少越好。在语言使用和语言发展过程中，表达最大化原则和最大化经济原则构成一种相生相克的动态平衡。两大原则的互动也充分表明了认知系统的社会交际性。

构式系统中，构式之间存在一定的联系。如果一个构式甲和另一个构式乙，两者之间有句法联系，那么构式甲和构式乙的语义联系的程度，就是构式甲联结关系的动因。所谓的语义联系程度，就是两个构式之间的语义相似程度。语义相似程度越高，联系动因越大。构式系统中，各构式之间的联系总是追寻动因的最大化。如此构式间联结原则称作**动因最大化原则**（Principle of Maximized Motivation）。在儿童语言系统发展过程中，动因越大，越容易发展习得。Gelman，Wilcox & Clark（1989）假设，如果 fepcar 以及 fep 都为车名，表达形式上 fepcar 自然比 fep 复杂。但是，儿童会更容易学会 fepcar，其原因就在于 fepcar 的动因比 fep 的更大。换言之，fepcar 和 car 的表达形式有相似之处，会从 car 那儿得到更多的连接信息，而 fep 和 car 之间则没有相似之处，car 无法为 fep 提供更多的连接信息。Wilensky（1982）则将动因联系过程视为**不明推理**（abduction）。

不明推理鉴于预示性和任意性之间。它既没有完全的预示性，也没有完全的任意性。推理过程是对结果现象的反逆推导，通过推导对已知结果进行动因解释，解释为什么这样的结果会出现。因此，不明推理也可称作反逆推理，即对结果反向推理其形成的原因。语言形式之间，语义之间以及构式之间，它们的联系有些虽然无法预示，但却不是任意的。通过反逆推理，研究者可以有效表述各自联系关系，合理解释构式涌现的动因。Goldberg（1995：71）甚至认为，语言习得同样无意识地运用反逆动因的推理。联结主义者的理论表征也不明确区分预示性和任意性，而更关注联系的不同权值（Rumelhart and McClelland 1986）。权值不同的联结促使研究者探寻最优联结关系。

动因联系就是一种管辖联系。例如，“车”管辖其下位“火车”可以表述为“车”激活连通“火车”。反之，“火车”**承接**（inherit）“车”的语义—表达。“承接”是计算机科学用来概括数据结构的一个重要方法（Fahlman 1979）。构式系统作为一种数据结构，也表述为构式的承接关系系统（Lakoff 1984；Wilensky 1986；Jurafsky 1992）。

构式系统是由各构式通过它们之间的承接关系连接构成。既然构式由义形连接关系构成，那么构式承接应该是义形连接关系的承接。构式系统通过承接关系连接构成层级组织。构式层级组织中最高层是主谓构式，它下控不及物构式和及物构式（见图 5.1）。

不及物构式和及物构式则承接主谓构式。当然，及物构式下面也有两个承接构式。一个是使移构式，另一个是双及物构式（A）；两者都承接了及物构式。双及物构式的多义性体现为它的双及物中心典型构式（A）以及它延伸的五个非典型双及物构式（B—F），非典型双及物构式承接了

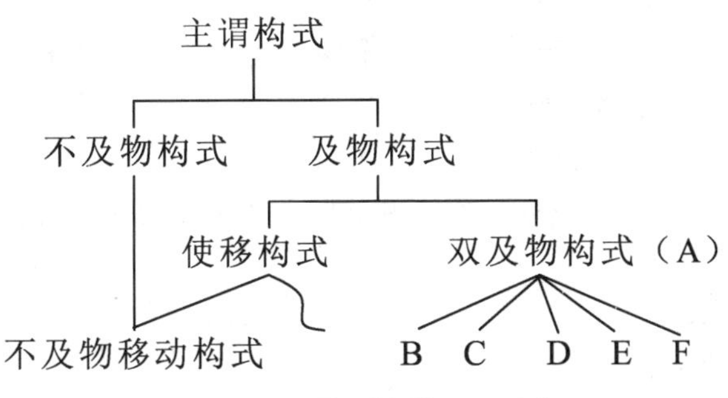

图 5.1 构式层级组织(局部)(Goldberg 1995)

中心典型构式。

承接关系是各种各样的,Goldberg(1995: 75－81)概括出以下四类:**多义连接**(polysemy link)、**局部成分连接**(subpart link)、**实例连接**(instance link)和**隐喻延伸连接**(metaphorical extension link)。多义连接是构式各种意思承接其中心意思的连接关系。例如,双及物构式的 B、C、D、E、F 构式,它们承接典型构式 A 基本意思的连接关系,就是多义连接(见图 5.1)。以使获双及物构式为例:

a. X 致使 Z 获得 Y(中心义): Tom gave Joe the watch.
b. 条件成立 X 将致使 Z 获得 Y: Tom promised Joe a watch.
c. X 允许 Z 获得 Y: Tom permitted Joe a peach.
d. X 拒绝让 Z 获得 Y: Tom refused Joe a watch.
e. X 意在致使 Z 获得 Y: Tom baked Joe a cake.
f. X 施动并致使 Z 接收 Y: Tom bequeathed Joe a fortune.

所有非中心义构式都承接了中心义"X 致使 Z 接收 Y"。每个非中心义构式又各自不同,具体表现为从中心义延伸出来的意思不同。例如,条件使获构式中,它在使役的意思上,外加一个条件。又如,允许使获构式中,它在使役的意思上,外加了 X 允许使获的意思。两者自然有不同外加意思。

局部成分连接是指承接构式是被承接构式的一部分。移动构式和使移构式之间的关系就是局部成分连接,其中移动构式承接了使移构式的局部。例如:

John walked the dog into the yard. 【使移】
The dog walked into the yard. 【移动】

其中移动构式的"狗移动"是使移构式"约翰使狗移动"的一部分。局部成分连接除了移动构式承接使移构式外,还可以有性状构式承接使成结果构式以及领有构式承接使获双及物构式。

实例连接一般指构式的实例和架构之间的关系。其中构式的具体实例承接构式抽象架构。例如：

他把孩子裹在毯子里。

它的使移构式架构是：施事、受事和终状。该架构实例连接具体实例构式（见以下形式表述）。

语义：				
	使移 <	致使者	题元	终位 >
句法：		主语	宾语	间接语

实例连接 ↓

语义：	裹 <	裹者	被裹对象	包裹物 >
	使移 <	致使者	题元	终位 >
句法：		主语	宾语	间接语

其中论元施事、受事和终位分别由裹者、被裹对象和包裹物填空。换言之，三个构式论元分别和三个动词参与者融合。其中构式论元结构及其句法体现具体实例连接动词语义融合以后的构式。

隐喻延伸连接是指两个构式通过隐喻的连接。Goldberg（1995：83）认为，性状视为方位的隐喻，变化视为移动的隐喻。换言之，性状（结果）构式隐喻承接方位构式；性状变化构式隐喻承接方位变化构式。同理，使成构式隐喻承接使移构式。性状和方位之间的隐喻承接关系可以从以下例子（Goldberg 1995）得到支持：

The Jello went from liquid to solid in a matter of minutes.

He couldn't manage to pull himself out of his miserable state.

前句是方位变化隐喻，即性状变化隐喻承接方位变化；在语言表达方面，动词和介词主要用来表达方位，而名词短语则表达性状。后句是使移隐喻，即使成构式隐喻承接使移构式；其使移动词 put 和表达性状的词项 his miserable state 组合。

Goldberg（1995：82 – 83）认为隐喻承接关系必须遵循单路径限制［Unique Path（UP）Constraint］。根据单路径限制，一个小句中在一个时间段题元只能移动到一个终位，并只有一个移动路径。该限制条件除了适用于物理移动，也适用于隐喻移动。例如：

* The strawberries went from crunchy into the paste.

该例句既有性状终位 crunchy，又有方位终位 into the paste，它违反了单路径限制，所以不成立。Goldberg（1995：83）甚至进一步认为，许多终状词项（或结果词项），无法和表达路径的动词（arrive，ascent，bring）共同组合成小句。但是，这样的单路径限制在汉语中不起作用。例如：

他已经<u>**到了**</u>歇斯底里的状态。

其中"到了"隐含一个移动路径，"状态"隐含一个性状变化路径，这样同一个小句含两个路径。如此语言表达形式违反了单路径限制，但小句却是成立的。

各领属构式和方位构式也有隐喻承接关系。两者之间的隐喻关系Gruber（1965）和 Jackendoff（1972）从不同语义域平行关系的角度进行了论证。Goldberg（1995）将如此承接关系称作"领属转移就是方位转移"隐喻。例如：

They took his job away from him.

Hundreds of dollars fell into his possession.

英语有两个变式和领属转移有关，例如：

Tim gave him a book. 【双及物】

Tim gave a book to him. 【领属使移】

在 Goldberg（1995：90 – 91）分析模式中，领属使移构式同时承接使移构式和双及物构式。其中和使移构式的关系，是隐喻承接关系。和双及物构式的关系是同语义，不同语用的关系。语用的不同具体体现为焦点的不同，双及物构式的焦点是接收者，领属使移构式的焦点则是受事。

5.8 具 身 认 知

认知构式进路的研究者和其他认知语言学研究者一样，坚持认为语义反映了人类基本经验。Goldberg（1995：39）基于语言认知经验观提出情景编码假设（Scene Encoding Hypothesis）。她认为，涉及人类基本经历的事件，体现为基本构式。Langacker（1991：295）也提出，语言是以一些概念原类型（archetype）为中心进行构建的。人们常用的部分和凸显的部分往往成为原类型，并尽可能用这些原类型来建构概念。

情景编码假设可以从语言习得的成果进行论证。人们发现,词汇含数量有限的**通用动词**(general purpose verbs)(例如,go、put、make、do、get等),通用动词的语义和基本构式的语义有惊人的相似之处。其中 go 和移动构式相似,put 和使移构式相似,make 和使成结构相似,等等。有些患失语症的儿童会过度运用通用动词,以替代其他该用的动词(Rice and Bode 1993)。例如,小孩会用 *I am doing two balloons* 来取代 *I am playing with two balloons*。

儿童的日常活动和动作中有些情景或事件出现频率高。例如,动作者通过直接实施某动作于受事,致使受事发生具体可感知到的变化。如此高频率发生的情景,视为典型情景。Slobin(1985: 175)甚至观察到,典型情景在语言习得过程中首先获得语法标记。它们又进一步成为以后习得发展的基础。Slobin 将该典型情景称为**处置活动情景**(manipulative activity scenes),并认为儿童早期的语法标记作用于处置活动情景。

儿童语言习得研究者甚至发现,儿童最早的言语行为和构式有关。它们的内容总是涉及施事性、动作、方位、领属和存在、重复出现、消失等(Bloom and Booij 1970; Bowerman 1973; Brown 1973; Schlesinger 1971; Slobin 1970)。至少儿童言语行为背后存在最基本的概念结构,其中包括移动结构、使移结构、领有结构、使获结构、性状结构和使成结构。它们对应的构式应该有理论意义。

基于许多儿童语言习得的研究成果,如果儿童习得的句法和语义有关,那么他们首先习得的简单句子和基本情景经验对应。这也就证明了,儿童在习得这些简单句子时就已经有能力驾驭基本情景概念。语言习得发展仅仅是将语言表达和基本情景概念连接。按 Goldberg 的表达方法,就是用典型构式编码基本情景。儿童基于典型构式和基本情景概念之间构建连接起来的语符关系,进一步构建其他非基本构式。

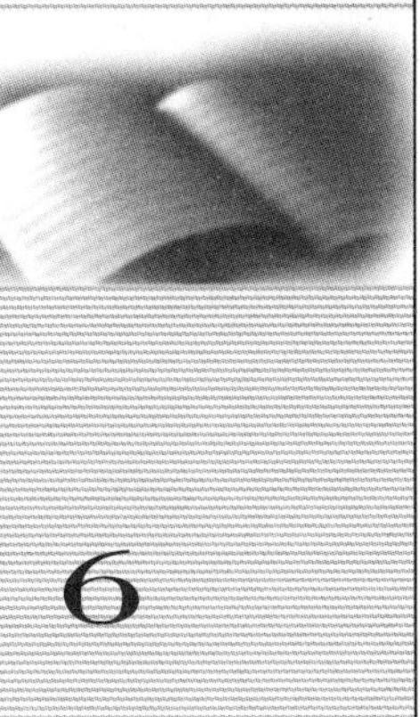

6 词汇构式进路研究

词汇构式进路应该是认知构式进路的一种,但它和论元结构构式的研究有所不同。最大的区别是,采用词汇构式进路的研究者既关注动词的作用,又重视构式的重要性。和这一研究进路的发展有直接关系的理论模式和 Fillmore 及其团队的语义框架研究以及语法构式的研究密切相关。Fillmore 的构式语法有不同的版本和称谓,其中包括大写构式语法、符号构式语法(sign-based construction grammar)或伯克利构式语法(Berkely construction grammar)。符号构式语法是在框架语义学的基础上发展起来的(Fillmore 1977b、1982、1985),而框架语义学的发展同时也得益于语义框架网络[简称**框网**(FrameNet)]工程的建设和推广。

词汇构式进路的研究重视动词和构式之间的关系。词汇构式进路的研究认为,动词语义表述为语义框架(详见第 6.1 小节)。研究者充分利用框网的研究成果,具体表述语义框架的内部结构(详见第 6.2 小节)。从语义框架的研究出发,框架语义学的研究者同时也努力在其理论模式中表述小句构式的内部结构(详见第 6.3 小节)。词汇构式进路的研究者,还关注构式的不同图式性程度,并试图将构式表征置于不同的抽象层面上进行(详见第6.4小节)。和词汇进路的研究者一样,词汇构式进路的研究者也十分关注动词分类和变式之间的关系(详见第6.5小节)。

6.1 框架语义学

框架语义学的研究者认为,语义是语言理解的背景框架,不是形式语义学研究的真值条件语义。分析语义主要分析语义的理解,而真值条件的判断则是次要的,是通过理论推导获得的(Fillmore 1985: 235)。语义表征对框架语义学而言,是理解的语义结果。词项语义表述为该词项相关的语义框架。例如,“伤疤”的语义不仅仅表述为皮肤上的一种状态,还是伤口痊愈后留下来的痕迹。要理解以下句子,我们必须有语词“伤疤”的语义框架。

任何甜言蜜语都无法抹去我内心留下的伤疤。

这个“伤疤”意味着我内心曾经受到的伤害,而且无法恢复到原来的状态;它像美丽而又脆弱的破碎瓷瓶,永远无法复原。这样的理解意思自然可以从伤疤的语义框架中通过语义获得。

框架语义学和词汇场语义学理论也不同,后者通过邻近的语义来定义语言单位的语义。但有些词项没有邻近的语义单位,这样的词项,词汇场理论显得有些力不从心。例如,英语和德语都有表达直角三角形斜边的语词,它们分别是 *hypotenuse* 和 *Hypotenuse*。但英语没有表达直角三角形直边的语词,而德语有 *Kathete*。英语由于没有表达直边的语词,斜边就没有了邻近的词项。根据词汇场理论,没有邻近语词“直边”,斜边似乎没有办法理解。但根据框架语义学理论,无论有直边表达形式的德语,还是无直边表达形式的英语,*hypotenuse* 和 *Hypotenuse* 因其语义框架相同,都表达相同的意思。因此,框架语义学有能力定义没有邻近语词的英语 *hypotenuse*。这样的表述自然和人们的语感一致。

语义框架不仅限于单个词项的框架,它还表现在小句中各词项的语义框架,而且各语义框架互相照应。Fillmore(1985: 230 - 231)曾对以下小句的每一个短语的语义框架做了很有意义的分析,并被多人转载:

My dad wasted most of the morning on the bus.

其中 *dad* 是“我”的框架；*the morning* 是“工作时间框架”中的上午，即从八点到中午的时间段，而不是一般框架中从半夜到中午的时间段；介词短语 *on the bus* 中的 *the bus* 是指在运行中的公交工具，而不会是一般的公交车中的空间。其中工作时间框架和公交框架之间的照应关系最为显著。这些内容的解读，都需要相关词语的语义框架。

框架语义学的研究者还用不同的语义框架来合理表述动词的不同变式。以英语动词 *put* 为例。它的语义表述为放置语义框架（即放置者将某物置于某处），请见下例：

They put the logs in the cave.

一个动词还可以用于不同的小句，不同小句中的相同动词视为含不同的语义。不同的语义表述为不同的语义框架。例如：

They loaded the logs on the truck.

They loaded the truck with logs.

前句的动词 load 表述为移位框架，后句的相同动词则表述为装填框架。移位框架凸显移位实体 *logs*，具体说明实体移动后的位置；装填框架凸显装填容器 *truck*，具体说明装填容器因实体装入而发生从空位到不空位容器装载程度的变化。两个不同的语义框架，体现为不同的句法结构。框架语义学的多义词汇观和 Goldberg 的构式语法单义词汇观不同。可见，Goldberg 在构式语法中所用的动词框架语义，和 Fillmore 的框架语义并非完全相同。

语义框架是发话者和受话者双方在语言交际过程中各自激活的语义框架。它同时又是人们在经历各种外部事件时所积累的经验知识。以小句为例。它们相应的语义框架实际上理论表征了各种情景事件的心智表征。许多事件语义框架，又和词项紧密联系。以交易事件框架为例。其中词项“交易”的语义框架，它的语义成分至少包括：买者、卖者、钱、商品，还包括由这些商品组合构成的语义结构。例如：

张三把书卖给了李四。

李四买了张三的一本书。

张三收了李四五元。

李四付了张三五元。

所有这些语义结构都是交易事件框架的一部分。从动态操作的角度出发，语义框架在参与处理某小句时，只激活了其中一个部分。而不是全部。但要理解该小句，交易语义框架的信息都被激励为一触即发的记忆信息。如此记忆则形成于人们反复出现的日常生活经历。例如，交易事件框架形成于我们交易过程的经历或观察。人们理解第 1 句"张三把书卖给了李四"时,交易事件语义框架的其他语义结构也都在能及的范围中,其中包括买的过程、付钱的过程、收款的过程,它们都成为一触即发的信息,整个交易框架处于一触即发的"半激活状态"。

框架语义和词典语义不同,前者是一种丰富百科语义,后者是一种抽象词典语义。构式进路的研究者认为,小句成句与否仅依靠抽象词典语义还不够。例如:

Joe walked into the room slowly.

?? Joe careened into the room slowly.

两句成立与否基于动词和副词之间的匹配关系(Goldberg 1995: 29-30)。前句中的动词 walk 是可以和 slowly 匹配的,所以小句成立。后句中的动词 careen 本身含"快"的意思,它和副词 slowly 无法匹配,所以小句不成立。又如:

Sally, playing a child's game, avoided touching the crack by skipping over it.

?? Sally, playing a child's game, avoided touching the crack by crawling over it.

由于跳(skip)可以避免碰到地上的缝隙,所以前句成立;而爬(crawl)则无法避免碰到地上的缝隙,所以后句不成立。

有些小句成句与否,涉及动词语义和介词宾语的匹配关系。例如:

They built a hut with logs.

They built parapets with logs.

其中 hut 和 parapets 都可以作宾语。但两者只有 parapets 可以在使移变式中作介词宾语,例如:

They built logs into parapets.

?? They built logs into a hut.

同样是动词 build,前句成立,而后句却不成立。从构式语义的角度出发,典型的使移构式表达的是,题元移动到终位的位置变化过程。从动词 build 的语义角度出发,典型的建造是从建材到建筑物的性状变化过程。但在构式使移语义的影响下,性状变化的建造过程只允许简单的堆建过程。第 1 句表达堆建过程,所以成立;第 2 句表达复杂构建过程,所以不成立。由此可见,仅靠动词的抽象词典语义,对这两个小句成立与否无法做出正确判断。基于更丰富的百科知识,我们可以分析论证以下观点,"建造"的细化语义差异和不同变式之间构成不同的语义匹配,而两者的语义匹配程度和句子能否成立有关。

6.2 框架内部结构

和其他认知语言学研究者一样，Fillmore 也认为语言单位是既有语义又有句法的符号构式，并坚持认为语法和词汇之间没有明确界线（Fillmore et al. 1988）。从词汇的角度出发，每一个词项都含其准入语义—句法结构的信息。从结构的角度出发，语义—句法结构的构建基于词项。从符号关系的角度出发，词项及其构成的结构就是语义和句法的单位及结构。从理解过程的角度出发，词项的理解是基于其背景知识进行的，就是词项激活其联结的语义框架。

框网是一个基于框架语义学理论的观点。从 1977 年起，在 Fillmore 的带领下，伯克利大学研究团队实施并发展了自动计算词库。框网工程的启动和实施，极大地推动了语义框架研究的发展。框网工程旨在**标注**（annotate）词项的语义—句法结构信息。进入 21 世纪后，其研究者开始更多地关注英语语法构式，并着手标注句子各构成成分和具体构式之间的关系。框网不仅仅是语义的，更是符号关系的。框网工程的施事和发展，使得语义框架的描述更加形式化和精确化，并使其描述模式具有良好的计算操作性。

框网工程的研制涉及六项重要工作：表述词汇单位、定义框架成分、提取样句、标注样本、连接样本、定义网络。

（1）表述词汇单位，就是用语义框架来描述**词汇单位**（lexical units, LU）；

（2）定义框架成分，就是定义理解语言表达所需要的框架成分（frame elements, FE），其中包括参与者、道具、情景等特征；

（3）提取样句，就是从大型语料库中提取词汇单位的样句；

（4）标注样本，就是选择涵盖所有组合关系的样本，并用框架的语义—句法成分对其进行标注；

（5）连接样本，就是从提取样句中确定涵盖各语义—句法组合可能性的**价型**（valence patterns），并将其和标注样句连接；

（6）定义连接各框架的网络，就是将各种框架联结构成框架网络系统。从框网工程的实施步骤看，框架不仅仅是语义的，而是语义和句法的，是语符关系的。框网工程本身促使框架语义学走向基于语法关系的构式语法。

框架理论表征一个情景（scenario 或 situation）或情状的各种特征。情状可以是一个事件（event），也可以是一种性状（state）。它可以视为对经验知识的一种概括。框架表述形式由三个部分组成，它们是框架名、场景（scenes）以及相关的一组框架成分（frame-element）。Fillmore（1982）将交易框架表述为：

框架：交易

成分：买家、卖家、货款、货物

场景：买家获得货物，卖家获得货款

例如：

妈妈用 4 000 元买了一只最新款的手机。

其中有三个成分有显性表达。它们是：买者“妈妈”，货款“4 000 元”，货物“手机”。场景的显性表达主要是：妈妈（买家）获得手机（货物）以及 4 000 元（货款）。

笔者认为，比交易框架更具概括性的是交换框架。例如：

两队交换了队旗。

该句语义属于一种交换框架，它可以形式表述为：

框架：交换

成分：交换者甲，交换者乙，交换物 1，交换物 2

场景：交换者甲获得交换物 2，交换者乙获得交换物 2

其中交易情景部分承接了更具概括性的交换情景。我们可以将图式性强的交换框架视为高层级的框架，而交易框架视为交换框架的下位。其中买家和卖家分别和各交换者同指，货款和货物分别和不同的交换物同指。语义框架中，如此同指关系表述为不同框架成分的联结。

在我们的经验知识中，交易框架还可以有更具体的贷款交易，视为交易框架的下位。例如：

老师向银行贷了 100 万。

它的语义框架可以表述为：

框架：借贷

承接：交易

成分：借入者，借出者，贷款，抵押和利息

连接：借入者 = 买家，借出者 = 卖家，贷款利息 = 货款，贷款 = 货物

场景：借入者获得货款，借出者获得抵押和利息

我们甚至可以在一个句子中表达两个层级不同的框架，即一个句子既表达了交易框架语义，同时又表达了借贷交易框架语义，构成表达贷款交易的小句。例如：

老师用按揭买了一套三居室。

如果交易框架和借贷框架本来就存在，那么我们可以通过承接中的连接关系，即两个框架中各成分之间的连接关系，来表述两个框架之间的关系。

框架：交易
成分：买家、卖家、货款、货物
场景：买家获得货物，卖家获得货款

框架：贷款
承接：交易
成分：借入者，借出者，贷款，抵押和利息
连接：借入者=买家、贷款=货款
场景：借入者获得货款，借出者获得抵押和利息

6.3 语词和小句的框架

对框架语义学而言，每一个语言片段的语义都可以表达为语义框架。因此，语义框架除了表征语词的语义外(详见第6.3.1小节)，还可以表述短语或句子的语义(详见第6.3.2小节)。从这个意义出发，语词和语法是个连续统。

6.3.1 语词和语义框架

框网词汇中每一个语言单位通过其语义框架来定义(Fillmore 1982; Fillmore and Atkins 1992,1994)。语言单位对应的语义框架为该语言单位提供作为理解该单位的百科语义(或概念语义)，而不是提供简单抽象的词典语义。这一点，构式进路的框架语义和词汇进路的词典语义不同。前者是一种可使用模式，它提供的语义信息足够帮助理解语言单位；而后

者是一种抽象概括性模式,它不具备这一使用功能。

有些语义框架可以分清同义或近义的语词。一对同义词的细微语义差别可以清晰表述为语义框架的不同。以 *coast* 和 *shore* 为例。词典一般都将两词注释为"岸",许多词典只是将前者限于"海岸",而后者可以是"河岸"等。如果都就"海岸"而言,两者的词典语义几乎相同。但是,使用中的英语并非如此。例如:

It takes two days to drive from the coast to the coast.

句中的 coast 是不可以换成 shore 的。Coast 是两个海岸之间的陆地,而 between the shores 则表达两个海岸之间的水域。两个语词理解的语义框架是不同的。又如:英语名词 *land* 和 *ground*。两者虽然同义,但激活的语义框架不同。它们的不同语义和用法,可以由各自的框架语义明确表述。*Land* 是就 *sea* 而言,而 *ground* 是就 *air* 而言。例如:

We saw the ground from the plane.

We saw the land from the ship.

两句中的 plane 和 ship 不能互换。两个不同的语义框架导致它们用法不同。

一个语义框架可以联结多个语词。换言之,多个语词可以激励同样的一个语义框架。但和同一个语义框架联结的一组语词中,其中一个作为它的称谓。以复仇情景为例。该情景至少包括一个前提次情景"冒犯",同时还从惩罚和报复次框架承接获得信息。后两个次框架是复仇框架的联结部分。例如:

The fighter revenged himself on the killer.

该动词 *revenged* 激活的是复仇框架。该框架联结一个惩罚报复次框架和一个冒犯次框架。"斗士对杀者"的复仇框架包括"杀者冒犯了斗士"的冒犯次框架,还包括"斗士惩处杀者"的惩罚报复次框架。如果乙冒犯了甲(前提条件),那么甲要对乙进行以牙还牙的报复。

表述复仇情景的语义框架是**复仇框架**(Revenge Frame)。该框架所含成分至少包括:复仇者(AVENGER)、冒犯者(OFFENDER)、受害者(INJURED PARTY)以及冒犯(OFFENSE)、惩罚(PUNISHMENT)。其中冒犯次框架表述:冒犯者冒犯受害者,并使其受到伤害;主框架表述:复仇者惩罚受惩者。在复仇环节中,受害者成了复仇者,而冒犯者成了受惩者。例如:

复仇框架:　　　复仇 <复仇者$_i$　被报复者$_j$>

冒犯次框架：　　冒犯 <冒犯者$_j$　受害者$_i$>

惩罚报复次框架：惩罚报复<惩罚者$_i$　被罚者$_j$>

激活复仇框架的英语语词除了动词 *revenge* 和 *avenge* 外，还有：

名词：*vengeance* 和 *retribution*

形容词：*vengeful* 和 *vindictive*

动词词组：*pay back* 和 *get even*

动宾词组：*take revenge on*、*wreak vengeance on* 和 *exact retribution against*

介词短语：*in retribution* 和 *in revenge*

这些词项在词汇进路的研究中，表述为不同语法范畴的语词，具有不同的词典语义，但它们可以激活共同的语义框架。

6.3.2　小句和语义框架

一个相同的语义框架除了可以联结多个不同语词外，还可以联结多个不同的句式。实际上，语词和句式之间有着内在的联系。如果一个语义框架可以联结多个动词，而各动词又有各自不同的句式，并表述为不同的语义框架。这些句式的理解操作，以一个相同的语义框架作为背景知识。我们以交易框架为例。Fillmore 的交易框架是语义学研究广为引用的例子。根据 Fillmore(1982)的表述，现金交易框架含四个成分和两个场景(详见第 6.2 小节)。它们可以有许多相关的句子，英语可以有：

a. Tom bought the old car from John for $1,000.

b. John sold the old car to Tom for $1,000.

c. Tom paid John $1,000 for the old car.

d. John obtained $1,000 from Tom for the old car.

e. The old car cost Tom $1,000.

这些句子联结相同的交易框架。它们有相同的框架成分。但是，框架的场景应该比第 6.2 小节表述的要复杂。虽然各小句在理论中直接激活的框架成分和场景不同，但它们都可以在如此语义框架中得到理解。这些直接激活的成分和场景，可以通过格式塔完形效应激活所有的成分和场景，使它们成为可及隐含语义。按照 Langacker(1990、1991)的分析，语义框架视为基底，而具体句式直接对应的成分和场景是**凸显**。各句的基底相同，但凸显部分却各自不同，其中包括**射体**(trajectory)的不同。它们分别是：

a. 物原属—卖动作—物受事—物终属—钱

b. 物终属—买动作—物受事—物原属—钱

c. 钱原属—付动作—钱终属—钱受事—物

d. 钱终属—获得—钱受事—物

e. 物—价值关系—物终属/钱原属—钱

其中不同的凸显体现为不同的语法结构。凸显部分的设定基于概念语义和语法结构之间关系的分析。以上分析表明,“物”和“钱”都可以作受事,体现为语法宾语。五个句式可以有“物”和“钱”两个不同的射体。很显然,仅用凸显关系无法解释在生成操作过程中如何在不同的凸显部中作出选择。

语义框架和句式直接的关系可以从四种关系来分析,它们是顺序关系、视角关系、系统关系和承接关系。

顺序关系。从场景的角度出发,现金交易框架是一种复合框架,它由两个领属过程和一个价值关系组合而成。过程是时空位的,它是一个场景的时空位顺序过程。场景过程界定为两个状态之间,即启动前(pre-state 或 prior)的先设情状和结束后(post-state 或 posterior)的后续情状(程琪龙 2006、2011)。例如:

Tom bought the old car from John for \$1,000.

该句凸显物的场景过程,具体表述为物从原属卖家到终属买家的过程。该过程的先设情状是原属有物,而终属没有;后续情状是终属有物,而原属没有。虽然钱的过程没有凸显,但是它的隐含语义是可及的。预先和后续情状之间的关系,是一种事件展开的顺序关系。将一系列事件串联起来,可构成**剧本**(script)(Schank and Abelson 1975)。除了两个过程外,交易框架还应该有一个价值关系。这三个部分的各种关系可用下图来表述(见图 6.1)。

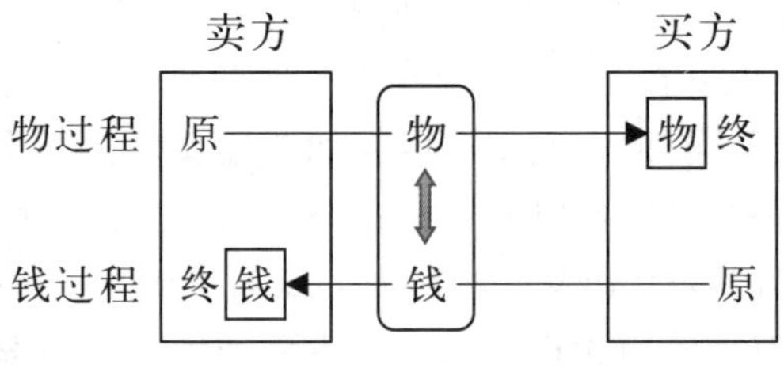

图 6.1　现金交易过程

两个长方形表示卖方和买方，卖方同时是物的原属和钱的终属，买方同时是物的终属和钱的原属。中间的框表示物和钱的价值对等关系。原属表示领属关系的起始状态，终属表示领属关系的终止状态。双线上下两个箭头表示两个从原属到终属的过程。两个过程可以用公式表述如下：

物过程：［原属+物］→终向→［物+终属］

钱过程：［终属+钱］←终向←［钱+原属］

其中卖方、买方和价格的关系可以公式表述如下：

卖方 === 物原属+钱终属

买方 == 物终属+钱原属

物 == 钱

视角关系。根据 Fillmore(1982)的分析，框架的语法体现可以取不同的视角。从过程的视角出发，我们可以有物过程视角和钱过程视角。物过程视角体现的句式有：

a. Tom bought the old car from John for $1,000.

b. John sold the old car to Tom for $1,000.

钱过程视角的句子有：

c. Tom paid John $1,000 for the old car.

d. John obtained $1,000 from Tom for the old car.

以过程为视角关注的是凸显射体及其体现的宾语。

从买卖视角出发，我们可以取卖方及其卖动作的视角，也可以取买方及其买动作的视角。买家及其买入动作的视角可以有：

a. Tom bought the old car from John for $1,000.

c. Tom paid John $1,000 for the old car.

买家及其卖出动作的视角可以有：

b. John sold the old car to Tom for $1,000.

d. John obtained $1,000 from Tom for the old car.

从动态理解过程看，视角由各自的输入动词来决定。其中买卖类动词决定了物过程视角，收付类动词决定了钱过程视角。但不同视角只和不同的场景过程连接，确定语法结构的却是递送类谓词和获取类谓词的对立（见表6.1）。

通过物过程和钱过程的分类，语法结构可以和交易框架中的其中一个相应的领属转移过程连接；而通过递送类和获取类的分类，交易框架的语法体现关系和领属框架的相同。

表 6.1 视角和句法体现

	谓词		例子
	物过程	钱过程	
递送	sell		Tom sold a book to Joe.
		pay	Joe paid $10 to Tom.
获取	buy		Joe bought a book from Tom.
		obtain	Tom obtained $10 from Joe.

虽然两个过程就卖方和买方而言方向不同,但两者都是一种从原属到终属的领属变化过程。如果不考虑物和钱之间的差异,那么抽象的领属过程只有一个,它们都是:

[原属+实体]→终向→[实体+终属]

可见,现金交易过程又由更抽象的领属转移框架按不同方式组合联结构成。交易过程是一个复杂过程,它构建于最简单的领属转移框架。或者说,现金交易过程是递送和获取概念结构的复杂联结的结果。如果交易框架构建于递送以及获取概念结构,那么递送、获取框架应该先于交易框架出现在儿童行为和语言表达中。这种发展关系体现了各框架**承接关系**的存在。

6.4 构式框架的形式表征

符号构式语法研究者一般用两个**模块**(templates)来表述构式框架。为了便于各语法的比较,本小节主要讨论作为主模块的模式。语义框架可以是表述一个小句的语义,它相应的构式是一个小句构式,相当于 Goldberg 设定的论元结构构式。而这个小句语义又可以联结一个动词的语言单位。例如:

Tom threw the ball into the basket.

其中动词 throw 激励的语义框架是 Goldberg 所说的论元结构的语义。框网中的框架不仅仅是单纯的语义标注,而是语义和句法关系的标注,即符号关系的标注。

虽然 Fillmore 的符号构式语法和 Goldberg 的论元结构构式语法都以义形结合的构式作为基本单位，都承认构式在句子意义中起独立的重要作用，都坚持词汇到语法是一个连续统；但是，两者对构式内部的结构有着不同的表述构造。

符号构式语法的理论表述涉及三部分内容：句法信息，语义内容信息和句法配价信息。句法信息表示联结框架的语言单位的句法信息；语义信息由**语义内容**（sem|cont）**清单**（list）表述；句法信息由价型表述。以双及物构式为例（见图 6.2）：

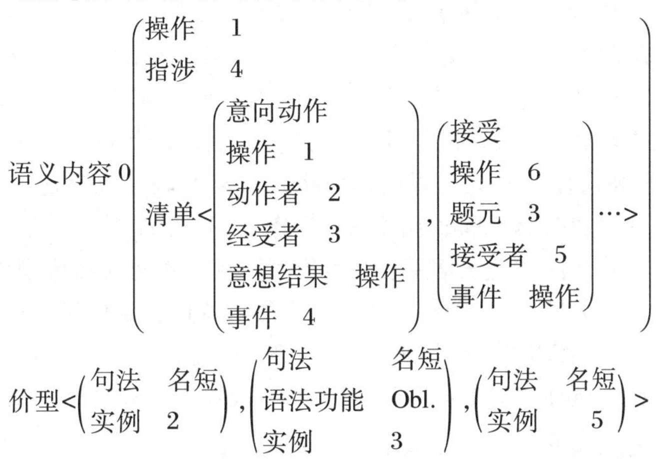

图 6.2 双及物构式[基于 Kay(2005)表述形式]

Tom gave her a book.

它的句法结构是"名短$_{\text{Tom}}$—名短$_{\text{her}}$—名短$_{\text{a book}}$"，在框架中，三个名短实例（即 Tom、her、a book）分别标注为 2、3、5，并通过标注和语义内容清单中的动作者、经受者、接受者连接。①

和论元结构构式语法不同的是，符号构式语法的语义部分只形式表述整个构式，动词在符号构式语法中是构式框架的联结语言单位。

在符号构式语法中，构式语义表述为一个复杂语义框架，而不是动词框架。一个复杂框架相当于一个复杂事件的语义内容，它可以内含多个次事件，表述为次框架。例如，双及物构式（Fillmore 称其为接受构式）的

① 语义内容（sem|cont）的英语全称是 semantic content。

框架包括**意向动作**(intentional action)构式框架和**接收者**(recipient)次框架。意向动作构式表述递送动作及其结果,递送结果的具体信息则由接受次框架表述。意向动作主构式框架和内涵的接受构式次框架以及两者的**组合关系**(unification),可以在抽象使获(或接受)构式主模块的语义内容中合理表述(见上页图 6.2)。

符号构式语法中的框架成分可以分出两大类,一类相当于论元结构构式语法中的参与者和论元,相当于词汇进路各模式中的语义角色;另一类表述各框架的联结关系。为了便于讨论,我们将第一类称作“语义成分”,第二类称作“联结成分”。框架成分都有一个标号,便于明确各语义成分之间的联结关系,以及语义成分和句法成分之间的联结关系。

意向动作构式框架的语义成分是“动作者 2”“经受者 3”“意想结果 6”;意想结果次框架的语义成分是“题元 3”“接受者 5”(见图 6.2)。由于动作构式框架的意想结果本身是一个框架,所以“意想结果 6”同时还联结次框架中的联结成分“操作 6”。联结操作表示动作框架中的“意想结果”将激励并操作次框架。意向动作构式框架的联结成分还包括“操作 1”和“事件 4”,它们分别联结整体的“操作 1”和“指涉 4”成分。

符号构式语法的句法信息表述为价型。双及物构式的价型含三个句法价,它们分别是三个不同标号的名词短语。通过各自标号,三个名词短语分别连接“动作者 2”“经历者/题元 3”和“接受者 5”(见图 6.2)。

为了便于读懂语义框架,我们可以将双及物构式框架简化如下:

递送 <动作者　受事$_i$　$_{\text{结果}}$<接收者　题元$_i$>>

递送框架有三个成分,其中结果成分又包括两个成分。递送框架中的受事和接收框架中的题元重合同指。我们甚至可以进一步将其简化为:

递送 <动作者　受事$_i$　$_{\text{结果}}$接收者>

该表述形式表示,第 3 个成分意想结果本身是一个次框架。

6.5 词汇构式的多义性

虽然符号构式语法和论元结构构式语法一样,两者都关注构式的多义性,但两者的处理方法不同。Goldberg 接受典型论观点,强调一个构式可以有若干个语义。基于典型论,她指出这些语义中有一个是典型的,其他的则是典型语义的延伸,并通过各种关系将各种延伸非典型语义和中心典型语义联结构成整个多义的构式。她详细讨论了基本典型构式和基本经验知识之间的对应关系。符号构式语法承认抽象构式框架的存在,并认为具体细类承接了抽象构式框架。下文以 Goldberg 所说的双及物构式为例,讨论符号关系构式语法的表述特征。

Goldberg 的研究和理论表述更突出构式的重要性,强调构式的多义性,而不是动词的多义性。例如,她将双及物构式分出六个语义,其中成功领有语义为典型语义,其他的语义是典型语义的延伸。例如:

John gave her a book. 【成功领有】

Mother promised her daughter a computer. 【承诺领有】

The dying uncle has left her lots of money. 【未来领有】

She baked Tom some cakes. 【意想领有】

Sam allowed the kids some ice-cream. 【允许领有】

Their government has refused Tom a visa. 【阻碍领有】

Fillmore 等符号构式语法的研究者和 Goldberg 的看法不尽相同。他们认为,接受构式(即 Goldberg 所说的双及物构式)也是多义的,但它的语义只有三个,而不是六个。剩下的语义差异由不同动词语义来表述。在处理多义问题时,符号构式语法既关注构式语义,又关注动词语义。多义性既是构式的,又是动词的。

首先,符号构式语法设定一个抽象接受构式框架(见图 6.2),相当于 Goldberg 的典型构式。承接抽象构式的细类只有三个(见图 6.3),以追求细类次框架的最大化。

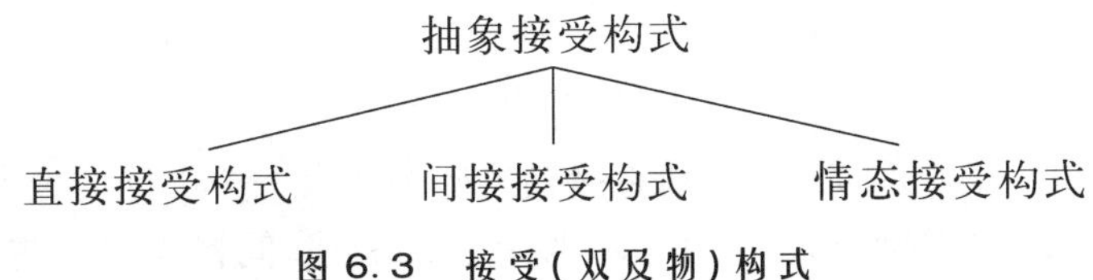

图 6.3 接受(双及物)构式

如此接受构式框架在符号构式语法中称作**最大次构式**(maximal sub-constructions)。

(1) **直接接受构式**相当于 Goldberg 的中心典型义,即成功领有义。构式语法研究者都认为,该类构式表达的意思是:动作者有意使题元移动,接受者最终成功领有移动之物。句法方面,直接接受构式的接受者可以作为被动句的主语。例如：

She was given a book.

直接接受框架承接了抽象框架的所有内容。作为主框架的使移框架是抽象意向动作框架的一个次类。

（2）**间接接受构式**相当于 Goldberg 的意想领有义。间接接受构式和其他构式既有句法差异，又有语义差异（Fillmore et al. 2007：175）。句法差异主要表现在被动句中。间接接受构式的接受者不可以作被动句的主语，请比较：

Tom gave her a book. /She was given a book (by Tom).

Tom made her a pancake. / * She was made a pancake (by Tom).

语义方面，间接类构式的接受者是意想中的接受者，他可能最终没有领有移动之物。如果他获得移动之物，那么接受者必须同时又是受益者，而其他构式的接受者没有这个限制条件。请比较：

Joe gave her cat some poison.

#Joe got her cat some poison.

又如：

Claudine is mixing the neighbor a potion to cure him.

Claudine is mixing the neighbor a potion to murder him.

（Fillmore et al. 2007：176）

间接构式框架和直接构式框架有不同之处。语义内容方面，间接构式的主框架是意向动作框架的另一个次类“获取动作框架”。主框架的意想结果除了和接受次框架组合外，同时还和受益次框架组合。请比较：

获取	<动作者	受事$_i$	±<接收者$_j$	题元$_i$>
			±<受益者$_j$	题元$_i$>>
递送	<动作者	受事$_i$	+<接收者	题元$_i$>>

Fillmore 认为，间接构式框架和直接构式框架还有一个不同的地方，表现在主框架和次框架组合方式不同。按笔者的表述，间接构式的主框架和次框架的联结是可有的，而直接构式的主框架和次框架是必有的。前者标记为“±”，后者标记为“+”。所谓的可有组合，就是获得受事实体后，可能发生领属转移，也可能没有发生领属转移；而直接构式的主框架和次框架的组合是必须的，即领属转移是必须的。请比较：

Joe made the kid a cake. 【间接接受构式】

Joe gave the kid a cake. 【直接接受构式】

前句接收者最终可能获得蛋糕,可能没有获得蛋糕。换言之,其接受过程可能发生了,可能没有发生。但后句的接收者获得了蛋糕,即蛋糕的领属转移确实发生了。

（3）**情态接受构式**相当于 Goldberg 的承诺、未来、允许和阻碍四类。例如：

Mother promised her daughter a computer. 【承诺领有】

The dying uncle has left her lots of money. 【未来领有】

Sam allowed the kids some ice-cream. 【允许领有】

Their government has refused Tom a visa. 【阻碍领有】

该四种语义解读为四种不同的情态细类。句法行为方面,情态接受构式和间接接受构式一样,没有相应的被字句。语义方面,虽然该类构式也表达动作者有促使接受者领有移动之物的意向,但接受者是否能够最终获得该物又受到其他条件的限制。这些限制条件主要由动词表达。其中(承诺义)promise 类动词表达的意思是：领有成功与否主要基于动作者是否兑现其承诺。(未来义)leave 类动词表达的意思是：领有成功与否主要基于未来的相关行为。(允许义)permit 类动词表达的意思是：领有成功与否主要基于可能性。(阻碍义)refuse 类动词表达的意思是：阻碍领有成功与否主要基于动作者的否决是否成功。

情态构式的主要特点表述为主框架意向动作的成分“意想结果”是个方式次框架或情态可能性次框架。所谓的可能性就是指“意想结果”是否可能。这个可能性限于一定条件,因此它是两可的。我们可以将如此组合关系简单表述为受益者的可能性(见以下形式机制)。

领属转移<动作者　受事　±可能性<受益者$_j$>>

与此同时,受益者同时也是接受题元而受益,所以受益者的可能性同时细化为接受框架。两者重合关系可以表述为：

领属转移<动作者　受事$_i$　±可能性<受益者$_j$>>
<接受者$_j$题元$_i$>>

其中受益者和接受者重合同指。

可能性方式有四种,对应 Goldberg 的承诺双及物构式、未来双及物构式、允许双及物构式和阻碍双及物构式。它们的不同语义框架,取决于不同类的动词义,而不是构式义。很显然,Goldberg 的四个构式语义,又被还给了四类动词本身。和论元结构构式语法相比,符号构式语法有些偏向词汇,这样做并非没有道理。至少论元结构构式语法中构式的多义性确实不是构式自身引出的,而是相同构式和不同动词组引起的。换言之,构式之所以有不同的意思(sense),是因为它可以和不同的动词语义整合。因此,用词汇构式进路来分析构式多义性,也有一定的道理。

根据符号构式语法的分析,承诺类(promise)构式中意向动作框架和责任(obligation)方式次框架组合为相同的事件,接受次框架则和它们不同一事件。未来类(bequeath)构式以及允许类(allow)构式,它们的方式次框架和接受次框架组合为相同事件,但意向动作框架和它们不同一事件。阻碍类(refuse)构式中,三个框架都组合为相同事件。

理论表述方面,符号构式语法采用承接关系来表述各构式和被动构式之间的关系,而不是用 Goldberg 的融合方法来表述。如果要形式表述所有被动构式的关系,那么 Goldberg 在构式语法中需要细化出主动态双及物构式、主动态使移构式、主动态使成构式以及相应的被动态构式。相比之下,符号构式语法承接理论表述机制具有更强的概括性。由于符合构式语法不设动词和构式语义整合的理论机制,它也不需要融合和压制机制。这两个特征会使符合构式语法的理论表述形式变得更加经济。

6.6 动词和变式

词汇构式进路的研究很关注动词和变式之间的关系。所谓的变式就是融合同一个或一组动词的不同构式。因此,词汇构式进路的研究不仅仅局限于动词和构式的关系,还必须关注这些构式之间的关系。这应该视为一种理论进步。动词和变式关系的研究可以从三个方面去进一步深入探究:动词类组和变式之间的关系(详见第 6.6.1 小节),凸显性和变式之间的关系(详见第 6.6.2 小节)以及多义性和变式之间的关系(详见第 6.6.3 小节)。

6.6.1 动词类组和变式

词汇构式进路应该是在 Fillmore 的框架语义学和符号构式的基础上发展起来的构式进路版本。目前比较引人瞩目的研究者有 Boas、Iwata 等。和词汇进路的研究一样,词汇构式进路的研究也重视动词类组和变式之间的关系。动词类组的设立基于动词语义以及动词的句法分布。其中语义条件视为动词类组设立的主要条件,句法分布是次要条件。如果研究的目的是挖掘动词类组和变式之间的对应关系,那么仅用语义条件是难以对动词作出合理分类的。如果动词归类的条件设定为语义特征,而一个动词有若干个语义特征,我们仅靠动词语义本身无法决定哪些语义特征具有区别特征。动词的句法分布特征至少可以为动词归类提供一定的帮助。我们可以进一步认为,一组动词之所以可以进入一个构式,是因为动词语义和构式语义之间有一定的语义联结关系。由于不同的构式有不同的核心语义,那么它们对准入动词的语义要求也不相同。因此,动词的区别语义特征是就具体构式而言。不同构式和动词的不同区别语义特征对应。

英语动词含使移语义包括：put、hang、throw、push、load、spray 等。使移构式的核心语义是“X 致使 Y 移动至 Z”。而这些动词都含“动作导致某物体移动到某处”的语义特征。具有上述语义特征的动词,都可以联结使移构式的语义。例如：

Tom put the books on the table.

Tom threw the ball to the net.

Tom pushed the cart into the garage.

Joe loaded the bricks onto the truck.

Joe sprayed the red paint on the wall.

对使移构式而言,这些动词都具有相同的使移语义,和使移构式语义联结,它们可以归入同类组。但是,这些动词的其他句法变异并非相同。请比较以下例句。

*Tom put the table with books.

*Tom threw the net with the ball.

*Tom pushed the garage with the cart.

Joe loaded the truck with bricks.

Joe sprayed the wall with red paint.

根据 with 变式的句法分布,动词 load 和 spray 成一类。它们自然不是同义词。如果笔者的假设成立,那么它们应该有相同的语义特征。实际上,with 构式除了含使移语义外,还表述终位实体隐含进一步延伸的概念内容。这个隐含概念语义可以表示终位实体各处都有移来的实体(遍地义),或者充满移来的实体(充满义)。无论是遍地义还是充满义,它们都是使移语义的进一步自然延伸。移来的实体多了,装载空间中移动实体不断聚集，直至空间充满。从人们的经验知识出发，动作放置、投掷、推、装载、喷洒都可能导致其对象充满移动实体。人们的社会活动中，装载（load）或喷洒（spray）动作的实施目的常常是让对象充满装载物或喷洒物。而其他使移动作的实施目的更多的是移动某实体至某处。

再比较及物构式和各动词的关系。及物构式可以是题元作宾语的及物构式，也可以是终位作宾语的及物构式。以“题元”宾语为例：

* Tom put the books.

* Tom threw the ball.

Tom pushed the cart.

* Joe loaded the bricks.

* Joe sprayed water.

可见，就及物构式而言，动词 push 和动词 put、throw 不属于同类组。根据上面三个变式中动词的句法分布比较，我们可以得出一个结论。动词类组似乎常常会就构式而言，不同构式，有各自对应的动词类组。因此，各变式的动词类组之间应该存在一定的差异。

6.6.2 动词的凸显性和变式

论元结构构式语法的理论模式中，显性的动词参与者视为凸显参与者，而非显性参与者视为非凸显参与者（Goldberg 1995）。所谓的显性参与者（即凸显参与者），就是指所有变式中该参与者都有显性表达形式。所谓的非显性参与者（即非凸显参与者）是指有一个或多个变式中没有该参与者的表达形式。根据 Goldberg 的分析，动词参与者的凸显性决定了动词和构式（变式）之间的匹配性，决定了动词的哪些参与者角色映射到句法层面。例如：

Chris splashed the water onto the floor.

Chris splashed the floor with water.

* Chris splashed the water.

* Chris splashed the floor.

Water splashed onto the lawn. （Goldberg 1995：178）

前四句说明动词 splash 有三个参与者：洒者、液体、对象。第 3、4 句说明，液体和对象都不能省略，它们是必有成分，所以它们必须是凸显参与者。最后一句中洒者省略，所以它是可有成分，划定为非凸显参与者。该动词类组的列阵表述为：

splash<洒者　**对象**　**液体**>

其中对象和液体是凸显参与者。在使移变式中,液体体现为语法宾语,在带 with 的致使变式中,对象体现为语法宾语。

根据 Pinker(1989)的分类,动词 spray 也属于 splash 类组,但它的句法分布略有不同。该动词允许液体为空位成分(Goldberg 1995: 178)。例如:

The skunk sprayed the car [ ]. (Goldberg 1995: 178)

空位成分是参与者信息可及,而且发话者和受话者双方都明白空位成分的意思。上例中省略成分的意思,大家都明白。Goldberg(1995: 178)用方括号标记可及空位成分。

spray<洒者　**对象**　[**液体**]>

虽然 spray 属于 splash 类组,但它们参与者的凸显程度并不完全相同,它们能够出现的构式也不完全相同。

理论上,相同类组的动词可以有共同的变式,即同类组的动词可以出现在一组相同的变式中。但是,这样的理论表述应该有许多问题。其中一个就是动词类组归并问题。以 slather 动词类组为例。该类组的动词都表达这样一个意思,即一种糊状物质移动并有力接触某对象物体(Pinker 1989)。例如:

The little boy smeared the jam on the chair.

小男孩致使糊状果酱移动并接触椅子(具体地说就是小男孩将果酱涂在椅子上)。根据 Pinker 的分类,含如此语义的动词包括 smear、slather、brush、dab 以及 daub。事实上,这些动词的句法分布并非完全相同(Boas 2003)。以该类组的动词 brush 和 slather 为例。这两个动词都可以出现在含 with 附属语的及物构式中,例如:

Joe brushed his teeth with the new tooth-paste.

Sam slathered his face with the new shaving cream.

根据 Pinker 的分析,这两个动词属于同类组的动词,它们的凸显参与者也应该相同。它们都应该含三个凸显参与者。

Brush<**刷者**　**对象**　**材料**>
Smear<**涂者**　**对象**　**材料**>

但动词 brush 允许出现在不含 with 附属语的及物构式中,而 slather 却不允许进入如此构式。请比较:

Joe brushed his teeth.

* Sam slathered his face.

仅用参与者阵列以及参与者凸显性似乎无法区分两者的差异。Pinker 的分类,也只看到了两个动词的其中一部分语义特征。他只看到了致使材料移动到对象的该句法语义,但却没有看到两者的语义仍然有不同之处。就其相关的经验知识而已,刷事件除了将牙膏"涂抹"在牙上,更重要的是"磨刷"牙齿,使它变得更加清洁。而动作 slather 只有"涂抹"语义特征,却没有"磨刷"语义特征。有磨刷语义特征的 brush 自然可以准入及物构式,而没有如此语义特征的 slather 就不可以进入及物构式。基于经验知识,brush 既可以匹配使成构式,也可以匹配使移构式;而 slather 只能匹配使移构式。

根据 Pinker(1989)的分类,动词 load 和 pack 属于相同的类组。如果相同组类的动词表述为相同凸显参与者阵列(Goldberg 1995),那么两动词参与者阵列分别表述为:

Load<**装载者　容器　[装载物]**>　(Goldberg 1995:178)

Pack<**包装者　容器　[包装物]**>　(Boas 2003:35)

两个动词都可以出现在使移构式中,例如:

Tom loaded the books onto the car.

John packed the books into the box.

但是,它们的句法分布并非完全相同,例如:

? Tom loaded books. /? Tom loaded.

John packed books. /Tom packed.

很显然,将两个动词都表述为相同的凸显参与者阵列,无法正确表述两者句法分布的差异。至少动词 pack 的阵列无法正确表述为什么作为凸显参与者的容器可以是隐性的。

6.6.3　动词的多义性和变式

Pinker 从词汇的角度出发,根据句法分布,将动词归入各类组,但他的归类出了问题。Goldberg 从构式的角度出发,用动词参与者凸显性来表述动词和构式的融合关系,但动词句法分布的差异仍然没有得到充分表述。Boas 则在关注构式的同时,关注动词运用的不同情景。他认为,动词在不同的情景中有不同的语义信息。因此,动词语义必须是多义的。他试图用动词的多义性来穷尽动词的句法分布。词汇构式进路的动词多义性和论元结构构式进路的构式多义性形成了鲜明对照。词汇构式进路的研究者甚至认为，动词的不同语义可以连接成多义网络（Iwata 1998；Fillmore and Atkins 2000；Boas 2001、2002）。Boas（2003）认为，这样的处理方法优于构式多义性的处理方法。

如果回顾多义构式和动词的关系，我们会发现一种构式的不同语义和准入构式动词不同类组对应，而不是构式自身存在内在的不同语义。我们并没有发现在动词相同的情况下，构式可以有不同的语义。如果构式多义性确实存在，那么至少它们存在的其中一个原因是因为填入的动词有了不同的语义。因此，在处理构式的多义性方面，词汇构式互补的进路还是有必要的。

对动词和变式之间关系研究中遗留的问题，Boas（2000）试图用基于使用的词汇构式进路来解决。基于使用的研究方法就是关注语词使用的语境，并自下而上地穷尽所有可能出现的变式（Boas 2000：254）。出现在不同变式中的有些动词则赋予不同的语义。这些基于使用的具体语义，表述为动词**微构式**（mini-construction）。采用词汇构式进路的研究者意识到，仅用单一的动词参与者阵列以及参与者的凸显性，似乎难以穷尽表述动词所能出现的所有变式。为了解决这个描述难题，词汇构式进路的研究者用多个微构式表述不同语境中动词的不同语义。以动词 pack 为例（Boas 2003）。

Lila packed the books into the box.	【使移构式】
Lila packed the box with books.	【with 构式】
Lila packed the box.	【终位及物构式】
Lila packed the books.	【题元及物构式】
Lila packed.	【不及物构式】

Boas（2003）设定了两个动词微结构来表述上述所有变式。一个是“移动装载”（motion-filling）微构式，另一个是“移动放置”（motion-placing）微构式。两者分别表述装载语义和使移语义。

$Pack_{m-f}$<**施事**　**终位**　题元>
　　　　主语　宾语　with. 补语
$Pack_{m-p}$<**施事**　题元　终位>
　　　　主语　宾语　into. 补语

第一个微构式表达“移动装载”语义，该微构式的施事和终位是凸显的，它们是必有成分，有显性表达形式。但题元是非凸显的，是可有成分。该微构式准入 with 构式和终位及物构式。第二个微构式表达“移动放置”语义,该微构式只有施事是凸显的,题元和终位都不是凸显的。根据 Boas (2003)的分析,题元和终位之间也有差异,其中终位出现必须以题元出现为条件。因此,第二个微构式准入三个构式:使移构式、题元及物构式和不及物构式。

Boas 认为,有必要从抽象的论元结构构式平面,降低到具体的词汇构式平面,并构建多义微构式。这样的理论模式可以更好地表述动词和变式之间的各类关系。

6.7 构式的图式性

构式可以是一种图式性很强的构架,也可以是一种实例性很强的组合体。所谓的图式性就是指构式的抽象性。抽象性构式就是从表层表达式抽象概括形成的构式。图式性越强,抽象性越大,构式的涵盖范围就越大,能产性也相对越高。基于使用的理论模式非常注重构式的实例性,抽象构架涌现于具体的实例(Croft 2001、2003;Boas 2003;Tomasello 2003;Langacker 1987、1991、1999)。

构式可以视为一种抽象构架,它的每一个成分是一个空位(slot),该空位可以用实例词项来填充。以双及物构式为例:

双及物构式<施事　接收者　受事>

抽象双及物构式有三个论元,双及物谓词视为一个空位,它的每一个论元也都视为一个空位。这四个空位可以有不同的实例词项填充,构成不同的构式实例(或称实例构式)。例如:

Sam fed the kid some milk.

Tom made her a pan-cake.

Joe gave him a hug.

构式的图式性,就是指抽象的构架构式可以通过填充形成许多实例构式。构架构式由空位组合构成,空位可以填充各种词项;实例构式是已经填充了的构式,所以没有进一步变异。因此,构架构式概括性和图式性强,能产性高,它涵盖更多的实例构式。但是,并非所有的构式都有相同的能产性和图式性。

不同构式,它们的图式性可以是不同的。构式图式性的差异可以呈现在三个方面:习语和非习语的图式性差异,论元结构构式承接关系中体现的图式性差异以及从抽象构架到具体实例的图式性差异。

(1) **习语的图式性**。习语和非习语的最大区别就是习语构式中的有些空位已经被实例词项所填,这些空位再也不允许其他词项进入。所以习语的图式性和能产性比非习语构式要低些,组合性差。另外,习语的图式性也不是千篇一律的。请比较:

X kicked the bucket.

X the more, Y the more.

X kicked Y to Z.

前两例句是习语,最后例句不是习语。第 1 句只能有一个空位,而第 2 句可以有两个空位,第 3 句则有三个空位,而且准入的条件也比较宽松。所以第 2 句的图式性要强一些,第 3 句的图式性最强。图式性的差异并非只存在于习语,它还存在于普通句子中,例如:

X tied Y with M.

X loaded Y with N.

其中 M 仅限于可以用来捆绑的条状物,而 N 没有这个限制,它几乎可以是任何实体。请比较:

Tom tied the cat with a rope/#a book.

Tom loaded the truck with ropes/books.

前句的 M 可以用 a rope 填充,但不可以用 a book 填充。但后句的 N 没有语义限制。因此,前句的图式性比后句要弱。图式性越强的构式,它的涵盖范围就越大,自然能产性也就越高。

(2) 构式承接关系。构式的不同图式性不仅体现在习语和非习语之间,还可以呈现在不同构式的承接和连接关系之间。论元结构构式属于图式性很强的构式。它们根据各自的承接关系,连成构式网络。网络中不同层面的构式,有不同的涵盖范围,也有不同的能产性。基于涵盖范围和能产性的不同,它们似乎可以视为不同图式性的构式。

根据 Goldberg 的分析,构式根据各自承接关系,连接构成层级组织。它们之间的承接还进一步呈现涵盖关系。以 Goldberg(1995: 109)构建的构式层级组织为例(见图 6.4)。主谓构式确定了 SV 词序。它进一步涵盖了及物和不及物两种结构,它们各自确定了 SV 和 SVO 两种句法结构。及物构式可以有单及物和双及物之分。前者句法结构是 SVO,后者体现

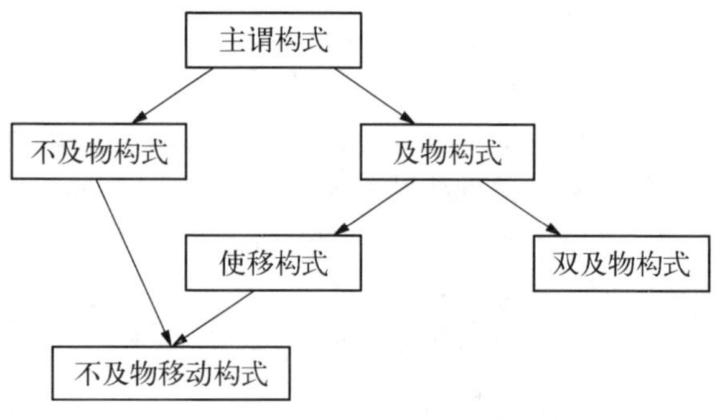

图 6.4　构式层级组织

为 SVO_1O_2。单及物构式可以涵盖使移构式,使成构式等。使移构式和不及物构式共同承接自移(不及物移动)构式。请比较:

The policeman walked the suspect into the car.　　【使移】

The suspect walked into the car.　　【自移】

其中不及物构式涵盖范围比较大,而自移构式只是不及物构式中的一个次类。Halliday(1984)的语法系统也有类似的连接关系。

(3) 从构架到实例。词汇构式语法和词汇进路的语法一样,十分关注动词的类组以及动词类组和变式之间的关系。Iwata(2008: 36 - 40)在研究词汇构式语法中,将构式分成图式化程度不同的三个层级。在多层级组织网络中,论元结构构式视为层面最高的构架构式,在最高层面的图式层表述;而具体构式为抽象程度最低的实例构式,在最低层面的实例层表述。

抽象图式层构式相当于 Goldberg 的论元结构构式,它构成一个构架式构式。例如:

Tom put the books on the table.

John loaded the books onto the truck.

两句属于相同的使移构式:

使移 <	致使者	题元	终位 >
动词类组	NP	NP	PP

使移构式解读为"致使者致使题元移动到终位",并表述为图式层抽象构架构式。

中间层面的形式表述中,构式谓词具体化为动词类组。使移构式的谓词可以由不同动词类组填充,形成不同动词的构式。例如:

使移 < 致使者 题元 终位 >
put NP NP PP
使移 < 致使者 题元 终位 >
load NP NP PP

到了实例层面，构式的空位都由具体的词项填充，构成层级最低的实例构式。例如：

Tom put the chairs into the room.

John loaded the chairs onto the truck.

这三个层面上图式性不同的构式可以连接构成构式层级组织（见图6.5）。就层级关系而言，高层级构式涵盖低层级构式，上例中使移构式涵盖放置动词类组构式和装载动词类组构式。两种动词类组构式又可以连接下位的实例，其中动词类组具体化为该类组的具体成员。例如，放置类组动词可以连接动词put，装载类组动词可以连接动词load。

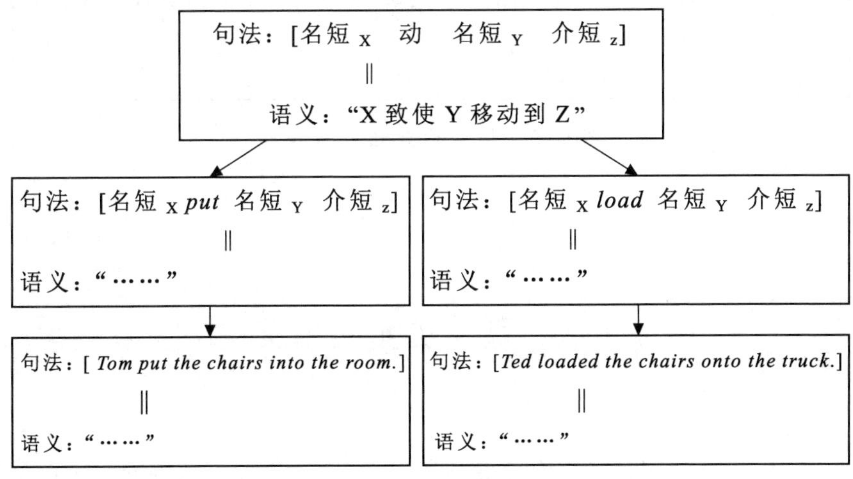

图6.5 构式分类层级组织

词汇构式进路的多层级模式可以合理表述实例构式和构架构式之间的差异。许多小句的句法结构可以是成立的，但它们的语义可能不成立。例如：

He spread the bread with butter.

*He spread the sleeping child with a blanket.

两个例句均为方位宾语变式，其中方位角色bread和the sleeping child作语法宾语。两句抽象构式相同,动词也相同。如果用三层级模式表述,它们的高层级和中间层级的构式表述应该是相同的。但是,它们低层级的实例构式却不同。两句的差异具体表现为宾语和附属语的填充词项不同。两者的不同,可以在三层级模式中用实例构式层级作出准确表述(见图 6.6)。

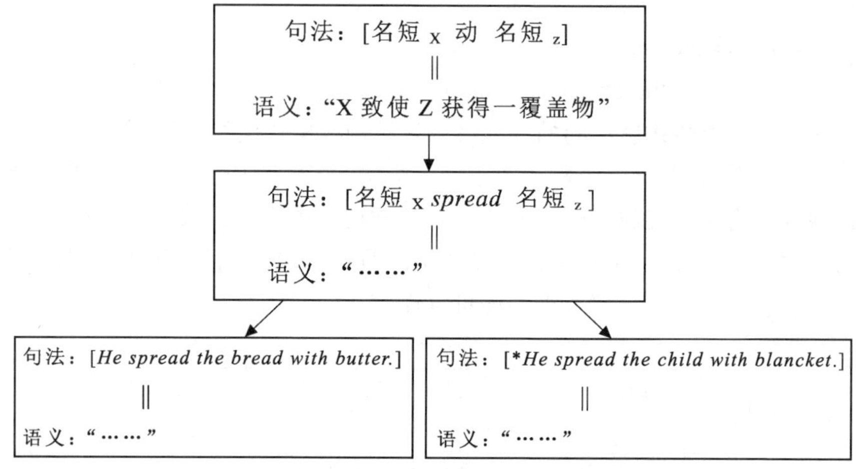

图 6.6 构架构式和实例构式

6.8 动词类组和变式

词汇进路的研究以及构式进路的研究,许多都处于精确性不足而概括性有余的状态。词汇构式进路的研究,在多层级模式的引领下,开始关注动词类组和变式之间关系的细节。尽管词汇进路的理论表述始于动词语义,但它对动词语义的表述和构式进路的研究一样,比较粗糙。词汇构式进路的研究者认为,动词语义内容丰富(Boas 2003),无法仅用构架构式层面上的动词参与者的阵列来作出确切表述。Goldberg 的论元结构构式,用来表述动词类组和变式的关系,略显不足。

题元焦点变式和处所焦点变式,它们的最大差异是语法宾语。前者语法宾语是题元,后者作语法宾语的是处所。请比较:

Sam sprayed paint on the wall.　　　　【题元焦点变式】

Sam sprayed the wall with paint.　　　【处所焦点变式】

题元焦点变式表达使移语义；方位焦点变式表达一种使移语义的延伸，进一步说明使移的后续概念内容。延伸语义或解读为处所到处都有些移动物体，或解读为处所充满了移动物体。但是，并非 Levin（1993）的喷洒动词类组的所有动词都有相同的句法分布。以动词 cover 为例，请比较：

He covered the bed with a new quilt.

*He covered the bed with a jacket.

后句之所以不成立，因为一件夹克无法遮盖住整个床。但是，是否能遮盖住方位，有时似乎无法作为判断句子成句与否的条件。例如：

He spread a blanket on the sleeping child.

*He spread the sleeping child with a blanket.

当然，展开（spread）是一个动作，而遮盖（cover）是一个状态。如果展开动作和遮盖状态同步，那么句子可以成立；反之，句子不能成立（Iwata 2008：44－45）。展开毯子本身并不一定遮盖住了孩子，所以后句的方位焦点变式不能成立。再请比较：

He spread glue on the paper. /He spread the paper with glue.

He spread a map on the bed. /*He spread the bed with a map.

Iwata（2008：44－45）认为，由于胶水是涂抹在纸上的，展开胶水就是让胶水遮盖在纸上，所以前句成立。而展开地图的目的不是遮盖床，通常也无法让地图遮盖住整个床，所有后句不能成立。

动词 spread 应该还有使移的语义特征。作为一个动作，它致使某材料移动到某处所。这一语义特征动词 put 也有。该语义特征的存在，允许动词 spread 用于题元焦点变式（即使移构式）中。但是，动词 cover 只有遮盖状态语义，没有使移动作语义，所以它不能用于题元焦点变式。请比较：

He put the butter on the table.

He spread the butter on the bread.

*He covered the butter on the bread.

根据以上实例分析，英语至少有三类动词和题元—方位变异有关。它们是 put 动词、cover 动词和 spread 动词。Put 动词只出现在题元焦点变式中；cover 动词只出现在方位焦点变式中；而 spread 动词两者兼顾。它们的如此句法分布都和各自的概念语义内容有关。在抽象构架构式中，方位焦点变式的动词含性状变化语义。Iwata 的分析表明，这样的理论表述太过抽象,失去了准确性。实际上,方位焦点变式的动词含遮盖状态语义;该语义不是用参与者阵列做理论表述,而是由更丰富的词汇语义以及用动词语义和构式语义的匹配来表述。因此,动词类组和变式之间关系的理论表述,需要更具体的构式表述。这本身表明,多层级的理论表述也许有存在的必要性。

无论是词汇进路还是构式进路,两者的研究者都无可避免地需要面临动词和构式之间的关系这一描述问题。两者进路各有利弊。词汇构式进路是认知构式进路的一种,但就动词和构式之间关系的研究而言,它似乎处于两者之间。词汇构式进路的存在本身似乎表明,词汇进路和构式进路研究具有互补性。

7

比较和互补

无论是词汇进路各理论模式,还是构式进路各理论模式,它们都涉及谓词和谓元的语义和句法关系。在这层意义上,它们的研究具有很强的互补性。各进路模式都探究谓词的类组及其相关的事件结构、变式和构式,研究谓元的语义角色涉及的动词参与者角色和构式论元角色。本章的互补性比较,主要集中在六个方面展开:理论框架(详见第 7.1 小节)、动词语义(详见第 7.2 小节)、动词和构式的匹配性(详见第 7.3 小节)、百科语义(详见第 7.4 小节)、动词和变式(详见第 7.5 小节)、动词类组和变式(详见第 7.6 小节)。同时,我们还从构式的两个视角出发,讨论构式的分类(详见第 7.7 小节);从构式的认知过程讨论隐喻和转喻在构式中的存在(详见第 7.8 小节)。

7.1 理论框架

语言系统是概念内容和语言表达联系构成的语符关系系统(Saussure 1916;Hjelmslev 1953;Lamb 1966、1999)。虽然不同语言理论的观点不同,理论模式的内部构造不同,理论表述的方法和侧重不同,但它们都不可避免地关注语义和形式之间的关系。

当下语言研究诸多理论,无论是词汇进路的,还是构式进路的,甚至是词汇构式进路的,它们都有一个共同点,那就是它们都关注动词和句法结构之间的关系,并进一步关注动词类组和变式之间的关系。其中动词类组和变式关系,是动词和句法结构关系的概括,是表述模式的理论追求。从概括性理论表述的理论模式构建目标出发,动词类组和变式关系的理论表述,也许是一个相对经济的理论表征,更应该是跨语言的理论方案。在这个理论考量的基础上,中国学者更没有理由不去研究汉语语料,并用其作为例证来系统检验词汇进路模式、构式进路模式和词汇构式进路模式的利弊,以求推动概括性理论研究的进步。

作为一个研究者,如果我们摒弃"哪种理论好,哪种理论不好"的研究目的,那么我们就能够站在一个更好的视角来冷静地探究各种理论模式的利弊,审视各方法进路的便利。在理论模式各版本面前持一种"中庸"的学术态度,也许能够帮助我们看到各理论模式共有的理论模式构架。

本章集中讨论的是动词通过语义和句法结构连接的理论关系。连接动词语义和句法结构的理论机制可以包括动词语义以及小句论元结构。它们的连接关系是:

动词—动词语义—小句语义结构—句法结构

从这个角度出发,三种进路在动词类组和变式关系的互补性研究方面应该是有意义的。

当然,从动词到句法结构所涉及的理论机制,它们之间的内部联结关系,不同版本的理论表述是不同的。其中包括各机制术语及其定义的不同,各机制之间联结关系的不同以及理论表述的视角和过程的不同。理论表述是一种基于自然语言的描述。任何语篇都是由若干成分按一定的顺序组合构建而成的,所以描述理论机制是一种过程,这样的过程被我们称作理论过程。各理论过程有自己独特的视角。所谓的理论过程就是理论表述的过程,所谓的视角就是理论过程展开的视角,其中包括词汇进路、构式进路以及词汇构式进路的不同视角。各自的理论过程和视角可以表述如下:

(1) 词汇进路的视角自然是动词。动词通过语义投射到**事件结构模块**(event structure template)(简称"事件结构")。事件模块再投射到语义论元结构,并由它连接句法结构。它们的理论过程是:

动词—事件结构模块→语义论元结构→句法结构
投射 ⟹ 映射 ⟹

采用该进路的研究者一般认为,一个动词可以出现在多个句法结构中,出现在不同句法结构的动词语义也不同。这样,不同的动词语义可以通过不同的事件结构模块投射到不同的语义论元结构,然后连接不同的句法结构。例如:

Tom kicked the ball into the net.

Tom kicked her a ball.

两例句中,第 1 句是使移句式,第 2 句是使获句式。这两个变式由两个不同的动词语义投射形成。这两个语义可以表述为:

Kick<踢者　被踢者　终位　>
Kick<踢者　接受者　被踢者>

基于如此理论观点,动词和变式之间的关系可以用简图(图 7.1)表述如下:

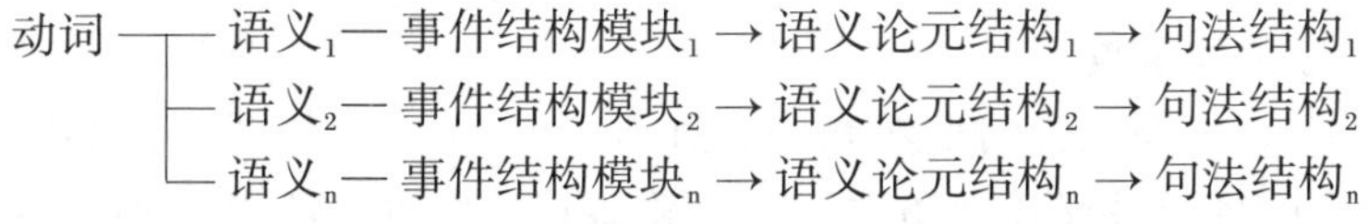

图 7.1　词汇进路的理论过程

(2) 构式进路同时关注论元结构构式语义和动词语义,并认定两者相互独立。构式进路的研究者进一步认为,构式是主要的,动词则通过融合原则和语义限制条件整合进入构式。所以它的主要视角是构式。它的理论过程可以表述为:

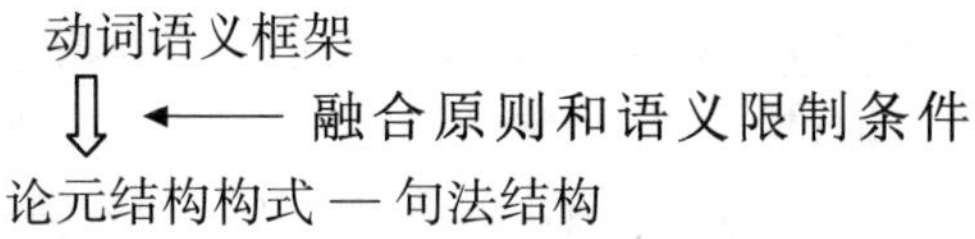

动词语义框架
⇩ ←—— 融合原则和语义限制条件
论元结构构式 — 句法结构

对构式进路而言,构式是由若干个空位构建形成的,其中谓词空位由动词词项填入。按构式语法的描述方法,动词可以融入构式。由于一个动词可以出现在多个句式中,所以一个动词可以填入若干个构式。由于构式被视为独立存在的,它不依赖于动词,也不是由动词派生构成,所以进入不同构式的动词,它们的语义可以是相同的。例如,填入上例的使移构式和使获构式中的动词 kick,它们的语义相同。在构式语法中,相同的动词可以融入若干个构式,它们的融入受融合原则和语义条件限制(见图 7.2)。

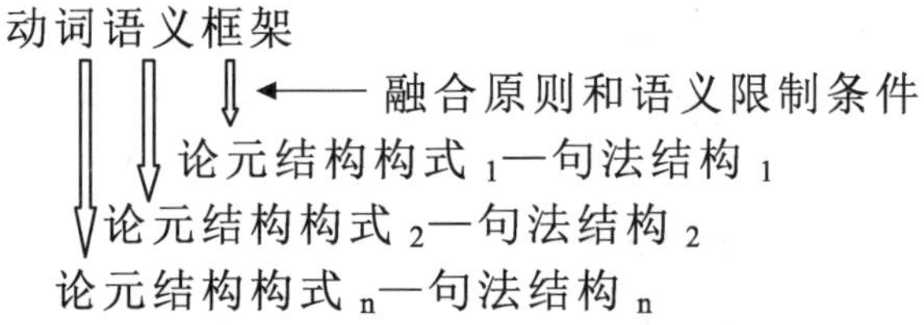

动词语义框架
⇩ ←—— 融合原则和语义限制条件
论元结构构式 $_1$—句法结构 $_1$
论元结构构式 $_2$—句法结构 $_2$
论元结构构式 $_n$—句法结构 $_n$

图 7.2　构式进路的理论过程

Goldberg 认为,这样处理的一个明显的优越性是,理论表征显得更经济。经济性主要表现在和不同论元结构融合的是一个动词语义框架。构式语法的理论过程始于独立存在的构式,构式作为一个抽象的构架,它只表述论元结构的谓词和论元,它们和句法成分的连接关系。动词则作为具体词项融合填入构式的谓词。因此,和词汇进路的理论模式比较,构式语法中的论元结构是一种抽象构架,它最终需要具体动词融入谓词,使构式构架成为实例构式。

(3) 词汇构式进路虽然和构式进路一样,是一种构式语法的理论模式,但它的理论过程和视角与词汇进路有相似之处。两者的理论过程都从动词出发。但词汇构式进路和词汇进路不同的是,它设定的动词语义不是词典语义,而是表述情状的语义框架。语义框架在框架整体中自动连接句法结构。虽然词汇构式模式的理论过程和词汇模式相似,但它的语义框架要比词汇模式的事件结构模块精致。词汇构式理论研究者认为,动词语义由语义框架表述,出现在不同句法结构中的动词,自然激励不同的动词语义框架(见图 7.3)。

动词 —— 语义框架$_1$ → 句法结构$_1$
　　　 语义框架$_2$ → 句法结构$_2$
　　　 语义框架$_n$ → 句法结构$_n$

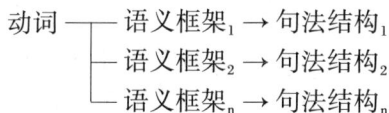

图 7.3　词汇构式进路的理论过程

理论表述方面,词汇构式进路的研究者既承认动词多义的存在,也关注构式的多义性。Fillmore 也认识到构式独立存在的必要性。动词激励的语义框架有时不完全是构式的语义。如果事实真是如此,那么图 7.3 所示的理论过程简图可能需要进一步细化,因为该理论过程还无法合理表述独立存在的习语构式,无法说明如何用语义框架来做理论表述习语构式中的动词和语义框架的关系。

三个理论进路都涉及动词和句法结构之间的关系,它们都涉及动词语义的理论表征和句法理论表征。但它们的理论视角和理论过程不尽相同。简言之,词汇进路始于动词,通过投射至论元结构,最终连接到句法结构。词汇构式进路也始于动词,并激励动词语义框架,框架中的成分分别连接对应句法成分。构式进路和它们两种的理论过程都不同,构式直接连接句法结构,而动词则融合填入构式的谓词空位。

三种理论进路除了理论过程不同外,动词语义理论表征各版本差异明显,颇有争议,一时间结论难下。我们有必要在各理论模式互补对比的研究中,详细讨论动词语义问题。

7.2　动词语义问题

动词语义的理论表述,三种进路有各自不同的理论倾向。词汇进路将动词语义设置为简单的词典语义,并由语义角色组合予以表述。构式进路和词汇构式进路则将动词设置为复杂百科语义,并用语义框架予以表述,不过两者的语义表述不尽相同。

无论是哪种研究进路,动词的划定和表述都存在两个问题:一个是,动词语义具体划定范围;另一个是,如何表征动词语义。简言之,动词语义如何划定,如何理论表述。

确定动词是词典语义的或是百科知识的,对理论表述是不够的。我们还必须具体说明词典语义理论表征以及百科知识的理论表征。如果动词语义源于它所用的句式,那么无论是哪种理论表征,它们都面临一个大难题。因为动词可以用于多个句型中,那么它们的语义如何来确定?

词汇进路的讨论中,动词语义是什么,似乎人尽皆知。事实上,人们心里要么有笔"糊涂账",要么有笔"不同的账"。如果词典语义采自词典,那么所用的是哪一版本的词典?词典中的动词按照它的句型提供语义,不同词典提供的句型数量不同,涉及的语义描述也不尽相同。如果将所有词典的所有句型及其语义详尽收入,我们仍然会发现,现实中出现的有些表达句式,在词典中并不全都能够查到。例如:

Sam sneezed the tissue off the table.

动词 sneeze 是不及物动词,但它却可以用于及物句式中。这样的用法不会在词典中出现。那么词典语义中不可能包括该用法的"动词语义"。如果如此动词语义没有被收入,那么相应的构式无从形成。

词典语义的弊端还在于其句子的推理(Minsky 1975; Schank and Abelson 1977)。这些推理基于动词和其他成分之间更精细的语义关系。例如:

Sally skipped over the crack in the ground.

(→she didn't touch the crack)　　(Goldberg 1995: 31)

Sally crawled over the crack in the ground.

(→she did touch the crack)　　(Goldberg 1995: 31)

Sally 是否碰到缝,和动作方式有关。动作跳(jump)不可能触及缝,而动作爬(crawl)却能触及缝(Goldberg 1995: 31)。这样的语义推理,动词词典意义是无法作出正确表述的。如果句式的差异源于动词语义的不同,那么仅用词典语义,因其表述精度不够,无法区分上述推理语义的不同。

构式进路的研究者认为,动词和其他词项一样,它由框架语义表述。框架语义就是动词的背景语义。因此,动词语义的表述必须参照动词的百科知识(Fillmore 1975、1977b; Lakoff 1977、1987; Langacker 1987; Jackendoff 1983、1987、1990; Goldberg 1995)。形式语言学的研究者多半采用抽象的语义分解结构来表述动词语义。例如,他们用"X 致使 Y 接受 Z"语义结构表述动词 give。他们认为,这样的抽象语义结构能够合理揭示动词的句法特征(Lakoff 1965; Foley and Van Valin 1984; Levin 1985; Kiparsky 1987; Pinker 1989)。构式进路的研究者认为,动词语义应该有更丰富的百科语义。以上两类例句证明了动词丰富百科语义设立的必要性,而那些抽象的语义分解结构则属于构式语义。分解式语义结构不是由动词投射派生获得的结构语义，而是独立存在于长期记忆中的构式语义。

那么动词语义是如何设置并表述的呢？Goldberg（1995：43－44）提出了一个具体推导动词语义的框架：

No __ing occurred.

如此框架用来发现动词的参与者。例如，*No kicking occurred* 可以解读为动词 kick 有两个参与者。但是，这样的框架似乎并没有给准确设定动词提供多大帮助。从动作本身而言，踢肯定有踢的人。但是，踢的对象是两可的。我们没有理由一定要设定踢是二价动词。Goldberg（1995：44）本人也承认，有时该框架需要补语的帮助来确定动词语义。例如：

No putting of cakes into the oven occurred.

但是，我们仍然无法知晓何时我们需要补语来帮助判定动词的参与者。即便参与者可以用参与者阵列表述，但我们仍然不知道，如此阵列是否可以合理表述和动词相关丰富的百科语义。我们甚至难以界定和表述与动词相关的百科语义。我们更需要明确动词表述的概括性和百科语义丰富性之间的关系。

词汇构式进路的研究者，将动词语义表述为语义框架。语义框架一定程度上反映了经验知识。但词汇构式的动词语义设定和构式进路的动词语义不同。词汇构式理论模式中，动词是多义的，不同的动词语义，表述为不同的语义框架，并自动体现为不同的句法结构。构式语法的研究者认为，动词基本上是单义的，每一个语义都有一个语义框架表征。

总之，词汇进路和词汇构式进路研究者都持动词多义性观点，而构式进路研究者则持动词单义性观点。那么，动词究竟是多义的，还是单义的？实际上，这个问题比我们想象的要复杂得多。

笔者认为，词典语义和百科知识首先是两个不完全相同的范畴。词典语义是一种语言语义，它表述具体语言的识解方式和结果。百科知识（也称"百科语义"）是一种概念语义或经验语义（下文选用"概念语义"这一术语）。语言语义是语言形式识解概念内容形成的语义表征，概念语义是识解语义所指的概念内容（或百科知识）。语言是用来表达所见、所闻、所思，内化的语言系统必须和感觉认知系统、运动认知系统、体感认知系统以及情感认知系统联结。如果将感知—运动等认知系统作为一端，将语言表达系统作为另一端，那么感知—运动等认知系统通过概念系统联结语言的语义子系统，然后通过语义子系统联结语言表达子系统（见图 7.4）。

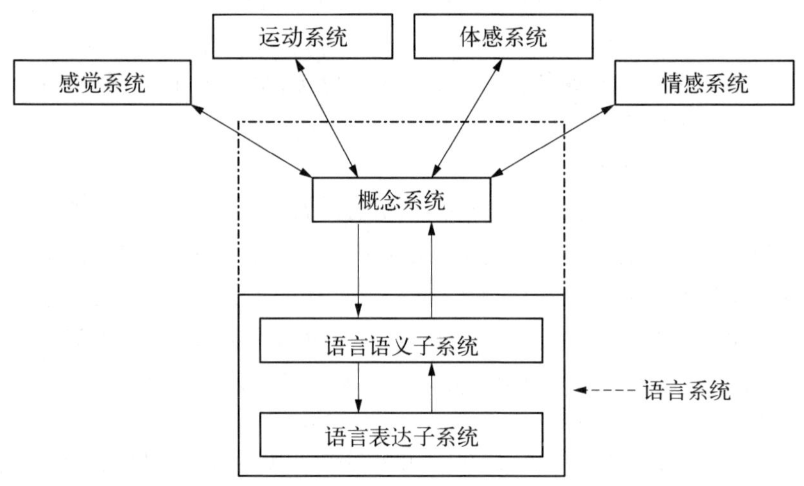

图 7.4　概念语义和语言语义

语言语义各语言既有相同之处,又有不同之处。汉语的"放"和英语的"put",两者的语言语义既有相同之处,也有不同之处。它们相应的句法分布和句法行为也不尽相同。请比较:

把书放在桌子上。/把他放了。

Sam put the book on the table. /Sam let/ * put her go.

汉语的"放"可以出现在两个句式,一个表达搁置,另一个表达终止对对象的控制。英语的对应动词是"put",但它只能出现在前个句式,后一个句式只能用动词"let"。汉英动词的两个不同用法表明,汉语的"放"和英语的"put"语言语义仅在前句式中相同。将"放"和"put"比较,"放"的语义范围比"put"的语义范围大。两种语言的不同句法分布有其统一的概念语义动因。

放事件可以从时间过程作概念语义分析如下:(1)"放"动作实施前,动作者至少对动作对象具有控制力;(2)动作"放"的实施就是动作者终止其对对象的控制;(3)摆脱控制的对象将发生位置变化。如果进一步细化放事件的这三个步骤,我们似乎看到步骤(1)和步骤(2)之间应该有动作者致使被控制对象移动的过程;步骤(3)后可以有对象的移动终止于某位置上。细化后的放事件可以用图 7.5 表示(见下页)。

时空对象体的移动可以不同。如果放弃对象是生命体,那么他将以自己的意愿移位,而不是终止于控制者意图的终位。请比较:

他们把小偷放在拘留室中。

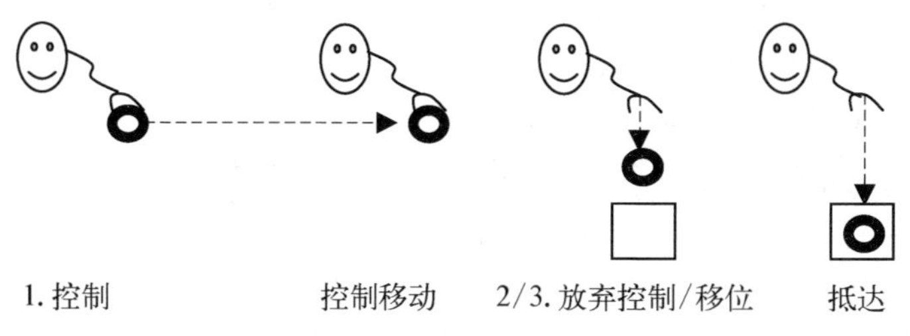

图 7.5　放事件过程

他们把小偷放了。

虽然两例句都表示失控对象产生移位，但前句含终位，后句不含终位。

从语义的角度出发，不同语言识解这些概念内容的方式是不同的。汉语的概念语义可以涵盖所有的步骤及其细化，而英语不识解步骤(3)后面的自由移位的概念内容。汉英识解语义的差异导致两种语言句法分布的差异。再比较：

警察将学生放了。

* The policemen put the students.

更有趣的是，汉语还可以有“间接控制”的语义，表示控制者和控制物之间的关系处于“控制”和“放弃控制”之间的概念语义细化。例如：

他在草坪上放风筝。

娃儿在山坡上放羊。

在如此表达式中，控制物自身是能够移动之物。

动词“放”和“put”的语义比较表明：(1) 语言语义和概念语义(百科语义)并非相同；(2) 一个动词的不同语义，它们连贯于概念框架之中；(3) 动词语义或联结概念框架的所有成分，或联结概念框架的部分成分；(4) 不同语言，联结关系各不相同。

基于以上分析，动词允许不同语义的存在(如，汉语的“放”)。但这些语义又连贯于概念框架。如果按其概念语义(即概念内化的百科知识)来设定，动词应该是单义的；如果按语言语义来设定，那么它是多义的。简言之，动词具有一个概念框架，允许有多个语言语义。我们的研究还发现，各语言语义连贯于动词的概念框架中。如果语言语义在概念框架中是不同的连贯成分，那么它们分作不同的语言语义，如果语言语义在概念框架中是相同的连贯成分，那么它们应该归作一个语言语义。

笔者认为，动词多义性的存在，并非完全基于动词的句法分布。而是

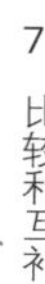

取决于动词概念框架和语言语义之间的关系。例如：

Tom loaded bricks onto the truck.

Tom loaded the truck with bricks.

按照词汇进路的方法,两句句式不同,所以它们的动词语义也不同。我们认为,“装载”概念框架的核心概念内容表述为“装载者实施某动作,致使某物移动至某处所”。这样的概念内容可以在不同的变式中,有不同的概念语义细化和扩展。换言之,该核心概念语义可以依次细化推导出各种其他概念语义。例如：

移动物体到达某处所,

该处所到处都有移入物体,

该处所充满移入物体,

该处所性状因挤满移入物体而受影响,

……

其中第 1 个延伸推导始于移动物体,后面的延伸推导始于处所。概念语义的推导始于不同的凸显论元角色。第 2 句终位(车)凸显,凸显论元获得更多的始于处所的隐含义。

语义的推导并不是由动词造成的,而是作为一种可以联通或激活的百科知识本身。具有一般智能的话语者具有如此概念知识。但具体语言的话语者激活使用哪种概念知识潜能,则各语言的语义识解可能不同,导致句法结构的不同。由此可见,句法结构异同一定程度上取决于概念结构的潜能以及这些潜能的语义识解。

7.3　动词语义和论元结构

基于上文的讨论,从动词语义到论元结构之间的理论过程可以表述为投射过程、激励过程和融合过程。投射就是从动词语义扩展到论元结构,激励就是由动词激励动词语义框架,融合就是将动词语义整合融入构式语义。这三种理论过程都涉及动词语义和结构语义之间的关系。

从动词和构式之间关系的角度出发,有以下各类句式值得我们关注。我们可以用它们验证三种进路的各理论模式,并指出各理论模式的利弊。基于 Cheng(2018)的研究,本章主要讨论的有匹配句、漏配句、错配句、失配句以及无主动词句。

7.3.1　匹配句

所谓的匹配句就是动词的所有参与者角色都可以一对一地和构式的所有论元角色匹配。例如：

Tom put some flowers on the table.

动词 put 的语义和构式语义分别表述为：

Put　<放置者　放置物　位置>
使移 <致使者　题元　　终位>

将动词 put 的语义和使移构式语义做一比较。我们发现,动词参与者角色和构式论元角色一一对应。根据词汇进路的投射模式,动词通过它的三个参与者角色扩展获得三价使移构式。根据词汇构式进路的语义框架模式,动词 put 可以激励使移语义框架,并体现为相应的句法结构。论元结构构式语法则认为,动词参与者角色可以完全整合使移构式的三个论元角色。

7.3.2　漏配句

以上的例子中,动词语义和构式语义是完全匹配的。但是,漏配小句就无法用投射模式来表述,因为该类句子的构式论元有些没有对应的动词参与者。程琪龙(2011：154－156)曾将该类构式称为错配句。但是,将动词参与者数量和构式论元数量不同的句子称作漏配句更贴切,因为有些论元没有对应的融合对象。例如：

Mary squeezed the rubber ball inside the bottle.

动词 squeeze 是个二价动词,但句子的论元结构却是个三价的使移构式。动词的参与者角色和构式的论元角色分别是：

Squeeze < 挤压者　挤压物　　　　>
使移　　< 致使者　题元　　终位 >

由于参与者角色和构式论元角色至少在数量上不一致,动词无法投射获得使移构式。因此,投射模式难以对漏配小句作出合理表述。

另外,Goldberg(1995：35－36)还通过问卷调查的方法,用以下小句来证明动词 give 是构式的基本语义,该构式语义不是动词提供的。例如：

She topamased him something.

她调查了十个非语言学专业的母语者,结果有六个人认为虚拟词 topamased 含 give 的意思。该调查结果充分表明,抽象的 give 语义是由构式提供的。动词仅仅融入抽象语义更具体的动词语义。例如:

She fed him something.

施事通过具体动作“喂”给予接受者某物。

许多动词和构式之间的语义角色不是完全对应的,处理如此非完全对应的小句,Goldberg 用构式语法的融合模式。她认为,构式和动词是互相独立的,它们各有自己的语义角色。一个合法的构式,它必须按一定原则和动词整合。动词和构式整合中,至少有一个动词参与者和一个构式论元融合。与此同时,我们必须记住,动词语义应该是丰富百科语义。有些句子中,如果将动词语义处理成百科语义,这种漏配的关系是不存在的。例如:

Tom drank the pub dry.

按照语义的简洁表述,动词 drink 表述为:

Drink<饮者　饮品>

这样的动词语义表征自然无法提供额外的 the pub 的语义。如果我们严格遵循丰富百科语义的观点,为动词提供饮酒的处所“酒吧”,动词 drink 的百科语义应该表述为:

Drink<**饮者**　**饮品**　处所>

当然,饮者和饮品是凸显的,它们必须有显性表达词项;而处所是非凸显的,它是可有成分。尽管如此,该可有成分仍然可以识解为受事。因此,受事 the pub 不是单独由构式提供的,也并非所有的可有成分都可以融入构式中。例如:

Joe drank the wine with a new glass.

这样的句子表明,动词 drink 可以含工具参与者,并表述为:

Drink<**饮者**　**饮品**　工具　处所>

但是,我们却不说:

*Joe drank the glass broken.

那么为什么处所可以融入使成构式的受事,而工具却不可以呢?如此不成立的句子,似乎无法用融合原则和语义条件对它进行限制。

当然,构式语法还是能够解释许多漏配小句的,例如:

Tom baked her a cake.

该句的动词 bake 和使成构式的语义可表述如下：

bake　<烘烤者　　　烘烤物>
双及物 <施事　接受者　受事　>

其中使移构式的接受者没有对应的动词参与者角色。按照构式语法的做法，接受者由独立的构式提供。但是，这样的漏配构式对动词有一定的限制。可见，对如此漏配句起作用的除了构式多义性外，还有动词类组。如果一定要说额外成分是构式独立提供的，那么如此构式有一定的动词限制。

和词汇进路的投射观比较，构式进路的融合观至少提供了漏配句的表述。但是，该理论模式对漏配句的解释，至少有个问题需要我们去进一步探究。并非一个构式可以和所有的动词融合，融合必须有一定的限制。那么各构式的制约语义条件是什么？以上例句中，接受者是使移构式提供的。问题是双及物构式是否可以向任何二价动词提供接受者呢？很显然，这是不可能的。例如：

*Ted wore her a new dress.

虽然动词 wear 是二价的，小句也是双及物构式，但句子是不成立的。单独看两个融合关系，它们似乎都是合理的。穿者可以识解为施事，衣物也可以识解为受事，但句子却是不成立的。

Wear　<穿者　　　衣物>
双及物 <施事　接受者　受事>

词汇构式进路和构式进路一样，它的理论模式不将动词语义和构式语义匹配看得太死，它的语义框架允许漏配关系的存在。语义框架的建立，基于动词在各种句式中的使用。只要漏配句存在，它相应的语义框架将被视为可以用该动词激励。因此，词汇构式进路的语义框架，应该可以合理描述动词和构式之间的各种漏配关系。但是，这样的归纳法实施，理论上是一种逻辑循环，有时会没有理论表述的预示性。它无法表述动态语言系统的创新性。

7.3.3　错配句

根据 Goldberg 等设定的匹配关系，动作者识解为施事，体现为主语；动作对象识解为受事，体现为宾语。印欧诸语基本上遵循这一融合原则（或称匹配原则）。但是，汉语的一些句子却违反了这样的融合原则。我们将这类句子称作错配句。例如：

我的包子从没吃死过人。

该句归作使成构式，动词和构式的语义匹配关系可以表述为：

吃<食物　　食者　　　>
使成<致使者　受事　结果>

根据融合原则，食者应该识解为施事，并体现为主语，而食物应该识解为受事，并体现为宾语。但是，上述例子中两者的融合关系刚刚相反。从这个汉语的反例出发，融合匹配原则适用于英语和其他印欧诸语，但却不适用于汉语。汉语的融合匹配关系要比英语和其他印欧诸语更复杂。

构式进路的融合模式所面临的错配句困境，同样也给词汇进路的投射模式和词汇构式进路的语义框架模式带来了困难。

7.3.4 失配句

构式进路融合模式表述上的缺失，还表现在它对失配句的无能为力。在失配句中，动词的参与者角色和构式论元角色之间没有任何匹配关系。例如：

阜阳一学校食堂吃出死青蛙。①

动词"吃"是个二价动词，它的两个参与者是"食者""食物"。但是，句子中这两个参与者都没有出现。虽然没有动词参与者融入构式，但句子还是成立的。又如：

第二次瞄准才把子弹扣出去。②

该表达式可归入使移构式。其动词扣的参与者角色和构式论元角色之间没有任何匹配关系，它们各自表述为：

扣< 扣者　　　　　　　扳机 >
使移< 致使者　题元　方向　　　>

虽然参与者扣者可以和致使者融合，但该参与者没有在句子中出现。结果，动词和构式之间没有任何融合关系。

理论上失配句应该被判定为不成立的句子。很显然，这样的预判是错误的。因此，汉语的失配句表明，构式进路的融合观需要进一步修整。

由于动词语义和构式语义没有直接的匹配关系，词汇进路的投射模

① 摘自 2014－9－16 上海卫视综合新闻台《上海早晨》节目滚动新闻。
② 摘自央视 5 套体育新闻。

式也无法合理表述汉语的失配句。我们虽然可以用语义框架来表述各失配句,但如此描述完全基于对具体表达式的描述,很难揭示动词和构式之间的关系。

7.3.5 无配句

融合模式和投射模式一样,它们自然需要动词语义的存在。但是,汉语有些句子没有主动词。Goldberg(2006)也列举了许多无动词构式。如果主动词不存在,那么动词语义无从谈起,融合也就不可能了。我们将没有主动词和构式融合匹配的表达式称作“**无配句**”。请比较:

刚教了几个月的书,还把太太死了呢。　　　　　(CCL)

从句法的角度出发,“死”似乎可以作主动词,但是,把字句含致使义,一般由动词表达。含致使义动词在句法结构中归作主动词。“死”只能表达致使结果,不表达致使过程,所以它不是主动词。请比较:

把个凤丫头病了。

把个凤丫头累病了。

两句的结果词“病”的语义是相同的,都表示结果。从义形关系的角度出发,我们似乎没有理由将相同的“病”处理成不同的成分。两句唯一不同的是前句没有致使动词,即没有主动词;后句有。虽然前句都没有主动词,但小句还是成立的。其中一个原因是,构式本身提供了一个抽象的致使语义。

实际上,Goldberg(1995: 35 - 36)调查的句子有一个虚拟动词,它不提供任何词汇语义信息。但是,句子却是成立的,虚拟动词也赋予了语义。说是虚拟动词赋予了语义,还不如说是构式本身提供了这个抽象语义。另一方面,既然没有动词信息,那么句子的理解和融合就没有关系。Goldberg 的例子本身能够证明构式是独立于动词的,但同时也可以证明没有动词的融合,构式也能够被理解。汉语则给予最生动的证据证明,动词语义至少在汉语中不一定是必有的。如果一个汉语句子一定要设一个谓词,那么该谓词空位可以不用主动词填充。既然主动词不存在,融合也就不复存在了。

由于无配句没有主动词,投射理论过程和激励理论过程自然就没了起始点。相应的投射模式和词汇构式模式的表述能力自然也显现其一定的局限性。

基于以上各类匹配性的讨论,我们可以推导得出如下结论。所有的理论模式都可以合理表述匹配句。但是,对漏配句和错配句,投射模式无能为力，构式进路的融合模式和词汇构式模式能够提供一个相对合理的理论表述。但是，它们还无法提供理论表述的动因。所有的模式对失配句和无配句都显得无能为力（程琪龙、程倩雯 2014、2015a、2015b；程倩雯、程琪龙 2018；Cheng 2018）。

7.4 再探丰富概念语义

变式中的各动词实例，它们的语义在词汇进路的研究者看来，是不同的；在构式进路的研究者看来，它们大多是相同的；在词汇构式进路的研究者看来，它们有些相同，有些不同。如果大家都承认语言系统是义形语符关系系统，至少融入动词后的构式（或投射派生的论元结构）应该是表达式的结构语义。构式进路和词汇构式进路的研究者都认为动词语义是丰富百科语义，它们反映人类活动的基本经验或世界知识。构式进路的研究者认为，构式语义是抽象语义；而词汇构式进路的研究者则认为，构式语义可以在不同层面上表述，有些构式是抽象构架的，有些是具体实例的（Boas 2009；Iwata 2008）。

词汇进路的研究有两个关注点，一个是谓词，另一个是谓元。谓词一般由动词填充，谓元（相当于论元）一般由名词短语填充。从谓元的角度出发，词汇进路的研究者从最精细的动词参与者到最抽象的论元，力图表述从具体语义到抽象句法的过程。在这一点上，词汇进路研究的各版本和构式进路研究的各版本基本一致。而且研究者都认为结构语义是抽象的，动词语义是具体或丰富的。但是，就形式表征而言，构式进路各模式并不比词汇进路各模式更精细。

仅用“丰富”动词语义和抽象构式语义来表述表达式抽象语义时，我们会遇到各种问题。由于语义表征中动词语义和构式语义无法连贯，许多动词准入构式的动因无法解释，导致无法对表达式成立与否进行合理预测。

语义表述的不连贯性主要发生在各种非匹配句，尤其发生在失配句。投射模式倾向于将动词语义范围界定为构式语义范围，所以许多非匹配句无法派生获得。构式融合模式忽略了有些表达式动词语义和构式语义完全不匹配，融合失败。动词和构式语义融合失败的原因是两者间因失配而语言语义不连贯。笔者认为，失配句的概念语义要大于动词语义和

构式语义的总和。甚至有些漏配句动词语义和构式语义也不连贯,例如:

Joe drank the pub dry.

动词参与者和构式论元可以表述如下:

Drink<饮者　　　　　饮品>
使成<施事　受事　结果　　>

要解释为什么使成构式能够独立提供受事和结果,我们需要更丰富的百科语义(即概念语义)的理论表征。汉语失配句语义不连贯则直接影响构式研究各理论模式正确预示句子的成句与否。例如:

阜阳一学校食堂吃出死青蛙。

该句的动词参与者和构式论元可以表述如下:

吃<食者　食物　　　　　>
发现<　　　　　处所　实体>

在上述形式表征中,动词语义确实和构式语义没有任何连贯之处,但句子是成立的。我们对该句子的解读和上述形式表征不全相同。换言之,理论表述无法和受话者认知过程一致。如果我们脱离表达式的语言语义,转而关注表达式的丰富概念语义,那么动词提供的语义和构式提供的语义是连贯的。上述的抽象表述可以修整为:

吃<[食者]　　食物　处所　　>
发现<[发现者]　地点　　　实体>

首先,如此表述的对象是理解表达式背后的连贯概念语义框架(简称概念框架)(程琪龙 2006、2011)。概念框架由两个概念结构联结构成,其中吃事件的"食者"和"食物"分别和发现事件的"发现者"和"地点"重合(相当于融合)。从体现角度出发,"食者"和"发现者"是没有填充具体词项的概念语义空位。概念语义的空位,就是可及的概念成分,却没有显性的语言表达。概念框架现发展为认知事件框架(Cheng 2018;程倩雯、程琪龙 2018)。

7.5 动词和变式

为了追求科学理论描述的概括性,动词和句式之间关系的探究,需要进一步发展为动词和变式关系的研究。在处理动词和变式的关系中，投射模式、融合模式和语义框架模式各有自己的特色。下文通过各模式的比较（详见第 7.5.1—7.5.3 小节）来讨论动词和变式之间的各种关系。笔者还在各模式比较的基础上，构建了新的概念框架模式，试图解决各模式遗留的问题，并最后发展出认知事件框架。

7.5.1 投射模式和融合模式

对动词和变式之间关系的理论描述，词汇进路的投射模式和构式进路的融合模式之间有明显的差异。论元结构构式语法的倡导者 Goldberg 明确指出，和词汇进路的理论模式比较，论元结构构式语法至少有以下四个优势值得关注：构式语法（1）能够避免设置额外不存在的语义表征；（2）设法回避了逻辑循环论；（3）能够简化语义表征；（4）同时保持组合性（Goldberg 1995：9－16）。下文举例讨论构式语法的四个优势。

（1）英语语料中，有动词和论元结构语义一致的匹配小句；也有动词和论元结构语义不完全一致的漏配小句。词汇进路模式用设置额外语义表征来表述漏配小句，但 Goldberg 认为，这些额外语义表征没有设置的理由。例如：

He sneezed the foam off the top of the beer.

She cooked him some noodles.

Joe talked herself blue in the face.

其中动词 sneeze 是个不及物动词，动词 cook 词典语义不含接受者，动词 talk 不含受事。根据如此词典语义，词汇进路模式就无法解释为什么这些动词能够出现在上述小句中。为了解决动词词典语义和论元结构之间的不匹配关系，词汇进路模式设定以下三个相应的论元结构。

X 通过 sneezing 致使 Y 作 Z 式的移动

X 旨在使 Z 领有 Y

X 通过 talking 致使 Y 变成 Z 状

这样的结果是，英语动词 sneeze、cook 和 talk 各自至少有两个语义，其中一个一定是二价的。当然，将如此动词视为二价动词，Goldberg 认为很难成立。Goldberg（1995）认为，表达式的语义，构式提供抽象架构部分，动词则提供填充架构各空位的具体词项语义。小句的理论表述应该进一步关注作为构式成分的动词和构式整体之间的关系。

（2）词汇进路的研究者认为，动词决定它的参与者和论元。一个动词如果有两个论元，那么它可以出现在及物句法结构中；而一个出现在及

物句法结构中的动词一定有两个论元。例如,以下两句都有相同的动词:

They built a hut.

They built her a hut.

动词 build 可以出现在多个句式中。就以上两句而言,它即可以出现在二价句中,也可以出现在三价句中。它之所以可以出现在这两个句式中是因为动词 build 既可以是二价动词,又可以是三价动词。动词 build 之所以既可以作二价动词,又可以作三价动词,是因为它既可以出现在二价句中,又可以出现在三价句中。结果,动词的论元以及动词出现的句式,两者互为依据,理据推导形成逻辑循环怪圈。构式语法坚持构式的独立存在,提倡动词和结构的融合,逻辑循环也就不会出现。当然,构式语法还需要进一步合理说明,动词语义框架从何而来。

(3) 动词投射模式一般将不同变式中的动词设定为语义不同的动词。例如:

She slid Susan/ * the door the present.

She slid the present to Susan/to the door.

Levin(1985)将两变式中的相同动词设为两个不同语义。语义 $slide_1$ 用于双及物变式,它的终仅限于"有生命者"(见第 1 句对);语义 $slide_2$ 没有如此语义限制(见第 2 句对)。Goldberg (1995: 12 - 13)指出,这样的语义设定仍然有问题。其中第 2 句对中的终(Susan)也是"有生命者",但它的动词却是 $slide_2$。可见,我们需要进一步说明,动词 *slide* 只有在双及物变式(即双及物构式)中,才含 $slide_1$ 的语义。这样,我们还需要动用变式(即构式)来进一步说明终的语义限制问题。Goldberg 指出,限制终的不是动词,而应该是构式(即变式)。换言之,仅用构式本身就足以合理表述以上例句的成立规律。双及物构式要求终是有生命者,所以第 1 句对的非生命者终不能成立;而使移构式没有如此语义限制,所以第 2 句对的任何终都成立。认识了构式的作用,我们无须再进一步设立两个不同的动词语义。这样处理使得理论表征更加合理、经济。

(4) Goldberg 认为,组合性可以是强组合,也可以是弱组合。首先提出组合性的是 Frege。他认为,动词是谓词,谓词含一定数量的谓元(即论元),并共同构成命题(Frege 1979)。根据如此组合理论,动词应该是句子的中心,并确定小句的基本语义结构。基于 Frege 组合性的观点,Montague 语法研究者提出,句法和语义必须同形同构。Dowty(1979)则进一步认为,句法和语义之间的关系是直接的。Gazdar 等(1985)甚至明确表示,组合的语义规则必须直接反应组合的句法规则。人们开始认为,小句语义直接派生于作为结构成分语义的次组合。连 Jackendoff(1990: 9)都认为,句子概念语义由词项概念语义组合形成。这样的观点在许多其他语法(例如,LFG、GPSG、HPSG 等)中都得到了追捧和运用。

但是,许多漏配小句使得如此强组合性观点难以维持。因为小句的语义并非全由动词以及其他结构成分提供。Goldberg 提出一种弱组合性观点。她认为,一个语言表达的语义是由词项语义整合构式语义构成的(Goldberg 1995: 14 - 16)。这种弱组合性,在她的理论中,表述为动词框架语义中各参与者角色和论元结构中论元角色的融合。

除了漏配小句外,组合性的不足还表现在英语小句动词和介词的组合方式上。Gawron(1985,1986)认为,使移构式由两个谓词组合构成,一个是动词,另一个是介词。构式语义则由动词语义和介词语义组合构成。Pustejovsky(1991)持类似的观点,他认为,使移构式和使成构式的动词都是过程(process)类动词,介词短语则表达一种状态。过程和状态的组合,构成及物的使移或使成语义。但有些使移句语义显然无法通过如此组合构成,例如:

Sam squeezed the rubber ball inside the jar. (Goldberg 1995: 158)

使移句的语义应该包括移动路径。但动词 squeeze(挤)和介词短语 inside the jar 都没有移动路径语义。两个没有移动路径语义的成分组合,也不可能构建出一个移动路径语义。如果使移构式的移动路径语义既不能由动词提供,也不能由介词短语提供,更不能由两者的组合提供,那么如此移动路径语义是由什么提供的呢? 有些研究者提出,将如此方位表达理解为移动路径语义的机制是"强制"(coercion)。所谓的"强制",就是强制语言理解机制放弃应有的"方位"语义,而取新的"路径"语义。换言之,方位表达 inside 被强制解读为"路径"语义。如果如此强制机制确实存在,那么它一定是使移构式及其移动路径。问题是,理论需要明确界定强制的范围和动因。

7.5.2 投射模式和框架激励模式

语义框架模式是词汇构式进路的一种理论模式,它和词汇进路的投射模式(Levin 1993;Levin and Rappaport Hovav 2005)以及词汇语义规则理论模式(Pinker 1989)一样,都重视动词类组和变式之间的关系。持投射观的研究者认为,动词语义可以预示它的句法行为 (Hale and Keyser 1987;Levin 1993),Fillmore(1967)在早期研究中也持这一观点。

动词可按句法分布归类,同类动词含相同的意义成分(Levin 1993:

5)。在动词语义投射的研究中,研究者将动词语义分成两个部分,一个是结构语义部分,一个是词汇语义部分(Rappaport Hovav and Levin 1998:97－134)。其中结构语义部分表述为事件结构模块。事件结构表述动词的句法语义特征,事件结构语义相同的动词归入相同类组。

框架语义的研究者不赞同动词投射观及其理论模式,而提倡动词联结激励语义框架。虽然两者表述术语不同,但它们都力图表述动词和句法结构之间的关系。其中语义框架和事件结构都用来表述动词的结构语义部分。但两者相比,语义框架的内容更加丰富细致。事件结构的构建以句法分布为主要依据,而语义框架的构建主要以语义为主,同时也关注语义的句法体现。

Levin 及其团队的词汇进路研究成果是瞩目的。Levin 在她的麻省理工学院词汇研究项目中,总结出 79 类句法变异,基于这些变异归纳出 193 类动词,涵盖 3 024 个动词,4 186 个动词意义。但是,Baker & Ruppenhofer (2002), Goldberg(2002), Boas (2003、2008),Iwata(2008)等人的研究都表明,Levin 的动词分类有缺陷。事件结构也无法概括解释动词分类和句法变异之间的关系(Boas 2006、2008;Iwata 2005、2008)。投射模式的研究者对语义研究关注不够,导致其理论表述出现了四个本不应该出现的问题:(1) 同类动词的句法分布并不相同;(2) 语义相似的动词因句法行为不同而被排除在表述领域之外;(3) 句法分布相同但语义不同的动词被排除在外;(4) 和变异无关的句法结构没有得到应有的关注(Baker and Ruppenhofer 2002)。投射模式的研究者难以为其分类提供语义成分清单,更无法为系统的动词分类提供语义标准。

并非基于句法变异的投射理论模式一无是处。从分析方法的角度出发,运用句法标准可以缩小动词类型的分类规律,便于最后由语义来帮助建立动词类组(Baker and Ruppenhofer 2002)。但是,要最终解决问题,可能同样要关注语义标准,也要关注语义和句法之间的关系,更要关注从具体词汇语义到抽象结构语义的关系。

Boas(2011)认为,框架语义学在表述变式方面有以下四个理论优势:(1) 框架语义学能够提供更精细的动词语义分类;(2) 该理论可以更直接地表述两个变式之间的语义差别;(3) 句法变异不再作为动词语义分类的主要标准;(4) 框架语义学能提供可以独立证实和证伪的语义标准。由于不同变式表述为不同的语义框架,至今为止,还没有任何理论机制能够系统穷尽各变式语义异同的理论表述。

尽管语义框架理论模式和投射理论模式有许多差异,但它们的理论过程仍然存在相似之处。两者都认为动词允许多个意义的存在，不同动词意义和不同的语义框架（或事件结构）对应。不同的语义框架（或事件结构）又体现为不同的句法结构。但是，两者对动词类组设定的标准不同。投射理论模式过分强调句法标准，过于抽象；而语义框架理论模式在重视语义标准的同时不完全排斥句法标准，描述相对精细确切。

7.5.3 融合模式和框架激励模式

构式进路的融合模式和词汇构式进路的框架激励模式被视为构式语法的不同版本，两种理论观点及其理论模式有一定的相似性。首先，两种构式语法的研究者都接受新经验主义的理论观点，都承认词汇语法是一个连续统，都坚持构式的独立性和义形关系的必要性，都认为动词语义是框架语义。但是，两者对这些要素的具体细节有不同的看法和不同的表述方法。两者在处理动词和变式之间的关系时，理论表述很显然也不相同。

首先，基于框架语义的词汇构式语法有比较形式化的统一理论模式，能够详细表述动词及其准入句子的许多语义句法细节。论元结构构式语法表述的是抽象的构式，表述机制相对经济。由于论元结构构式过于概括，其构式机制显得过分强势，从而生成了一些不成立的表达式。而词汇构式语法在关注抽象构式架构的同时，还处理构式的细节，它的语义框架表述比较精确，能比较合理地表述句法、语义和语用的不同选择制约机制（Boas 2003: 191 - 259），并有效限制了一些不能准入的句子。

虽然词汇构式语法和论元结构构式语法都强调义形关系，都接受认知语言学的新经验主义哲学观，但两者对语义的处理方法不尽相同。论元结构构式语法偏重构式语义，动词语义则通过原则和语义条件，整合进入构式语义。如此模式能够比较合理地表述漏配句，比较清晰地表述动词和构式关系中哪些是各自单独提供的，哪些是融合获得的。当然，这些原则和条件仍然无法解释为什么构式可以单独提供论元，也无法说明构式可以提供哪些论元。例如：

John drank Mary under the table.

动词 drink 和使移构式可以表述如下：

Drink<饮者　　　　　　　　饮品>
　使移<致使者　题元　终位　　>

两者除了动词参与者饮者融入论元致使者外，其他成分没有融合关系。

我们接受动词语义和构式语义的表述，但我们难以为如此整合关系的动因作出解释。如果仅基于一个参与者融合一个论元而判定句子是成立的，那么我们如何解释以下例句为什么不成立。

*John drank the glass under the table.

该句子的动词和构式也都是 drink 和使移构式，它们的理论表述也应该是相同的。其中参与者饮者也可以识解为致使者，根据融合原则，该表达式也应该是合法的。但句子却不成立。

词汇构式语法更强调经验知识（即世界知识）的作用。它的研究者甚至认为，有些句子中动词和构式之间的关系，似乎难以用融合来作出合理表述和解释。以动词 spray 为例。该动词的语义表述为：

spray <sprayer, **target**, [**liquid**]>　　(Goldberg 1995: 178)

其中喷洒者（sprayer）和喷洒对象（target）是必有参与者角色，而液体则是可有角色。但是，Iwata（2005）发现以下反例：

The broken fire hydrant sprayed water all afternoon.

仅用融合关系，难以解释以上例句是成立的。根据经验知识，"喷洒"解读为液体的排放。排放事件的经验可以进一步解读为某容器排放出液体。这一经验知识允许我们将它体现为简单及物构式（Croft 1998: 43; Iwata 2005: 389）。换言之，喷洒框架的概念语义有表达为简单及物构式的潜能。动词的精致分析是必不可少的，如此精致语义无法用动词参与者角色和构式论元角色的融合来合理表述，而需要用**情景**（scene）框架语义来表述。

词汇构式语法强调情景框架语义的表述能力，进一步体现了它对概念语义（即百科知识）的倚重。基于百科知识，我们确实可以构建相关事件框架的潜能。但语言识解并非全都决定于经验知识。请比较：

那场球把我的头都看晕了。

*The game saw my head dizzy.

从经验知识的角度出发，如此事件在我们的生活中是可能发生的。换言之，如此经验知识是存在的。汉语允许将如此具体事件用一个小句表达，但英语不允许有如此句子表达。英语相应小句之所以不成立，并不是人们没有如此经验知识，而应该是英语没有如此识解。可见，语言表达形式的成立与否，既和百科知识有关，也和语言表达的识解方法有关。至于百科知识和语言表达之间的关系是什么？为什么不同语言允许不同的识解？要系统解释这两个问题，语言理论研究者还需进一步努力。

词汇构式语法和论元结构构式语法的另一个差异是，两者对动词意义的设定不同。词汇构式语法的研究者认为动词可以有多个语义，每一个语义联结激励各自的语义框架；论元结构构式语法的研究者认为，每个动词一般只有一个语义，它可以融入多个不同的论元结构构式。词汇构式语法同时关注动词和构式，不同变式首先由不同语义表述，不同语义再细化为不同的语义框架；论元结构构式语法强调构式的独立性和重要性，变式的不同由不同构式表述。和论元结构构式语法比较，词汇构式语法更重视动词。由于每一个变式的语义框架和相应的动词语义联结，它似乎不再关注复杂的融合关系和限制条件了。这样做可以避免语法概括性过分强大而产生无法成立的句子，但表述形式的经济性要差些。

7.5.4　概念框架

在大多数词汇进路的文献中，变式主要指动词相同的两个不同句式。在语言的实际使用中，一个动词往往可以出现在两个以上的句式中，所以动词需要通过多个变式来说明它的句法分布。例如：

Mother fed the milk to the kid.

Mother fed the kid with some milk.

Mother fed the kid some milk.

用词汇进路的方法，这三个表达式用两对变式来表述。一对是使移构式和 with 材料构式，另一对是使移构式和双及物构式。按投射理论模式的做法，动词有三个语义，它可以投射到三个变式中。但是，投射理论模式很难解释为什么动词 feed 可以有三个语义并投射形成三个变式。该理论模式也无法表述三个变式的语义关系。虽然构式进路可以将动词语义表征简化为一个，变式的不同由构式来表述。至于变式之间的概念语义关系，构式语法并不关心。它关心的是构式之间的承接关系。动词的丰富百科语义也无法用参与者阵列来合理表述。虽然词汇构式进路的语义框架也设定为丰富百科语义的形式表征，但对应于各变式的语义框架，并没有合理表述丰富百科语义。

尽管三种理论模式有各种差异，但它们有一点是相同的，它们都在某种程度上，忽略了变式之间的语义联系。变式之间的语义联系正好是表述一个动词出现在多个变式中的原因所在。

兼顾各模式的利弊，我们将动词的所有变式作为一个子系统来探究。这样的研究方法可称作“变式系统研究法”。我们同时认为，变式之所以准入相同动词,是因为变式之间有一定的概念语义的关联性。

笔者认为,变式的系统研究有助于我们揭示动词的语义功能网络,也有助于我们揭示动词和各变式之间的本质关系。由于关注概念语义的理论模式,仅限于构式进路和词汇构式进路,我们对各变式之间关系的研究集中在构式进路的两个不同版本上。

我们在第 7.4 小节中论证了动词不同语言语义在概念框架中的连贯性。如此概念框架整体连贯性,我们在本小节以上三例句中仍然可以得到证实。三例句可以分别解读为:

妈妈致使牛奶移向孩子。

牛奶移至孩子能及处,孩子可对牛奶的取舍做出选择。

孩子选择喝牛奶。

三段语义可以视为连贯概念框架中的三段不同的过程,这三个过程是从妈妈致使牛奶向孩子移动,直至孩子喝牛奶的三段过程。它们共同构成喂事件的概念框架。

喂事件概念框架的三段过程视为喂的三个变式语义,第 1 个是使移构式,第 2 个是材料 with 构式,第 3 个是使获构式。这三个构式的语义不是各自独立的,而是贯通联结构成喂事件框架。请比较图 7.6 所示的喂事件的三个过程。三个变式除了表述三段不同的过程外,在表达中还涉及信息结构的不同,具体表现为凸显论元角色的不同。第 1 句和第 2 句都凸显题元“牛奶”,第 3 句凸显接受者“孩子”。无论凸显喂事件框架的哪个部分,喂事件框架作为一个抽象的过程,它存在于所有的变式中。

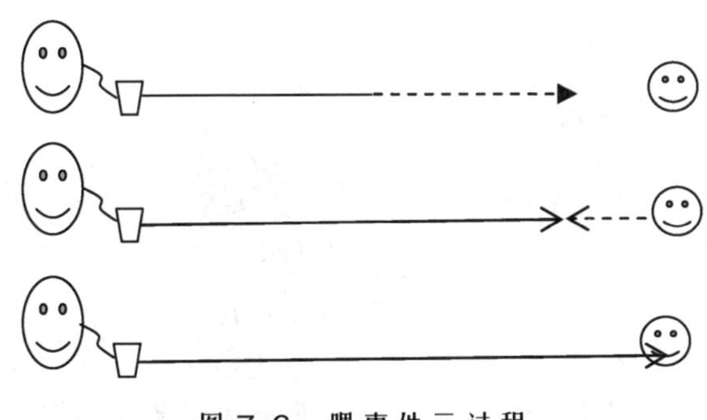

图 7.6　喂事件三过程

喂事件框架及其英语语言体现相对简单。踢事件框架及其语言体现相对要复杂些。我们以 Goldberg(1995: 11)的动词为 kick 的各句子作为例句：

a. Pat kicks.【不及物构式】

b. Pat kicked at the football.【目标构式】

c. Pat kicked the wall.【及物构式】

d. Pat kicked the football into the stadium.【使移构式】

e. Pat kicked Bob the football.【使获构式】

f. Pat kicked Bob black and blue.【使成构式】

g. Pat kicked his way out of the operating room.【way 构式】

除了以上 7 个变式，英语动词准入的变式至少还可以有：

h. Pat kicked his left foot against the ball.【against 构式】

构式进路中，这 8 个构式表达的经验语义（即概念语义）是关联的。构式语法只看到它们的承继关系，并通过这些关系联结构成构式网络。概念框架模式则将各类踢事件表述成一个连贯的概念框架。从不及物到及物（见图 7.7a—c）是指动作者活动区从不接触对象物到接触对象物的过程。接触可以细化为大力度碰撞（见图 7.7h）。被撞击对象物可以有三种变化：方位变化（见图 7.7d）、领属变化（见图 7.7e）和性状变化（见图 7.7f）。虽然 kick 准入的变式繁复，但它们都囊括于踢事件概念框架之中。从以上细化的规律看，变式有两个方式，一个是脚移动过程的细化，另一个是被踢对象变化的细化。

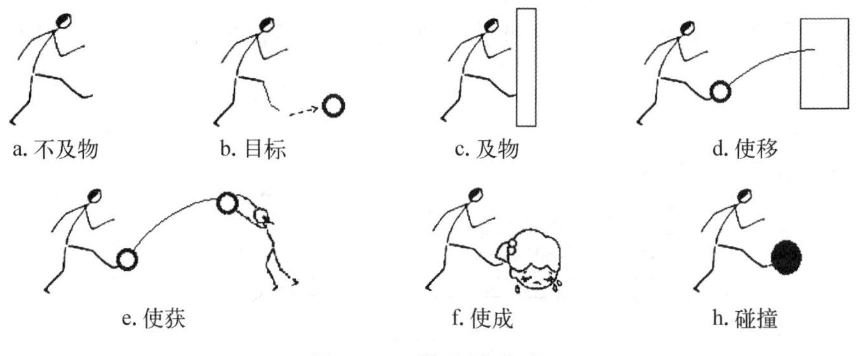

图 7.7　踢事件各式

真正意义的踢事件经验知识应该还涉及动作者和动作者活动区可能受到的影响。不过就受影响程度而言，动作者及其活动区的程度要比动作对象受影响的程度小。动作者受影响并获得显性语言表达，英语中基本没有，而这样的汉语表达式是存在的。例如：

那篇文章把我看糊涂了。

他把脚都踢伤了。

前句受影响的是读者“我”,后句受影响的可以是踢者活动区“脚”。不管有没有语言显性表达,有关动作者以及动作者活动区受影响的经验知识,任何人都会有。为此,踢事件框架应该包括:(1)动作过程及其细化;(2)动作对象受影响而变化;(3)动作者及其活动区受影响而变化。我们将如此概念框架视为踢事件的潜能。它可以细化并识解为具体的表达式。任何语言都可以表达事件中的任何潜能。但是,用动词“踢”来表达所有踢事件潜能的,汉语可以做到,英语却做不到。在理论表述中,我们将表述所有潜能的形式视为事件框架,它可以体现为某语言的相关表达式。这些表达式也可以激活事件框架。

7.6 动词类组和变式

动词类组和变式的理论表述是动词和变式之间关系的进一步概括。由于句式的数量远低于动词的数量,所以一个句式肯定准入若干个动词。任何语言都存在大量的同义词和近义词,其中包括同义或近义动词。由于动词和句式之间有一定的语义对应关系,所以同义或近义动词,有可能进入相同的一组句式(即变式)。基于这些关系的存在,动词类组准入多个变式的可能性是存在的。各理论模式有没有必要揭示哪些动词类组能够进入哪些变式?它们背后的动因是什么?

首先,笔者认为,动词类组和变式之间的对应关系复杂。从语符关系的角度出发,如果将一个动词类组和一组变式视为一个动词—构式语符关系,那么语言系统中各动词—构式语符关系之间的界线常常是不清晰的。动词类组和变式组之间的关系是错综复杂的,并非总是一对一的语符关系。英语动词 hit、struck、beat 等,都表达打击的意思,它们都可以归入相同语义类。它们可以准入有些变式,例如:

Tom hit the ball into the net.

Tom beat the ball into the net.

Tom struck the ball into the net.

但是,它们的句法分布并非完全相同,例如:

*she hit him into a disabled patient.

Anna beat him into a crying bloody mass.

They struck him into a mindless heap.

He hit the stick at her.

*He beat the stick at her.

He struck his hand at the ground.

以上例句证明,仅按照语义分类的动词,它们的句法分布有异有同。因此,在对动词进行语义归类时,有必要参照其句法行为。更有必要用系统分析方法探究同义词、近义词的语义异同和句法分布的对应关系。

Levin 对英语动词进行了有效分类,并从中找到许多动词分类和变式之间的对应关系。在研究中,她同时也发现,她设置的动词类组和变式之间的对应关系有各种例外(Levin 1993)。

Goldberg 在她的融合模式中,将同类组动词表述为相同参与者阵列。以 *load* 动词类组的 *load* 和 *pack* 为例。两词的语义表述为相同的参与者阵列(Goldberg 1995：178)：

load<**loader**， **container**，[**loaded-theme**]>

pack<**packer**，**container**，[**packed-theme**]>

虽然上例两个动词归入同类组,但动词能够出现的句式却有同有异。请比较：

Tom loaded books onto the truck. /Joe packed books into the box.

Tom loaded the truck with books. /Joe packed the box with books.

? Tom loaded books. /Joe packed books.

? Tom loaded. /Joe packed.

如果用 Goldberg 的动词单义和构式语义的融合关系,我们无法表述两者语法性的差异。

Boas(2003)则认为动词可以设定多个不同的动词语义,各动词语义有自己的语义框架。他认为,动词多义表征在表述动词句法分布时起到了重要作用。再以动词 load 的两个变式为例。他认为,虽然动词 load 的两个语义框架由相同的框架成分(施事、题元和终位)构成,但是,和两个语义框架对应的是同一个动词的两个不同语义：一个是**移动放置**(motion-placing)语义,另一个是**移动填充**(motion-filling)语义。它们的凸显角色也不完全相同(Boas 2003)。根据 Boas 的分析,动词 load 的两个语义分别表述为两个参与者角色相同，凸显选择不同的参与者角色组列。移动放置义表述为：

$load_{m-p}$	**<装载者**	**装载物**	**装载处>**
	<施事	**题元**	**终 >**
	名短. 域外	名短. 宾语	介短. onto ...

移动放置义的表述阵列中，三个参与者角色都凸显（标记为黑体字），都必须有显性句法表达形式。它们对应的论元角色中，施事和题元为凸显角色，两者分别体现为主语和宾语。Boas 的理论模式，可以较为合理地表述以下句子的语法性：

Tom loaded books onto the truck.

? Tom loaded books.

* Tom loaded.

使移放置语义的动词 load 有三个凸显的参与者角色，它们都有对应的显性表达形式。第 1 例句有三个显性表达，所以它成句；第 2、3 例句没有三个显性表达形式，所以它们都不成句。

根据动词多义的分析，动词 load 的移动填充义和移动放置义不同，它强调的是装载处的填充语义，而不是装载物的移动。所以移动填充义只有两个凸显成分，一个是装载者，另一个是装载处。填充语义阵列中的装载物不凸显。

$load_{m-f}$	**<装载者**	**装载处**	装载物 >
	<施事	**终**	题元 >
	名短. 域外	名短. 宾语	介短. with ...

由于装载物不是凸显参与者角色，它识解为可有非凸显的论元角色（题元）。该可有题元，或体现为介词短语，或没有显性表达（见以下两例句）。

Tom loaded the truck with books.

Tom loaded the truck.

有了两个不同的动词意义，词汇构式语法可以正确表述两个不同变式，而 Goldberg 的融合模式却无法做到。

Boas(2003)还用动词多义观点，进一步合理表述同一类组 pack 动词和不同变式之间的对应关系，从而表述了两个动词对应变式的异同。Boas 认为，Pack 的移动填充义和 load 的相同，凸显角色也相同。该语义也表述为：

pack$_{m-f}$ **<打包者**　**打包处**　打包物　>
<施事　**终**　材料　>
名短. 域外　名短. 宾语　介短. with . . .

相应的小句也相同：

Joe packed the box with books.

Joe packed the box.

但动词 pack 的移动放置义和 load 的略有不同。相异之处主要表现在题元和终位上。

pack$_{m-p}$ **<打包者**　打包物　*打包处*　>
<施事　**题元**　**终**　>
名短. 域外　名短. 宾语　介短. onto . . .

由于两个参与者角色都不凸显，打包物和打包处都是可有成分，所以动词 pack 既准入三价的使移构式，也准入二价的及物构式，以及一价的不及物构式。例如：

Joe packed the books into the box.

Joe packed the books.

Joe packed.

当句法结构是二价时，打包物是显性的，而打包处却是隐性的（见例句 2）。但是，Boas 仍然没有解释为什么二价结构中，打包物必须是显性的，而打包处则是隐性的。我认为，要分清这些句式，至少需要将三个参与者角色设定为凸显的三个不同程度。其中打包者凸显，打包物半凸显，打包处不凸显。这样的表述，问题是解决了，但表述机制缺乏概括性，而且如此表述的动因还有待确定。

第二个疑惑需要我们去考虑的是，如果动词语义表示百科语义（即我们说的概念语义），那么动词（例如，load 以及 pack）在不同变式中的语义应该没有区别。即便有区别也只是结构语义的区别，而不是百科语义的区别，装载的总还是装载，整理打包的总还是整理打包。Goldberg 的融合模式强调的是百科语义，所以她将动词视为单义的，符合其百科语义的特征。从这个角度出发，如果要将动词在不同变式中表述为不同的语义，那么它们应该是语言语义，而不是百科语义，除非理论模式要表述其非常细致的百科语义。但是，我们难以看到词汇构式语法的语义框架模式提供了细致的百科语义。因此，语义框架模式还必须解释动词多义性的合理性。

概念框架模式更关注百科知识。就使移语义而言，它不仅仅只限于“X 致使 Y 移动 Z”（Goldberg 1995），也不仅仅表述为弹子模式（Langacker 1991）；该概念语义还可以有不同的细化延伸和不同的凸显变异，不同的凸显变异产生不同的表达式。例如：

b. Tom packed the clothes into the suitcase.

c. Tom packed the suitcase with clothes.

d. Tom packed the suitcase.

e. Tom packed the clothes.

f. Tom packed and left.

使移概念语义结构的最基本核心是 Goldberg 所描述的“X 致使 Y 移动 Z”（见图 7.8a）。该基本核心概念内容在上述各例中都是可及的。但是，在概念框架中，该核心语义可以延伸出许多其他语义，并最终体现为不同的变式（见以上 5 个例句）。不同的变式具体表现为核心概念内容中凸显部分以及凸显焦点的不同。凸显焦点有两个，一个是移动物，一个是终止处所。两个凸显焦点在各自构式中连接体现为宾语。凸显焦点为移动物的有例句 b 和 e（见图 7.8b 和 7.8e）；凸显焦点为处所的有例句 c 和 d（见图 7.8c 和 7.8d）。另外，例句 f 没有凸显焦点（见图 7.8f）。人们一般将凸显部分的变异视为不同的信息结构。从这个表述角度出发，基本核心语义可以通过信息结构的不同细化，延伸出多个具体的识解语义结构。

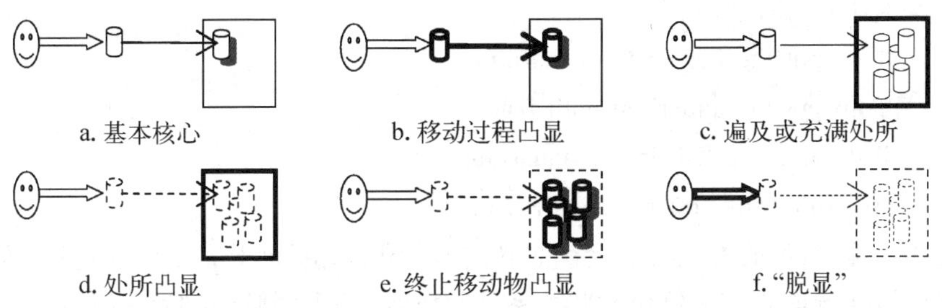

图 7.8　使移及其语义延伸①

移动物为凸显焦点的变式有两个（例句 b 和 e），它们不同之处是 b 句同时凸显移动过程，e 句只凸显移动结果位置。实际上两者是一个自然延续过程，即从移动过程到终止位置的延续过程。两例句都可以有不同程

① 各图的粗线部分标示核心概念语义的凸显部分。

度的隐含推导义;其中 b 句的隐含义是移动物有可能抵达处所,e 句的隐含义是移动物抵达处所后处所和移动物之间的各空间关系。不管哪种隐含语义,它们都是凸显语义潜在的后续情状(程琪龙 2006)。处所为凸显焦点的变式也有两个(c 和 d)。由于 d 句没有移动物的显性表达,句子语义更关注处所,而移动物的凸显程度为零,凸显处所的变式自然有处所实体已经准备就绪的后续延伸义。F 句两个成分的凸显程度都为零,凸显部分仅限于动作本身。

同样的使移语义内容,细化为焦点和凸显成分不同的结构,并体现为不同的句法结构。这些不同的焦点和不同的凸显,同时又和我们的经验知识密切相关。整理行李就是将行李物件放入箱包,我们同时获知行李和箱包在整理过程中的各种相关情状。我们将不同类型的延伸和凸显语义视为整个使移事件的潜能。这些潜能可以用概念框架作形式表征。

并非所有含使移语义的动词都可以进入上述所有的变式。准入变式的动词受限于一定的语义条件。换言之,变式语义和动词语义之间存在一定的对应关系。如果我们将凸显题元过程的语义结构视为一端,凸显终位性状的语义结构视为另一端,两者连接可以构成一个凸显变异的连续统。放置动作(例如,动词 put)自然凸显题元过程,可以延伸表达题元最终位于处所之意,但远离终位空间变化之意。填充动作(例如,fill)自然凸显终位空间性状,可以延伸表达终位的遍及义或充满义,但远离使移之意。因此,前者更多用于使移构式的句法结构,后者更多用于 with 构式的句法结构。请比较:

Tom put the fish in the aquarium.

*Tom put the aquarium with fish.

??Bill filled the fish in the aquarium.

Bill filled the aquarium with fish.

虽然鱼缸因鱼的移入可能会满是鱼,但动词 put 倾向于突出题元过程,而动词 fill 倾向于突出终位性状关系,两个动词的不同倾向导致其准入变式不同。两者之间的动词有 pack,它有双重倾向。就打包行李而言,我们既可能关注行李物件,也可能关注装物件的箱包。三类不同动词之间的语义异同可以用一线轴表述如下:

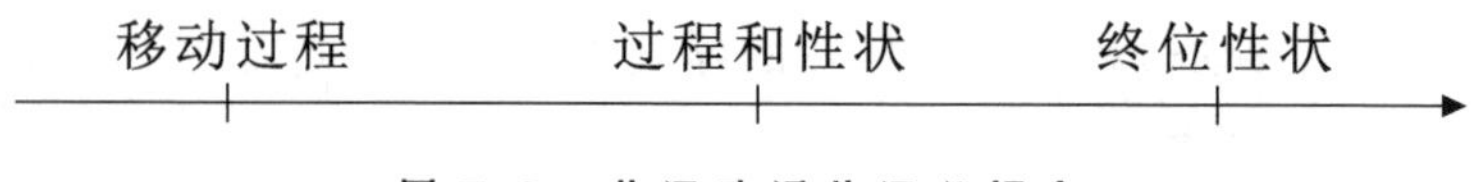

图 7.9　英语动词的语义倾向

使移变式强调移动过程，材料变式强调终位性状。根据以上分析，和变式对应的主要是动词的凸显语义。准入移动变式的动词（put、set、lay等）必须凸显移动过程，最典型的动词是放置类动词，该类动词更关注移动终位的位置，而不是位置空间或性状的变化。准入材料变式的动词（fill、cover 等）凸显终位性状，它和放置动词相反，更关注动作结束后终位空间的性状。例如，动词 fill 更关注其空间性状"满"，而移动过程已经脱显。准入两个变式的动词（pack、wrap、stuff 等）两种凸显倾向都存在，但都有了一定程度的弱化。

从句法结构的角度出发，使移变式和材料变式的句法结构相同，两者都含一个句尾介词短语。请比较：

Sam put some flowers **on the table**.　　【使移变式】

Sam filled the room **with flowers**.　　【材料变式】

但是，凸显移动过程的动词和使移变式匹配，凸显终位空间性状的动词则和材料变式匹配。再比较：

*Sam put the table with flowers.

??Sam filled flowers in the room.

汉语的问题比英语的要复杂。首先，汉语表达使移语义内容的句式至少有把字句变式和非把字句变式，例如：

渔民把鱼放在箱子里。

渔民放些鱼在箱子里。

和英语材料变式对应的，汉语可以有用字句变式，它可以细分为容器用字句变式和材料用字句变式。例如：

渔民用箱子来装旧渔具。　　【容器用字句变式】

渔民用旧渔具来装箱子。　　【材料用字句变式】

但是，动词"放"只准入容器用字句变式，请比较：

渔民用箱子来放旧渔具。　　【容器用字句变式】

*渔民用旧渔具来放箱子。　　【材料用字句变式】

以上例子表明，动词"放"可以进入两个使移变式，但只能进入容器用变式，不能进入材料用变式。填塞类的动词"填"也能进入使移变式，例如：

农民填了些土在坑里。

农民把土填进坑里。

但是，它和用变式的匹配和动词"放"刚刚相反。例如：

*农民用坑来填土。　　【容器用字句变式】

农民用土来填坑。　　【材料用字句变式】

它只能进材料用变式，而不能进容器用变式。实际上，动词"放"和动词"填"的用变式区别是可以从语义角度作出合理解释的。就用变式而言，凸显的参与者角色最终体现为动词宾语，而非凸显的参与者作为"用"的宾语。这一凸显性原则，恰当地预示了"放"和"填"的不同用法。从概念语义的角度出发，"放"凸显被放物，所以它可以进入容器用变式；"填"语义凸显被填处所，所以它可以进入材料用变式。

虽然汉语和英语一样，也可以大致分成放置动词和填塞动词，但汉语的句法分布却和英语的大相径庭。尽管如此，动词分类的句法分布区别功能是存在的，因此分类有一定的普适性。但分类的句法分布细节却不同，这一点诸语言各有其特征。

7.7 构式的两个视角

构式是一种语符关系的组合。这里讨论的语符关系主要是概念语义和句法表达之间的连接体现关系。由于构式是个义形体现连接体，所以它可以从两个角度去分析。一个是句法结构的角度，另一个是概念语义的角度。于是，构式归类的时候我们也许有了两个标准。如果一个表达式的概念语义和句法结构都不相同，那么两者肯定归作不同的构式。例如：

他在桌子上放了些鲜花。

他送妈妈一朵花。

如果两个语义相似的表达式，它们的句法结构不同，我们是否也将两者归作不同构式呢？例如：

他放了本词典在书桌上。

他在书桌上放了本词典。

两者的句法结构分别是：

NP - V - NP - PP

NP - PP - V - NP

如果以句法结构作为标准，那么两个句子应该属于不同的构式。但两者的概念语义却是相似的。又如：

They shot down the plane.

They shot the plane down.

它们的句法结构也不相同，但语义却相同。如果将语义相同而句法结构不同的两个句子归作同一个构式，我们无法用融合模式对其进行理论表述。我们也无法用一个语义框架来表述两个句法结构不同的句子。受到各自理论模式的制约，句法结构不同的表达式，无论它们的语义是否相同，都得归作不同的构式。

这样的理论陈述把我们的论证引向语义的设定。在构式语法的理论框架下，我们至少要说明语义的不同是指动词参与者角色的不同还是论元角色的不同。请看下例：

John threw a ball to the net.

John threw a ball to the catcher.

根据论元结构构式语法的分析，前句视为使移构式，后句视为使移构式的隐喻延伸，称作领属转移使移构式（Goldberg 1995: 90 - 91）。至于领属转移使移构式是否属于使移构式，我们不得而知。根据笔者的分析，以上两例句的论元角色虽然相同，但它们的参与者却不尽相同。其中 the net 是扔的终位，而 the catcher 则是扔的接收者。它们在双及物构式中，成句性也不同，例如：

*John threw the net a ball.

John threw the catcher a ball.

有些论元可以相同，但识解论元的参与者可以不同，例如：

Tom fed the kid with milk.

Tom fed the kid with spoon.

两句中介词短语体现工具论元。笔者观察到，该工具论元却有不同的参与者。前句的介词宾语表达**材料**（milk），后句的介词宾语表达**工具**（spoon），但它们在使移变式中成句与否也不相同。例如：

Tom fed some milk to the kid.

*Tom fed a spoon to the kid.

汉语的问题可能更复杂，有些表达式语义基本相同，但句法结构却不同。例如：

他们把画挂在墙上了。

他们在墙上挂了幅画。

他们挂了幅画在墙上。

三句都表达使移语义，但句法结构却不相同。按照论元结构构式语法的分析，如果句法结构不同而语义相同，那么它们的语用或信息结构一定不同（Goldberg 1995：67）。结果是，它们归作不同构式。

汉语的使获语义表达式也很复杂，例如：

我送了本书给他。

我给他送了本书。

我送他一本书。

它们的句法结构都不同，但都表达使获语义。要发掘它们的不同语言语义或不同的语用语义并不容易。按理说，句法结构不同的表达式应该归作不同的构式，不同构式之间应该存在一定的承接关系，那么它们的承接关系又是什么？这些问题在构式语法的理论模式中，都是分析表述的难题，需要我们去进一步探究。

又如，两个句法相同的表达式，动词相同，但表达式语义却不相同，例如：

你从未吃完过他的包子。

他的包子从未吃死过人。

两者的动词都是"吃"，句法结构都是"名短—从未—吃—结果词—名短"，但它们的语义不相同，应该归作不同构式。基于上述语言分析，我们似乎觉得用构式作为一个单位来分析语言的语义—句法关系，会遇到很多难题。

英语有双及物构式，双及物构式表达的语义是"使获"，而不是"使失"。而汉语的双及物句法结构，它们的语义既可以是"使获"，也可以是"使失"。例如：

我卖你一本书。　　【使获】

我吃你一个苹果。　　【使失】

因此，汉语的双及物构式是否至少细分为使获构式和使失构式。这样的分类可以解决下例汉语分析难题：

他高我一头。

从句法结构的角度出发，它划归为双及物构式（陆俭明 2008；候国金 2014）。如果它是双及物使获构式，并表达使获语义，那么该句的理解结果和语感不一致。如果"我多一头"，那么"他"应该比我矮，而不是比"我"高。所以该表达式应该归作双及物使失构式。当然，这里的"头"肯定不是指实体，而是借"头"来表达一个量度，是从具体的实体"头"到抽象量度的认知关系。

7.8 隐喻和转喻延伸

构式的认知操作过程中,除了涉及转喻,还涉及隐喻。构式的多义有时表现在受事或题元的隐喻延伸。这样的隐喻延伸在使获构式、使成构式和使移构式中都能找到。以双及物构式为例,其典型构式的领属转移物主要是物质实体,它的隐喻延伸转移物可以是信息、身份、动作、服务、事件(田朝霞、程琪龙 2011)。例如:

Tom taught me **English**. 【信息】
I called him **professor**. 【身份】
She gave him a **kiss**. 【动作】
Crush me a mountain. 【服务】

但是,四类隐喻涉及的语感判断可能是不同的。不同之处可以从变异对比中找到。请比较:

Tom taught English to Chinese students. 【信息】
*I called professor to him. 【身份】
*She gave a kiss to him. 【动作】
*Crush a mountain to me. 【服务】

在实际日常活动中,信息或知识传递是否被对方获取和传递本身并非捆绑在一起。信息或知识传递但没有被对方获得的事件也是存在的。所谓的身份"传递"实际上是一种即刻完成的事件。称呼某人事件的完成导致某人获得称呼。但是,to 介词短语只表达"传递"方向,不表达"传递"终止后的领属者,所以身份隐喻无法出现在"领属使移构式"。出现在双及物构式中的名词化动作必须有动作对象。动作隐喻的双及物构式,它的动作词 kiss 的动作对象是作直接宾语的 him。动作对象可以隐喻识解为动作获得者,所以动作隐喻的双及物句成立。又如:

*She gave him a sit. /She gave him a seat.

Him 不是动作 sit 的对象,所以该双及物句不成立。同理,服务自然也必须有服务对象。既然服务对象获得了服务,那么他也可以隐喻识解为终止领属者,并作为双及物句中的直接宾语。由于没有服务对象的服务不成其为服务,服务对象没有获得的服务自然也不是真正的服务,所以服务应该难以隐喻为传递对象,相应的领属转移句子也不能成立。

汉语的构式理解有些依赖于转喻机制,例如:

我给他一巴掌。

我给他一脚。

其中“巴掌”“脚”是打事件和踢事件的动作活动区。就事件而言,两者存在局部和整体的关系。要理解如此双及物句法结构,我们必须具有转喻机制。

在词汇进路、词汇构式进路以及构式进路的比较研究中我们发现,各进路的理论模式都关注动词和构式/变式之间的关系。所以它们之间有很强的可比性。但是,不同进路的理论视角和理论过程不同,各自为动词和构式/变式之间关系的探究提供了帮助,作出了有益贡献。当然,它们在用来处理分析汉语系统时,也遇到了许多问题。对这些问题的处理,我们提出了概念框架的激活认知理论过程。激活认知观的提出,为我们解决语义表征难题,为理论模式解决义形体现关系难题,为合理表述动词和变异构式之间的关系,提出了一个颇有希望并值得进一步发展的理论构想和表述模式。

8 结论和余言

基于词汇进路和构式进路的互补性探究，我们至少可以在五个方面获得相对可靠的结论。这五个方面是：动词和构式的匹配性、动词类组的构建、动词和构式的多义性思辨、汉语构式变异以及百科语义。通过互补研究，我们还可以看到两大类进路遗留下来的未解决的难题。

8.1 匹配性难题

就动词和变式之间的关系而言，汉语除了有匹配句和漏配句外，还有错配句、失配句和无配句。如果语言只有匹配句，那么词汇进路是最佳选择，因为它的表述经济，冗余性小。但漏配句会给词汇进路的投射模式带来困难。词汇进路的研究者试图用事件结构来化解动词语义和变式之间的漏配矛盾。这样处理的结果，在某种程度上承认了构式的相对独立性。和词汇进路比较，构式进路的理论模式对漏配句的表述更加合理。但是,这并不表明构式进路的理论模式能够解释漏配句的所有问题。至少融合机制难以将漏配句成句与否解释清楚。换言之,我们的研究发现,仅用整合机制及其融合原则和限制条件,还无法预示所有漏配句的成句性。可见,这些理论机制大有马后炮之嫌。它能够用相关的理论机制合理表述为什么有些漏配句成立,却无法用相同的理论机制合理表述为什么有些漏配句是不成立的。

通过举例论证,我们还发现,词汇进路的投射机制和构式进路的融合机制,对汉语的错配句、失配句和无配句的形式表述也表现得无能为力。首先,无配句只有构式语义,没有填入构式谓词空位的主动词。既然没有主动词,没有主动词语义,融合关系的存在也就无从谈起。虽然失配句中存在主动词,但动词语义和构式语义在表达式中不存在连贯性,两者没有融合的前提,所以融合机制对如此失配句也无能为力。错配句则对现有的融合原则或限制条件提出了挑战。

错配句中动词和变式之间的多配关系也是各理论模式的难题。词汇进路的投射模式可以通过精细的参与者角色到抽象的论元角色的投射过程来表述动词语义到不同变式(例如,汉语的被字句)的投射。融合模式则通过动词框架的参与者角色和不同构式(相当于变式)之间的融合,来表述动词和构式的整合关系,来表述句子成句与否。但是,两者都无法表述错配句,因为该句式的动词参与者和构式论元的融合违反了融合原则和条件。近期,认知事件框架的构建,有助于对这些难题的深入研究和理论表述(Cheng 2018;程倩雯、程琪龙 2018、2019)。

8.2 动词类组的构建

为了使理论模式更具概括性,研究者试图构建动词类组,并研究动词类组和变式之间的关系。这方面的研究,词汇进路研究者已经取得了可喜进展。但是,在词汇进路的理论表述中,例外太多,以至于其模式的表述能力大打折扣。

对构式语法和词汇构式语法的研究者而言,变式就是不同的构式。它们之间的关系通过承接关系来表述。构式层级组织中的承接关系主要是各构式之间的语义关系。但目前人们还无从知晓语义承接关系的具体细节，也不知道动词如何通过这些承接关系形成类组。论元结构构式语法甚至表示对变式研究不感兴趣。同时，我们发现该构式语法版本在描述变式和动词之间的关系时，其理论表征仍然存在问题。认知语言学的有些研究者开始注意相同概念内容（或基底）和构式之间的不同识解，但是对识解的系统理论表述，还需要进一步开展。

动词类组是一种语义类组，它的分类标准首先是语义的。但仅用语义标准仍然无法概括动词和变式的关系。句法分布仍然是重要标准之一。笔者的进一步分析结果表明，动词类组和句式（或变式）之间不存在完全一对一的对应关系。多个动词类组可以和一个句式或一组变式对应。动词类组和变式之间的对应关系，有些存在明显的概念语义条件，这些条件还需要研究者进一步探究。通过互补探究我们发现，动词类组的形成必须是受限于具体变式，不同变式呈现出不同的动词类组，因为在不同变式中，动词类组成员可以是不同的。我们的研究还发现，和变式语义之间连贯匹配的不是动词，而应该是动词的语义特征。为此，研究并理论表述动词和构式之间的关系，有必要在精度比较高的层面上进行，至少要在动词语义特征的层面上进行，而不是在精度比较低的动词语义层面上进行。和构式对应匹配的动词类组，应该是具备某语义特征的动词类组（或称区别语义特征），而不是同义或近义的动词类组。①

8.3 多义性思辨

动词和变式的关系就形式而言，是一个动词对多个变式的对应关系。两者之间语义关系的表述，不同版本提出了不同的侧重点。词汇进路认为一个动词可以是多义的，语义不同的一个动词，允许出现在不同的构式中。构式进路认为构式是多义的，一个动词的各参与者角色可以融入不同构式语义的论元角色中。出于语言描述的需要，词汇构式进路的研究者既承认动词多义性的存在，也承认构式多义性的存在。

我们认为，并非每一个变式都有自己的动词语义，否则动词类组和变式之间的关系就无法正确表述。出于对理论表述经济性的科学原则考

① 区别语义特征相当于音系的区别特征（phonological distinctive feature）。

虑,动词的语义数量没有必要和构式的数量一致。但是,过分的抽象会使得动词语义无法表述所有该动词能出现的变式,更无法表述动词类组的抽象语义特征。词汇构式进路的研究者提出用适当的多义来表述动词类组和变式之间的关系,使理论表述更加精确。如果要在表述精确性和表述经济性之间做出选择的话,我们应该首先选择前者。但是,从概念内容的角度出发,有些动词的多义表述确实也是不必要的。为此,我们有必要提出一个新的理论机制,更合理地解决动词—变式匹配关系的难题。

我们通过论证也发现,Goldberg 设定的抽象构式(skeletal construction,即我们称的"架构")没有多义性,只是当具体动词填入谓词空位后,具体构式才显现出多义性。因此,不同的动词类组,是导致构式延伸多义的主要根源,而抽象构式则具备延伸多义的潜能。

基于上述研究,动词或构式的多义性,仍然是研究者需要进一步考量的理论问题。笔者推崇的是系统分析。在实施系统分析中,动词语义乃至构式语义,它们必须放在更大的义形认知关系中去探究。概念语义的认知研究,还需要关注概念和感知—运动认知的关系,同时也必须关注概念和语言表达之间的关系。

8.4 汉语构式的变异

构式是一种义形语言单位。既然构式是一个义形单位,那么不同的构式应该有不同的义形关系。我们还不知道,构式的分类究竟以义形作为标准,以语义作为标准,还是以句法结构作为标准。根据 Goldberg 提供的构式层级网络,有些构式是以句法结构为基础的,例如,主谓构式、被动构式等;有些则是以语义内容为主要依据的,例如,使移构式、使获构式、使成构式等。因此,构式联结网络的承接关系需要我们进一步厘清。

在双重标准的构式网络中,汉语的问题可能会显得更复杂。如果以句法为标准,那么在分析双及物构式(或双宾构式)时,我们将其视为具有两个宾语的构式。这样的双及物构式可以和多个语义对应。换言之,同样的双及物构式的句法结构,可以体现不同的概念内容。这样的双及物构式应该进一步分作不同的细类,否则研究者将无法表述有些具体句子的语法性,即句子的成句与否。

8.5 百科语义再探

虽然词汇进路和认知构式进路各版本(包括词汇构式语法)都涉及语义,但各进路的理论模式对语义关切度不同。词汇进路的各版本,通过动词的词典语义,最终获得句法结构。简单的词典语义及其句法分布使得动词类组归类出现许多不足之处。认知构式进路各版本和其他认知语言学研究范式一样,都将语义设定为百科语义(或概念语义),但认知构式的百科语义仅限于动词,构式的理论表征仍然采用抽象的语言语义。这一缺陷导致两种进路的各版本目前还无法合理表述汉语的失配句和无配句。也难以解释漏配句和错配句的语义动因。

在两种进路互补和发展的基础上,我们应该看到,将构式的语义设定为百科语义,这点没有错。语言也确实在一定程度上反映了人们内化的"世界观"(即基于经历外部世界各活动的概念化百科知识)。词汇进路的研究者也开始关注事件结构,这本身说明词汇进路各版本的研究者已经意识到,事件结构无法完全从动词语义投射获得;也说明事件结构的研究更接近构式的研究。由于在失配句和无配句中,动词和构式没有任何重合的部分,这些句子的百科语义要涵盖两种不同语义,同时又要使两者的组合形成连贯语义,这样的概念语义必须是一种更丰富的百科语义。基于互补研究的困惑,我们推出的构式百科语义这一假设,至少更适用于对汉语的错配句、失配句和无配句进行分析。程倩雯(Cheng 2018)研究的认知事件框架,以形式化表征,表述了如此构式的百科语义。

在笔者的理论模式中,句子的概念语义形式表述为更为丰富的事件概念框架。概念框架旨在合理表述基于人类"世界观"的情状结构,并以此作为所有语言的潜能。这些语言潜能在不同语言中具体识解为相同或不同的句法结构。只有这样,我们才有能力最终表述失配句和错配句,并解释所有非匹配句式中动词和变式之间的关系。

8.6 两大理论问题

任何研究需要解决的问题(即所谓的研究问题)可以分成两大类:一类是用现有的理论模式来解决具体语言问题,尤其是汉语问题;另一类是用汉语例子作为证据,论证理论模式的利弊,同时修整理论模式本身。严格地讲,语言理论研究应该是后者。从这一科学研究的观点出发,第8.1小节提及的遗留问题对中国学者而言,尤其值得中国学者的关注。

第二个理论大问题需要我们考虑的是语言理论的趋势。到了21世纪的今天,语言研究者中已经没有人会否认语言不是心脑的语言了。从这个意义出发,语言研究应该是一种认知研究。认知研究的科学主要是认知科学,除了语言的认知研究外,它还包括认知心理研究、认知计算研究和认知大脑神经研究。但是,目前语言的理论表述和认知科学研究的思路和理论表征方法有较大的差距。如果从认知科学的理论视角观之,语言研究的进路,也许要进一步改革。具体而言,语言研究需要在认知科学的关注下进行一场革新。作为语言研究者,我们还进一步期待语言研究为认知科学研究作出应有的贡献。从学科关系出发,合理的语言研究,也应该能够为认知科学的研究作出积极的贡献。

和20世纪六七十年代相比,当今的大脑神经科学已经有了长足发展,成果也更加丰富。有一点是清楚的,大脑是可以处理各种信息的神经网络,有生命机制。大脑的任何皮层功能区位,都有这种运作能力。这点也进一步印证了Lamb(1966、1999)的基于使用的语言观点,即语言能力是可以运用的能力,语言运用是能力的运用。语言系统的认知过程,就是语言的理解过程、产出过程以及基于理解产出操作的语言系统发展过程和演化过程。操作过程主要是概念内容和语言表达之间的神经认知过程(程琪龙2001、2002),如果任何构式都是义形语符关系,那么任何构式语符关系同时又是概念内容和语言表达之间的认知过程。如果构式可以出现在词汇级,也可以出现在小句级,而且如果要更概括地表述义形语符关系及其认知过程,那么我们就需要概括所有构式的连接关系。但是,构式进路将小句的语义和句法放在各具体的构式中表述。词汇进路虽然试图构建概括的义形体现关系(即映射关系),其中Dowty的原型论机制也获得了很大的成功。但是,问题依旧存在,其中还涉及小句的漏配句、错配句、失配句和无配句的义形映射关系。我们希望在今后的研究中,对此进行更深入的探究,以求合理之解。

参 考 文 献

Abusch, D. 1986. Verbs of change, causation and time. Report CSLI - 86 - 50. Stanford, CA: CSLI Publications.

Ackerman, F. & I. Nikolaeva. 2004. *Comparative Grammar and Grammatical Theory: A Construction-Based Study of Morphosyntax.* Stanford, CA: CSLI Publications.

Aissen, J. 1999. Markedness and subject choice of optimality theory. *Natural Language and Linguistic Theory*, 17: 673 - 711.

Aissen, J. 2003. Differential object marking: Iconicity vs. economy. *Natural Language and Linguistic Theory*, 21: 435 - 483.

Anderson, S. 1971. On the role of deep structure in semantic interpretation. *Foundations of Language*, 6: 387 - 396.

Anderson, S. 1977. Comments on the paper by Wasow. In P. Culicover, T. Wasow & A. Akmajian (Eds.), *Formal Syntax*, pp. 361 - 377. New York: Academic Press.

Aoun, J. & Y. A. Li. 1989. Scope and constituency. *Linguistic Inquiry*, 20: 141 - 172.

Aronoff, M. 1983. Potential words, actual words, productivity and frequency. Paper Presented to the Proceedings of the 13th International Congress of Linguists, Oslo.

Asudeh, A. 2001. Linking, optionality, and ambiguity in Marathi. In P. Sells (Ed.), *Formal and Empirical Issues in Optimality Theoretic Syntax*, pp. 257 - 312. Stanford, CA: CSLI Publications.

Bach, E. 1981. On time, tense, and aspect: An essay in English metaphysics. In P. Cole (Ed.), *Radical Pragmatics*. New York: Academic Press.

Bach, E. 1986. The algebra of events. *Linguistics and Philosophy*, 9.

Baker, M. 1989. Object sharing and projection in serial verb constructions. *Linguistic Inquiry*, 20: 513 - 553.

Baker, M. 1996. On the structural positions of themes and goals. In J. Rooryck & L. Zaring (Eds.), *Phrase Structure and Lexicon*, pp. 7 - 34. Dordrecht: Kluwer Academic Publishers.

Baker, M. 1997. Thematic roles and syntactic structure. In L. Haegeman (Ed.), *Elements of Grammar: Handbook of Generative Syntax*, pp. 73 - 137. Dordrecht: Kluwer Academic Publishers.

Baker, M. & J. Ruppenhofer. 2002. FrameNet's frames vs. Levin's verb classes. In J. Larson & M. Paster (Eds.), *Proceedings of the 28th Annual Meeting of the Berkeley Linguistics Society*, pp. 27 - 38. UC Berkeley: Berkeley Linguistics Department.

Bannard, C. & D. Matthews. 2008. Stored word sequences in language learning: The effect of familiarity on children's repetition of four-word combinations. *Psychological Science*, 19: 241 – 248.

Belletti, A. & L. Rizzi. 1988. Psych-verbs and ⊙-theory. *Natural Language and Linguistic Theory*, 6: 291 – 352.

Bertinetto, P. M. & M. Squartini. 1995. An attempt at defining the class of "gradual completion" verbs. In P. M. Bertinetto, V. Bianchi, J. Higginbotham & M. Squartini (Eds.), *Temporal Reference Aspect and Actionality, 1: Semantic and Syntactic Perspectives*, pp. 11 – 26. Turin: Rosenberg and Sellier.

Bickel, B. 1997. Aspectual scope and the difference between logical and semantic representation. *Lingua*, 102: 115 – 131.

Birnerand, B. J. & G. Ward. 1998. *Information Status and Noncanonical Word Order in English*. Amsterdam: John Benjamins.

Blake, B. J. 1990. *Relational Grammar*. London: Routledge.

Blake, B. J. 2001. *Case*. Cambridge: Cambridge University Press.

Blevins, J. P. 2001. Realisation-based lexicalism. *Journal of Linguistics*, 16: 1 – 75.

Bloom, C. & G. Booij. 1970. The diachrony of complex predicates in Dutch: A case study in Grammaticalization. *Acta Linguistica Hungarica*, 50: 61 – 91.

Boas, H. C. 2000. *Resultative Constructions in English and German*. Ph. D. dissertation. Chapel Hill: University of North Carolina.

Boas, H. C. 2001. "Frame Semantics as a framework for describing polysemy and syntactic structures of English and German motion verbs in contrastive computational lexicography." In P. Rayson, A. Wilson, T. McEnery, A. Hardie & S. Khoja (Eds.), *Proceedings of Corpus Linguistics 2001*, pp. 64 – 73. Lancaster University (UK), 29 March – 2 April, 2001.

Boas, H. C. 2002. On constructional polysemy and verbal polysemy in construction grammar. In V. Samiian (Ed.), *Proceedings of the 2000 Western Conference on Linguistics*, 12: 126 – 139.

Boas, H. C. 2003. A Lexical-constructional account of the locative alternation. In L. Carmichael, C.-H. Huang & V. Samiian (Eds.), *Proceedings of the 2001 Western Conference in Linguistics*, 13: 27 – 42.

Boas, H. C. 2006. A frame-semantic approach to identifying syntactically relevant elements of meaning. In P. Steiner, H. C. Boas and S. Schierholz (Eds.), *Contrastive Studies and Valency: Studies in Honor of Hans Ulrich Boas*, pp. 119 – 149. Frankfurt: Peter Lang.

Boas, H. C. 2008. Towards a frame-constructional approach to verb classification. In E. S. Acevedo & F. J. C. Rodriguez (Eds.), *Grammar, Constructions, and Interfaces: Special Issue of Revista Canaria de Estudios Ingleses*, 57: 17 – 48.

Boas, H. C. 2009. Verb meanings at the crossroads between higher-level and lower-level constructions. *Lingua*, 120: 22 – 34.

Boas, H. C. 2010. (Ed.). *Contrastive Studies in Construction Grammar*. Amsterdam/

Philadelphia: John Benjamins.

Boas, H. C. 2011. A frame-semantic approach to syntactic alternations with build-verbs. In P. Guerrero Medina (Ed.), *Morphosyntactic Alternations in English*, pp. 207 – 234. London: Equinox.

Boas, H. C. 2013. Cognitive construction grammar. In T. Hoffmann & G. Trousdale (Eds.), *The Oxford Handbook of Construction Grammar*, pp. 233 – 254. Oxford: Oxford University Press.

Bod, R. 1998. *Beyond Grammar: An Experience-Based Theory of Language*. Stanford, CA: CSLI Publications.

Bolinger, D. L. 1968. Entailment and the meaning of structures. *Glossa*, 2: 119 – 127.

Booij, G. 2010. *Construction Morphology*. Oxford: Oxford University.

Borer, H. 1994. The projection of arguments. *Functional Projections*, University of Massachusetts Occasional Papers, 17, Graduate Linguistics Student Association, Amherst, MA: University of Massachusetts.

Borer, H. 1998. Passive without theta grids. In S. G. Lapointe, D. K. Brentari & P. M. Farrell (Eds.), *Morphological Interfaces*. Stanford, CA: CSLI Publications.

Borer, H. 2003. Exo-skeletal vs. endo-skeletal explanations: Syntactic projections and lexicon. In J. Moor & M. Polinsky (Eds.), *The Nature of Explanation in Linguistic Theory*. Stanford, CA: CSLI Publications.

Borer, H. 2005a. *Structuring Sense I: In Name Only*. Oxford: Oxford University Press.

Borer, H. 2005b. *Structuring Sense II: The Normal Course of Events*. Oxford: Oxford University Press.

Bossong, G. 1991. Differential object marking in Romance and beyond. In D. Wanner & D. A. Kibbee (Eds.), *New Analyses in Romance Linguistics*, pp. 143 – 170. Amsterdam: John Benjamins.

Bossong, G. 1998. Le marquage différential de l'objet dans les langues d'Europe. In J. Feuillet (Ed.), *Actance et Valence dans les Langues de l'Europe*, pp. 193 – 258. Berlin: Mouton de Gruyter.

Bowerman, M. 1973. *Early Syntactic Development*. Cambridge: Cambridge University Press.

Bresnan, J. 1982. Control and complementation. *Linguistic Inquiry*, 13: 343 – 434.

Bresnan, J. 2001. *Lexical-Functional Syntax*. Oxford: Blackwell Publishers, Inc.

Bresnan, J. & J. Kanerva. 1989. Locative inversion in Chichewa: A case study of factorization in grammar. *Linguistic Inquiry*, 20: 1 – 50.

Breu, W. 1994. Interactions between lexical, temporal and aspectual meaning. *Studies in Language*, 18: 23 – 44.

Brown, R. 1973. *A First Language: The Early Stages*. Cambridge, MA: Harvard University Press.

Carrier-Duncan, J. 1985. Linking of thematic roles in derivational word formation. *Linguistic Inquiry*, 16: 1 – 34.

Carsten, V. 2002. Antisymmetry and word order in serial constructions. *Language*, 78: 3 - 50.

Carter, R. J. 1988. Some linking regularities. In B. Levin & C. Tenny (Eds.), *On Linking: Papers by Richard Carter*. Lexicon Project Working Papers 25, Center for Cognitive Science. Cambridge, MA: MIT. 1 - 92.

Centineo, G. 1986. A lexical theory of auxiliary selection in Italian. *Davis Working Papers in Linguistics 1*. Department of Linguistics. Davis, CA: University of California.

Centineo, G. 1996. A lexical theory of auxiliary selection in Italian. *Probus*, 8: 223 - 271.

Cheng, Q. W. 2014. *A Construction Grammar Approach to the Family of Chinese Caused-Motion Constructions*. MA dissertation, Bangor University.

Cheng, Q. W. 2018. Family of Chinese BA-Construction: A Cognitive Approach. Ph. D. dissertation, Northumbria Univercity.

Chomsky, N. 1972. *Studies on Semantics in Generative Grammar*. The Hague: Mouton and Co.

Chomsky, N. 1981. Principles and parameters in syntactic theory. In N. Hornstein & D. Lightfoot (Eds.), *Explanations in Linguistics*, pp. 123 - 146. London: Longman.

Chomsky, N. 1986. *Knowledge of Language*. New York: Prager.

Clark, E. V. 1973. Space, time, semantics, and the child. In T. E. Moore (Ed.), *Cognitive Development and the Acquisition of Language*, pp. 27 - 64. New York: Academic Press.

Clark, E. V. 1987. The Principle of Contrast: A Constraint on Language Acquisition. In Brian MacWhinney (Ed.), *Mechanisms of Language Acquisition*, pp. 1 - 33. Hillsdale, NJ: Erlbaum.

Comrie, B. 1976. The syntax of causative constructions: Cross-language similarities and divergences. In M. Shibatani (Ed.), *Syntax and Semantics 6: The Grammar of Causative Constructions*, pp. 261 - 312. New York: Academic Press.

Croft, W. 1990. Possible verbs and structure of events. In S. L. Tsohatzidis (Ed.), *Meanings and Prototypes: Studies in Linguistic Categorization*, pp. 48 - 73. London: Routledge.

Croft, W. 1991. *Syntactic Categories and Grammatical Relations*. Chicago, IL: University of Chicago Press.

Croft, W. 1993. Case marking and the semantics of mental verbs. In J. Pustejovsky (Ed.), *Semantics and the Lexicon*, pp. 55 - 72. Dordrecht: Kluwer Academic Publishers.

Croft, W. 1994. The semantics of subjecthood. In M. Yaguellow (Ed.), *Subjecthood and Subjectivity: The Status of the Subject in Linguistic Theory*, pp. 29 - 75. Paris: Ophrys.

Croft, W. 1998. Event structure in argument linking. In M. Butt & W. Geuder (Eds.),

21 - 63. *The Projection of Arguments: Lexical and Syntactic Constraints*, pp. 21 - 63. Stanford, CA: CSLI Publications.

Croft, W. 2001. *Radical Construction Grammar: Syntactic Theory in Typological Perspective*. Oxford: Oxford University Press.

Croft, W. 2002. *Radical Construction Grammar*. New York: Oxford University Press, Inc.

Croft, W. 2003. *Typology and Universals*. Cambridge: Cambridge University Press.

Croft, W. 2012. *Aspect and Causal Structure*. Oxford: Oxford University Press.

Croft, W. & D. A. Cruse. 2004. *Cognitive Linguistics*. Cambridge: Cambridge University Press.

Culicover, P. & W. Wilkins. 1984. *Locality in Linguistic Theory*. New York: Academic Press.

Culicover, P. & R. Jackendoff. 2005. Something else for the binding theory. *Linguistic Inquiry*, 26: 249 - 275.

Dahl, O. 1985. *Tense and Aspect Systems*. Oxford: Blackwell Publishers.

Davis, A. R. 2001. *Linking by Types in the Hierarchical Lexicon*. Stanford, CA: CSLI Publications.

Davis, A. R. & J.-P. Koenig. 2000. Linking as constraints on word classes in a hierarchical lexicon. *Language*, 76.

DeLancey, S. 1984. Notes on agentivity and causation. *Studies in Language*, 8: 181 - 213.

DeLancey, S. 1985. Agentivity and syntax. In *Papers from the Parasession on Causatives and Agentivity*, pp. 1 - 12. Chicago, IL: Chicago Linguistic Society.

DeLancey, S. 1990. Ergativity and the cognitive model of event structure in Lhasa Tibetan. *Cognitive Linguistics*, 1: 289 - 321.

DeLancey, S. 1991. *Even Construal and Case Role Assignment*, pp. 338 - 353. Berkelely, CA: Berkeley Linguistics Society.

Dik, S. C. 1978. *Functional Grammar*. Amsterdam: North-Holland.

Dik, S. C. 1980. *Studies in Functional Grammar*. London: Academic Press.

Dik, S. C. 1997. *The Theory of Functional Grammar, Part 1: The Structure of the Clause*. Birlin: Mouton de Gruyter.

Doron, E. & Rappaport Hovav. 1991. *Affectedness and Externalization*, pp. 81 - 94. *NELS* 21, Graduate Linguistics Student Association. Amherst, MA: University of Massachusetts.

Dowty, D. R. 1979. Lexically governed transformations as lexical rules in a montague grammar. *Linguistic Inquiry*, 9: 393 - 426.

Dowty, D. R. 1989. On the semantic content of the notion "thematic role". In G. Chierchia, B. Partee & R. Turner (Eds.), *Properties, Types and Meaning II*. Dordrecht: Kluwer Academic Publishers.

Dowty, D. R. 1991. Thematic proto-roles and argument selection. *Language*, 67.

Emonds, J. 1976. Evidence that indirect-object movement is a structure-preserving rule. *Foundations of Language*, 8: 546 - 561.

Engelberg, S. 1994. Valency and aspectuality. In D. W. Halwachs & I. Stütz (Eds.), *Sprache, Sprechen, Handeln I*, pp. 53 - 59. Tübingen: Heinrich Niemeyer.

Engelberg, S. 2000. Verb meaning as event structure. *LACUS Forum*, 26: 257 - 268.

Fagan, S. M. B. 1992. *The Syntax and Semantics of Middle Constructions*. Cambridge: Cambridge University Press.

Fahlman, S. 1979. *NETL: A System for Representing and Using Real-World Knowledge*. Cambridge, MA: MIT Press.

Fiengo, R. W. 1980. *Surface Structure: The Interface of Autonomous Components*. Cambridge, MA: Harvard University Press.

Filip, H. 1999. *Aspect, Eventuality Types and Nominal Reference*. New York: Garland.

Fillmore, C. J. 1967. The grammar of hitting and breaking. In R. Jacobs & P. Rosenbaum (Eds.), *Readings in English Transformational Grammar*, pp. 120 - 133. Waltham, MA: Ginn.

Fillmore, C. J. 1968. The case for case. In E. Bach & R. Harm (Eds.), *Universals in Linguistics Theory*, pp. 1 - 90. New York: Holt, Rinchart and Winston.

Fillmore, C. J. 1971. Types of lexical information. In D. Steinberg & L. Jakobovits (Eds.), *Semantics*. Cambridge: Cambridge University Press.

Fillmore, C. J. 1975. An alternative to checklist theories of meaning. *BLS*, 1: 123 - 131.

Fillmore, C. J. 1977a. The case for case reopened. In P. Cole & J. M. Sadock (Eds.), *Syntax and Semantics 8: Grammatical Relations*, pp. 59 - 81. New York: Academic Press.

Fillmore, C. J. 1977b. Types of lexical information. In D. Steinberg & L. Jakobovits (Eds.), *Semantics*, pp. 370 - 392. Cambridge: Cambridge University Press.

Fillmore, C. J. 1982. Frame semantics. In *Linguistics in the Morning Calm*, pp. 111 - 137. Seoul: Hanshin Publishing Company.

Fillmore, C. J. 1985. Frames and the semantics of understanding. *Quaderni di semantic*, 6: 222 - 254.

Fillmore, C. J. 1986. Pragmatically controlled zero anaphora. Berkeley, CA: Berkeley Linguistics Society.

Fillmore, C. J. 1988. The Mechanisms of "Construction Grammar". *Proceedings of the Annual Meeting of the Berkeley Linguistics Society*, 14: 35 - 55.

Fillmore, C. J. & B. T. S. Atkins. 1992. Towards a frame-based lexicon: The semantics of RISK and its neighbors. In A. Lehrer & E. F. Kittay (Eds.), *Frames, Fields and Contrasts*. Hillsdale, NJ: Lawrence Erlbaum Associates.

Fillmore, C. J. & B. T. S. Atkins. 1994. Starting where the dictionaries stop: The challenge for computational lexicography. In B. T. S. Atkins & A. Zampolli (Eds.), *Computational Approaches to the Lexicon*. Oxford: Clarendon Press.

Fillmore, C. J. & B. T. S. Atkins. 2000. Describing polysemy: The case of "Crawl". In Y. Ravin & C. Laecock (Eds.), *Polysemy*, pp. 91 - 110. Oxford: Oxford University Press.

Fillmore, C. J., P. Kay, L. Michaelis & I. Sag. 2007. *Sign-Based Construction Grammar*. Stanford, CA: CSLI Publications.

Fillmore, C. J., P. Kay & M. C. O'Connor. 1988. Regularity and idiomaticity in grammatical constructions: The case of *let alone*. *Language*, 64(3): 501 - 538.

Foley, W. A. & R. D. Van Valin, Jr. 1984. *Functional Syntax and Universal Grammar*. Cambridge: Cambridge University Press.

Frege, G. 1979. Begriffsschrift, a formula language, modeled upon that of arithmetic, for pure thought. In J. van Heijenoort (Ed.), *Frege and Gödel: Two Fundamental Texts in Mathematical Logic*. Cambridge, MA: Harvard University Press.

Gary, H. B. & E. L. Keenan. 1977. On collapsing grammatical relations in universal grammar. In P. Cole & J. M. Sadock (Eds.), *Syntax and Semantics 8: Grammatical Relations*, pp. 59 - 81. New York: Academic Press.

Gawron, J. M. 1985. A Parsimonious semantics for prepositions and cause. *CLS* 21, Part 2, *Papers from the Parasession on Causatives and Agentivity*, pp. 32 - 47.

Gawron, J. M. 1986. Situations and prepositions. *Linguistics and Philosophy*, 9(4): 427 - 476.

Gazdar, G., E. Klein, G. Pullum & I. Sag. 1985. *Generalized Phrase Structure Grammar*. Cambridge, MA: Harvard University Press.

Gelman, S. A., S. A. Wilcox & E. V. Clark. 1989. Conceptual and lexical hierarchies in Young Children. *Cognitive Development*, 4(4): 309 - 326.

Givón, T. 1984a. Direct object and dative shifting: Semantic and pragmatic case. In F. Plank (Ed.), *Objects: Towards a Theory of Grammatical Relations*, pp. 151 - 182. London: Academic Press.

Givón, T. 1984b. *Syntax: A Functional-Typological Introduction*, *Vol. I*. Amsterdam: John Benjamins.

Givón, T. 1990. *Syntax: A Functional-Typological Introduction*, *Vol. II*. Amsterdam: John Benjamins.

Gleitman, L. 1965. Coordinating conjunction in English. *Language*, 41.

Gleitman, L., H. Gleitman, C. Miller & R. Ostrin. 1996. Similar, and similar concepts. *Cognition*, 58.

Goldberg, A. E. 1995. *Constructions: A Construction Grammar Approach to Argument Structure*. Chicago: University of Chicago.

Goldberg, A. E. 1997. The Relationships between verbs and constructions. In M. Verspoor & E. Sweetser (Eds.), *Lexicon and Grammar*, pp. 382 - 398. Amsterdam: John Benjamins.

Goldberg, A. E. 2002. Surface generalizations: An alternative to alternations. *Cognitive Linguistics*, 13: 327 - 356.

Goldberg, A. E. 2006. *Constructions at Work: The Nature of Generalization in Language*. Oxford: Oxford University Press.

Goldberg, A. E. 2013. Constructionist approaches. In T. Hoffmann & G. Trousdale (Eds.), *Construction Grammar*. Oxford: Oxford University Press.

Goldberg, A. E. 2019. *Explain Me This: Creativity, Competition, and the Partial Productivity of Constructions*. Princeton: Princeton University Press.

Goldberg, A. E. & R. Jackendoff. 2004. The English resultative as family of constructions. *Language*, 80: 532 – 568.

Goldsmith, J. 1980. Meaning and mechanism in grammar. In S. Kuno (Ed.), *Harvard Studies in Syntax and Semantics*, pp. 423 – 449. Department of Linguistics, Cambridge, MA: Harvard University.

Grimshaw, J. 1988. Form, function and the language acquisition device. In C. L. Baker & J. McCarthy (Eds.), *The Logical Problem of Language Acquisition*, pp. 165 – 182. Cambridge, MA: MIT Press.

Grimshaw, J. 1990. *Argument Structure*. Cambridge, MA: MIT Press.

Grimshaw, J. 1993. *Semantic Structure and Semantic Content in Lexical Representation*. Unpublished MS. New Brunswick, NJ: Rutgers University.

Grimshaw, J. & S. Vikner. 1993. Obligatory adjuncts and the structure of events. In E. Reuland & W. Abraham (Eds.), *Knowledge and Language II: Lexical and Conceptual Structure*, pp. 143 – 155. Dordrecht: Kluwer Academic Publishers.

Gruber, J. S. 1965. Studies in lexical relations. Ph. D. dissertation. Cambridge MA: MIT.

Gruber, J. S. 1976. *Lexical Structures in Syntax and Semantics*. Amsterdam: North-Holland.

Haiman, J. 1985. *Natural Syntax: Iconicity and Erosion*. Cambridge: Cambridge University Press.

Hale, K. L. & S. J. Keyser. 1987. A view from the middle. *Lexicon Project Working Papers 10*. Center for Cognitive Science, Cambridge, MA: MIT.

Hale, K. L. & S. J. Keyser. 1992. The syntactic character of thematic structure. In I. M. Roca (Ed.), *Thematic Structure: Its Role in Grammar*, pp. 107 – 143. Berlin: Foris.

Hale, K. L. & S. J. Keyser. 1993. On argument structure and the lexical expression of syntactic relations. In K. L. Hale & S. J. Keyser (Eds.), *The View from Building 20*, pp. 53 – 109. Cambridge, MA: MIT Press.

Hale, K. L. & S. J. Keyser. 1997. The limits of argument structure. In A. Mendikoetxea & M. Uribe-Etxebarria (Eds.), *Theoretical Issues at the Morphology-syntax Interface*. Bilbao: Euskal Herriko Universtsitatea.

Hale, K. L. & S. J. Keyser. 1999. Bound features, merge, and transitivity alternation. *Papers from the UPenn/MIT Roundtable on the Lexicon*, *MIT Working Papers in Linguistics 35*. Department of Linguistics and Philosophy, Cambridge,

MA: MIT.

Hale, K. L. & S. J. Keyser. 2002. *Prolegomenon to a Theory of Argument Structure.* Cambridge, MA: MIT Press.

Halliday, M. A. K. 1984. *Introduction to Functional Grammar* (2nd edn.). London: Edward Arnold.

Hawkinson, A. K. & L. M. Hyman. 1974. Hierarchies of natural topic in Shona. *Studies in African Linguistics*, 5: 147 – 170.

Hay, K., L. Kennedy & B. Levin. 1999. Scalar structure underlies telicity in degree achievements. *SALT* 9, pp. 127 – 144. Cornell Linguistics Circle Publications. Ithaca, NY: Cornell University.

Hjelmslev, L. 1953/1961. *Prolegomena to a Theory of Language*. Francis J. Whitfield (Trans.). Madison: University of Wisconsin Press.

Hout, A. van. 1996. *Event Semantics of Verb Frame Alternations: A Case Study of Dutch and Its Acquisition.* Tilburg dissertation in language studies. Tilburg: Katholieke Universiteit Brabant.

Hout, A. van. 2000a. Event semantics in the lexicon-syntax interface: Verb frame alternations in Dutch and their acquisition. In C. Tenny & J. Pustejovsky (Eds.), *Events as Grammatical Objects*, pp. 239 – 281. Stanford, CA: CSLI Publications.

Hout, A. van. 2000b. Projection based on event structure. In P. Coopmans, M. Everaert & J. Grimshaw (Eds.), *Lexical Specification and Insertion*, pp. 403 – 427. Amsterdam: John Benjamins.

Iwata, S. 1998. *Locative Alternation: Lexical-Constructional Approach.* Amsterdam: John Benjamins.

Iwata, S. 2005. Locative alternation and two levels of verb meaning. *Cognitive Linguistics*, 16: 355 – 407.

Iwata, S. 2008. *Locative Alternation: A Lexical-Constructional Approach.* Amsterdam: John Benjamins Publishing Company.

Jackendoff, R. 1972. *Semantic Interpretation in Generative Grammar.* Cambridge, MA: MIT Press.

Jackendoff, R. 1976. Toward an Explanatory Semantic Representation. *Linguistic Inquiry*, 7: 89 – 150.

Jackendoff, R. 1983. *Semantics and Cognition.* Cambridge, MA: MIT Press.

Jackendoff, R. 1987. The status of thematic relations in linguistic theory. *Linguistic Inquiry*, 21: 427 – 456.

Jackendoff, R. 1990. *Semantic Structures.* Cambridge, MA: MIT Press.

Jackendoff, R. 1992. MME. Tussaud meets the Binding Theory. *Natural Language and Linguistic Theory*, 10: 1 – 31.

Jackendoff, R. 1996. The proper treatment of measuring out, telicity and perhaps even quantification in English. *Natural Language and Linguistic Theory*, 14: 305 – 359.

Jackendoff, R. 2002. *Foundations of Language: Brain, Meaning, Grammar, Evolution.*

Oxford: Oxford University Press.

Jaeggli, O. A. 1986. Passive. *Linguistic Inquiry*, 17: 587 - 622.

Johanson, L. 1996. Terminality operators and their hierarchical status. In B. Devriendt, L. Goossens & J. van der Auwera (Eds.), *Complex Structures: A Functionalist Perspective*, pp. 229 - 258. Berlin: Mouton de Gruyter.

Johanson, L. 2000. Viewpoint operators in European languages. In Ö. Dahl (Ed.), *Tense and Aspect in the Languages of Europe*, pp. 27 - 187. Berlin: Mouton de Gruyter.

Jurafsky, D. 1992. An on-line computational model of human sentence interpretation. In American Association for Artificial Intelligence (Eds.), *Proceedings of the National Conference on Artificial Intelligence (AAAI - 92)*. Cambridge, MA: MIT Press.

Kay, P. 2005. Argument structure constructions and the argument-adjunct distinction. In M. Fried & H. Boas (Eds.), *Grammatical Constructions: Back to the Roots*, pp. 71 - 98. Amsterdam: Benjamins.

Kay, P. & C. Fillmore. 1999. Grammatical constructions and linguistic generalizations: The what's X doing Y? construction. *Language*, 75: 1 - 33.

Kenny, A. 1963. *Action, Emotion, and Will*. London: Routledge and Kegan Paul.

Kiparsky, P. 1987. *Morphology and Grammatical Relations*. Unpublished MS. Stanford University.

Kiparsky, P. 1997. Remarks on denominal verbs. In A. Alsina, J. Bresnan & P. Sells (Eds.), *Complex Predicates*, pp. 437 - 499. Stanford, CA: CSLI Publications.

Koenig, J.-P. & A. R. Davis. 2001. Sublexical modality and the structure of lexical semantic representations. *Linguistics and Philosophy*, 24.

Krifka, M. 1986. Nominalreferenz und Zeitkonstitution, Zur Semantik von Massentermen, Individualtermen, Aspekiklassen. Ph. D. dissertation. University of Munich.

Krifka, M. 1989a. Norminal reference, temporal constitution and quantification in event semantics. In R. Bartsch, J. van Benthem & P. van Emde Boas (Eds.), *Semantics and Contextual Expression*, pp. 75 - 115. Bordrecht: Foris.

Krifka, M. 1989b. *Nominalreferenz und Zeitkonstitution, Zur Semantik von Massentermen, Individualtermen, Aspekiklassen*. Munich: Wilhelm Fink Verlag.

Krifka, M. 1992. Thematic relations as links between nominal reference and temporal constitution. In A. Sag & A. Szabolcsi (Eds.), *Lexical Matters*, pp. 29 - 54. Stanford, CA: CSLI Publications.

Ladusaw, W. A. & D. R. Dowty. 1988. Toward a nongrammatical account of thematic roles. In W. Wilkins (Ed.), *Syntax and Semantics 21: Thematic Relations*. San Diego, CA: Academic Press.

Lakoff, G. 1965. On the nature of syntactic irregularity. Ph. D. dissertation. Indiana University. Published as *Irregularity in Syntax*. New York: Holt, Rinehart and Winston, 1970.

Lakoff, G. 1977. Linguistic Gestalts. *CLS* 13. Chicago, IL: Chicago Linguistic Society.

Lakoff, G. 1984. *There*-constructions: A case study in grammatical construction theory and prototype theory. *Cognitive Science Technical Report*, 18.

Lakoff, G. 1987. *Women, Fire, and Dangerous Things: What Categories Reveal about the Mind*. Chicago: University of Chicago Press.

Lakoff, G. & M. Johnson. 1980. *Metaphors We Live By*. Chicago: The University of Chicago Press.

Lakoff, G. & M. Johnson. 1999. *Philosophy in the Flesh: The Embodied Mind and Its Challenge to Western Thought*. New York: Basic Books.

Lakoff, G. & S. Peters. 1969. Phrasal conjunction and symmetric predicates. In D. A. Reibel & S. A. Schane (Eds.), *Modern Studies in English*. Englewood Cliffs, NJ: Prentice-Hall.

Lamb, S. 1966. *Outline of Stratificational Grammar*. Washington, DC: Georgetown University.

Lamb, S. 1971. The crooked path of progress in cognitive linguistics. In J. Richard & S. J. O'Brien (Eds.), *Monograph Series on Language and Linguistics*, 24: 99 - 123. Washington, DC: Georgetown University Press. Reprinted in Makkai and Lockwood 1973, pp. 12 - 33.

Lamb, S. 1999. *Pathways of the Brain*. Netherlands: John Benjamins.

Lamb, S. 2004. *Language and Reality*. London: Continuum.

Langacker, R. 1987. *Foundations of Cognitive Grammar: Theoretical Prerequisites*, *Vol. I*. Stanford: Stanford University Press.

Langacker, R. 1990. Concept, image, and symbol: The cognitive basis of grammar. *Cognitive Linguistics Research*, 1. Berlin: Mouton de Gruyter.

Langacker, R. 1991. *Foundations of Cognitive Grammar: Descriptive Application*, Vol. II. Stanford: Stanford University Press.

Langacker, R. 1993. Clause structure in cognitive grammar. *Studi Italiani di Linguistica Teoricae Applicata*, 22: 465 - 508.

Langacker, R. 1999. Grammar and conceptualization. *Cognitive Linguistics Research*, 14. Berlin: Mouton de Gruyter.

Langacker, R. 2008. *Cognitive Grammar: A Basic Introduction*. Oxford: Oxford University Press.

Larson, R. K. 1988. On the double object construction. *Linguistic Inquiry*, 19: 335 - 391.

Larson, R. K. 1990. Double objects revisited: Replay to Jackendoff. *Linguistic Inquiry*, 21: 589 - 632.

Lee, H. 2003. Prominence mismatch and markedness reduction in word order. *Natural Language and Linguistic Theory*, 21: 617 - 680.

Levin, B. 1985. Lexical semantics in review: An introduction. In B. Levin (Ed.), *Lexical Review*. Lexicon Project Working Papers, 1. Cambridge, MA: MIT Center for Cognitive Science.

Levin, B. 1993. *English Verb Classes and Alternations: A Preliminary Investigation*. Chicago, IL: University of Chicago Press.

Levin, B. & M. Rappaport Hovav. 1995. *Unaccusativity: At the Syntax-Lexical Semantics Interface*. Cambridge, MA: Cambridge University Press.

Levin, B. & M. Rappaport Hovav. 1999. Two structures for compositionally derived events. *SALT*, *9*, Cornell Linguistics Circle Publications. Ithaca, NY: Cornell University.

Levin, B. & M. Rappaport Hovav. 2004. The semantic determinants of argument expression: A view from the English resultative construction. In J. Guéron & J. Lecarme (Eds.), *The Syntax of Time*, pp. 477 - 494. Cambridge, MA: MIT Press.

Levin, B. & M. Rappaport Hovav. 2005. *Argument Realization*. Cambridge: Cambridge University Press.

Levin, B. & T. R. Rapoport. 1988. Lexical subordination. In *CLS 24*, *Part 1: Papers from the General Session*, pp. 275 - 289. Chicago, IL: Chicago Linguistic Society.

Levin, L. 1986. *Operations on Lexical forms: Unaccusative Rules in Germanic Languages*. Bloomington, IN: Indiana University Linguistics Club.

Levin, L. 1987. Towards a linking theory of relation changing rules in LFG. Report CSLI - 87 - 115. Stanford, CA: CSLI Publications.

Li, Y. 1990. On V-V compounds in Chinese. *Natural Language and Linguistic Theory*, 8: 177 - 207.

Lieven, E. V. M., H. Behrens, J. Speakers & M. Tomasello. 2003. Early syntactic creativity: A usage-based approach. *Journal of Child Language*, 30: 333 - 370.

Mandler, J. 2004. *The Foundations of Mind: Origins of Conceptual Thought*. Oxford: Oxford University Press.

Matsumoto, Y. 1991. Some constraints on the semantic structures of verbs: Evidence from Japanese motion predicates. Unpublished MS. Stanford University.

McCarthy, J. J. 2002. *A Thematic Guide to Optimality Theory*. Cambridge: Cambridge University Press.

Michotte, A. 1963. *The Perception of Causality*. London: Methuen.

Miller, G. & P. N. Johnson-Laird. 1976. *Language and Perception*. Cambridge, MA: Harvard University Press.

Minsky, M. 1975. A framework for representing knowledge. In P. H. Winston (Ed.), *The Psychology of Computer Vision*. New York: McGraw-Hill.

Mohanan, K. P., T. Mohanan & L. Wee. 1999. Introduction. In T. Mohanan & L. Wee (Eds.), *Grammatical Semantics: Evidence for Structure in Meaning*. Stanford, MA: CSLI Publication.

Mohanan, T. 1994. *Argument Structure in Hindi*. Stanford, CA: CSLI Publications.

Newmeyer, F. 2002. Optimality and functionality: A critique of functionally-based optimality-theoretic syntax. *Natural Language and Linguistic Theory*, 20: 43 – 80.

Nilsen, D. L. F. 1973. *Instrumental Case in English: Syntactic and Semantic Considerations*. The Hague: Mouton.

Ostler, N. D. M. 1979. The semantics and pragmatics of lexical features. *Studies in the Linguistic Sciences*, 24.

Östman, J.-O. & M. Fried. 2005. *Construction Grammars: Cognitive Grounding and Theoretical Extensions*. Amsterdam, NJ: John Benjamins.

Palmer, F. R. 1994. *Grammatical Roles and Relations*. Cambridge: Cambridge University Press.

Pereltsvaig, A. 2000. Cognate object in Russian: Is the notion "cognate" relevant for syntax? *Canadian Journal of Linguistics*, 44: 267 – 291.

Perlmutter, D. M. 1978. Impersonal passives and the unaccusative hypothesis. *BLS* 4, Berkeley, CA: Berkeley Linguistics Society.

Perlmutter, D. M. & P. M. Postal. 1984. The 1 – Advancement exclusiveness law. In D. M. Perlmutter & C. Rosen (Eds.), *Studies in Relational Grammar 2*, pp. 81 – 125. Chicago, IL: University of Chicago Press.

Persetsky, D. M. 1995. *Zero Syntax*. Cambridge, MA: MIT Press.

Pinker, S. 1989. *Learnability and Cognition: The Acquisition of Argument Structure*. Cambridge, MA: MIT Press.

Polard, C. & I. A. Sag. 1994. *Head-Driven Phrase Structure Grammar*. Chicago: The University of Chicago Press.

Polinsky, M. & I. Kozinsky. 1992. Ditransitive constructions in Kinyarwanda: Coding conflict or syntactic doubling? *CSL 28, Part 1: Papers from the Main Session*, pp. 426 – 442. Chicago, IL: Chicago Linguistic Society.

Primus, B. 1998. The relative order of recipient and patient in the languages of Europe. In A. Siewierska (Ed.), *Constituent Order in the Languages of Europe*, pp. 421 – 473. Berlin: Mouton de Gruyter.

Primus, B. 1999. *Cases and Thematic Roles: Ergative, Accusative and Active*. Tübingen: Niemeyer.

Prince, A. & P. Smolensky. 1993. Optimality theory: Constraint interaction in generative grammar. Technical report, Rutgers University Center for Cognitive Science. New Brunswick, NJ: Rutgers University.

Pustejovsky, J. 1991. The syntax of event structure. *Cognition*, 41: 47 – 81.

Pustejovsky, J. 1995. *The Generative Lexicon*. Cambridge, MA: MIT Press.

Ramchand, G. C. 1997. *Aspect and Predication*. Oxford: Clarendon Press.

Rappaport Hovav, M. & B. Levin. 1988. What to do with theta-roles. In W. Wilkings (Ed.), *Syntax and Semantics, 21: Thematic Relations*, pp. 7 – 36. San Diego: Academic Press.

Rappaport Hovav, M. & B. Levin. 1998. Building verb meaning. In M. Butt & W. Geuder (Eds.), *The Projection of Arguments*, pp. 97 – 134. Stanford: CSLI

Publications.

Rappaport Hovav, M. & B. Levin. 2000. Classifying single argument verbs. In P. Coopmans, M. Everaert & J. Grimshaw (Eds.), *Lexical Specification and Insertion*, pp. 269 – 304. Amsterdam: John Benjamins.

Rappaport Hovav, M. & B. Levin. 2001. An event structure account of English resultatives. *Language*, 77: 766 – 797.

Rappaport Hovav, M. & B. Levin. 2002. Change of state verbs: Implications for theories of argument projection. *BLS* 28, Cerkeley, CA: Berkeley Linguistics Society.

Reinhart, T. 1996. Syntactic effects of lexical operations: Reflectives and unaccusatives. *OTS Working Papers in Linguistics*. Utrecht Institute of Linguistics, University of Utrecht.

Reinhart, T. 2000. The theta system: Syntactic realization of verbal concepts. *OTS Working Papers in Linguistics*. Utrecht Institute of Linguistics, University of Utrecht.

Reinhart, T. 2001. Experiencing Derivations. Ithaca, NY: Cornell Linguistics Circle Publications.

Reinhart, T. 2002. The theta system: An overview. *Theoretical Linguistics*, 28.

Rice, M. L. & J. V. Bode. 1993. GAPS in the verb lexicons of children with specific language impairment. *First Language*, 13: 113 – 131.

Robert, L. G. 1987. *The Representation of Implicit and Dethematized Subjects*. Dordrecht: Foris.

Rozwadowska, B. 1988. Thematic restrictions on derived nominals. In W. Wilkins (Ed.), *Syntax and Semantics, 21: Thematic Relations*. San Diego, CA: Academic Press.

Rozwadowska, B. 1989. Are thematic relations discrete? In R. Corrigan, F. Eckman & M. Noonan (Eds.), *Linguistic Categorization*. Amsterdam: John Benjamins.

Rumelhart, D. & J. McClelland. 1986. On learning the past tenses of English verbs. In J. McClelland & D. Rumelhardt (Eds.), *Parallel Distributed Processing*, Vol. 2: *Psychological and Biological Models*, pp. 216 – 271. Cambridge, MA: MIT Press.

Sasse, H.-J. 1991. Aspect and Aktionsart: A reconciliation. In C. Vetters & W. Vandeweghe (Eds.), *Perspectives on Aspect and Aktionsart*, pp. 31 – 45. Bruxelles: Éditions de l'Université de Bruxelles.

Sasse, H.-J. 2002. Recent activity in the theory of aspect: Accomplishments, achievements, or just non-progressive state? *Linguistic Typology*, 6: 199 – 271.

Saussure, F. D. 1916. *Cours de Linguisticque Générale*. Translated by Wade Baskin (1959) as *Course in General Linguistics*. New York: Philosophical Library.

Schank, R. C. & R. Abelson. 1975. *Scripts, Plans, Goals, and Knowledge*. Hillsdale, NJ: Erlbaum.

Schank, R. C. & R. Abelson. 1977. *Scripts, Plans, Goals, and Understanding*.

Hillsdale, NJ: Lawrence Erlbaum Associates.

Schlesinger, I. M. 1971. Production of utterances and language acquisition. In D. I. Slobin (Ed.), *The Ontogenesis of Grammar*. New York: Academic Press.

Schlesinger, I. M. 1979. Cognitive structures and semantic deep structures: The case of the instrumental. *Journal of Linguistics*, 15.

Schlesinger, I. M. 1989. Instruments as agents: On the nature of semantic relations. *Journal of Linguistics*, 25.

Schlesinger, I. M. 1995. *Cognitive Space and Linguistic Case*. Cambridge: Cambridge University Press.

Schütze, C. T. 1995. PP Attachment and argumenthood. *Papers on Language Processing Acquisition*. MIT Working Papers in Linguistics 26. Department of Linguistics and Philosophy. Cambridge, MA: MIT.

Siewierska, A. 1993. On the interplay of factors in the determination of word order. In J. Jacobs, A. von Stechow, W. Sternedeld & T. Vennemann (Eds.), *Syntax: An International Handbook of Contemporary Research*, Vol. 1, pp. 826 – 846. Berlin: Mouton de Gruyter.

Slobin, D. 1970. Universals of grammatical development in children. In W. J. M. Levelt & G. B. Flores d'Arcais (Eds.), *Advances in Psycholinguistic Research*. Amsterdam: North-Holland.

Slobin, D. 1985. Crosslinguistic evidence for the language-making capacity. In D. Slobin (Ed.), *A Crosslinguistic Study of Language Acquisition*, *Vol. 2: Theoretical Issues*. Hillsdale, NJ: Lawrence Erlbaum.

Speas, M. J. 1990. *Phrase Structure in Natural Language*. Dordrecht: Kluwer Academic Publishers.

Stefanowitsch, A. & S. Th. Gries. 2003. Collostructions: Investigating the interaction of words and constructions. *International Journal of Corpus Linguistics*, 8/2: 209 – 243.

Stefanowitsch, A. & S. Th. Gries. 2005. Co-varying collexemes. *Corpus Linguistics and Linguistic Theory*, 1/1: 1 – 43.

Stowell, T. 1981. Origins of phrase structure. Ph. D. dissertation. Cambridge, MA: MIT.

Sun, C. *Word-Order Change and Grammaticalization in the History of Chinese*. Stanford: Stanford University Press, 1996.

Talmy, L. 1976. Semantic causative types. In M. Shibatani (Ed.), *Syntax and Semantics (Vol. 6): The Grammar of Causative Constructions*. New York: Academic Press.

Talmy, L. 1985. Lexicalization patterns: Semantic structure in lexical forms. In T. Shopen (Ed.), *Language Typology and Syntactic Description 3: Grammatical Categories and the Lexicon*, pp. 57 – 149. Cambridge: Cambridge University Press.

Talmy, L. 1988. Force dynamics in language and thought. *Cognitive Science*, 12:

49 – 100.

Tenny, C. 1987. Grammaticalizing aspect and affectedness. Ph. D. dissertation. Cambridge, MA: MIT.

Tenny, C. 1992. The aspectual interface hypothesis. In I. A. Sag & A. Szabolcsi (Eds.), *Lexical Matters*, pp. 1 – 27. Stanford, CA: CSLI Publications.

Tenny, C. 1994. *Aspectual Roles and the Syntax-Semantics Interface*. Dordrecht: Kluwer Academic Publishers.

Timberlake, A. 1985. The temporal schemata of Russian predicates. In M. S. Flier & R. D. Brecht (Eds.), *Issues in Russian Morphosyntax*, pp. 35 – 57. Columbus: Slavica.

Tomasello, M. 2003. *Constructing a Language*. Cambridge, MA: Harvard University Press.

Trithart, L. 1979. Topicality: An alternative to the relational view of bantu passive. *Studies in African Linguistics*, 10: 1 – 30.

Van Valin, R. D., Jr. 1980. On the distribution of passive and antipassive constructions in universal grammar. *Lingua*, 50: 303 – 327.

Van Valin, R. D., Jr. 1990. Semantic parameters of split intransitivity. *Language*, 66.

Van Valin, R. D., Jr. 1993. *Advances in Role and Reference Grammar*. Amsterdam: John Benjamins.

Van Valin, R. D., Jr. 1999. Generalized semantic roles and the syntax-semantics interface. In F. Corblin, C. Dobrovie-Sorin & J.-M. Marandin (Eds.), *Empirical Issues in Formal Syntax and Semantics*, 2, pp. 373 – 389. The Hague: Thesus.

Van Valin, R. D., Jr. 2005. *Exploring the Syntax-Semantics Interface*. Cambridge University Press.

Van Valin, R. D., Jr. & R. J. LaPolla. 1997. *Syntax: Structure, Meaning and Function*. Cambridge: Cambridge University Press.

Vendler, Z. 1957. Verbs and times. *Philosophical Review*, 56: 143 – 160.

Vendler, Z. 1967. *Linguistics in Philosophy*. Ithaca, NY: Cornell University Press.

Verbkuyl, H. J. 1972. *On the Compositional Nature of the Aspects*. Dordrecht: Reidel.

Verbkuyl, H. J. 1993. *A Theory of Aspectuality*. Cambridge: Cambridge University Press.

Voorst, J. van. 1988. *Event Structure*. Amsterdam: John Benjamins.

Voorst, J. van. 1993. A localist model for event semantics. *Journal of Semantics*, 10: 65 – 111.

Voorst, J. van. 1995. The semantic structure of causative constructions. *Studies in Language*, 19: 489 – 523.

Voorst, J. van. 1996. Some systematic differences between the Dutch, French, and English Transitive construction. *Language Sciences*, 18: 227 – 245.

Wechsler, S. 1995. *The Semantic Basis of Argument Structure*. Stanford, CA: CSLI Publications.

Wechsler, S. & Y.-S. Lee. 1996. The domain of direct case assignment. *Natural Language and Linguistic Theory*, 14: 629 - 664.

Wierzbicksa, A. 1980. *The Case for Surface Case*. Ann Arbor, MI: Karoma.

Wierzbicksa, A. 1985. *Lexicography and Conceptual Analysis.* Ann Arbor, MI: Karoma.

Wierzbicksa, A. 1987. *English Speech Act Verbs: A Semantic Dictionary.* Sydney: Academic Press.

Wierzbicksa, A. 1988. *The Semantics of Grammar*. Amsterdam: John Benjamins.

Wilensky, R. 1982. Points: A theory of the structure of stores in memory. In W. Lehnert & M. Rengle (Eds.), *Strategies for Natural-Language Processing*, pp. 345 - 374. Hillsdale, NJ: Lawrence Erlaum Associates.

Wilensky, R. 1986. Some problems and proposals for knowledge representation. *Cognitive Science Report* 40, University of California, Berkeley.

Wunderlich, D. 1997a. Argument extension by lexical adjunction. *Journal of Semantics*, 14: 95 - 142.

Wunderlich, D. 1997b. Cause and the structure of verbs. *Linguistic Inquiry*, 28: 27 - 68.

Wunderlich, D. 2000. Predicate composition and argument extension as general options: A study in the interface of semantic and conceptual structure. In B. Stiebels & D. Wunderlich (Eds.), *The Lexicon in Focus*, pp. 247 - 270. Berlin: Akademie Verlag.

Zaenen, A. 1993. Unaccusativity in Dutch: An integrated approach. In J. Pustejovsky (Ed.), *Semantics and the Lexicon*, pp. 129 - 161. Dordrecht: Kluwer Academic Publishers.

陈昌来,2002。《现代汉语动词的句法语义属性研究》。上海:学林出版社。

程倩雯、程琪龙,2018。动词—构式的语义关系研究:认知事件框架进路。《外国语》第3期。

程倩雯、程琪龙,2019。认知事件框架进路的雕刻事件研究。《外语学刊》第6期。

程琪龙,2001。《认知语言学概论——语言的神经认知基础》。北京:外语教学与研究出版社。

程琪龙,2002。《逼近语言系统》。南京:东南大学出版社。

程琪龙,2004。双宾结构及其相关概念框架。《外国语》第3期。

程琪龙,2006。《概念框架和认知》。上海:上海外语教育出版社。

程琪龙,2007。致使对象角色的选择和操作。《外国语》第1期,第35—41页。

程琪龙,2011。《概念语义研究的新视角》。上海:上海外语教育出版社。

程琪龙,2013。也谈完成性。《外语教学》第1期。

程琪龙(译),2005。《叶姆斯列夫语符学文集》。长沙:湖南教育出版社。

程琪龙、程倩雯,2014。动词和构式之间的关系——动词语义焦点。《外语教学》第3期。

程琪龙、程倩雯,2015a。动词和构式的关系——构式进路的利弊。《当代语言学》第

1 期。
程琪龙、程倩雯,2015b。动词和构式之间的关系——词汇构式语法。《外国语》第 3 期。
候国金,2014。构式语法到底优在何处。《山东外语教学》第 3 期。
刘正光(主编),2011。《构式语法研究》。上海:外语教育出版社。
陆俭明,2002。再谈“他吃了三个苹果”一类结构的性质。《中国语文》第 4 期。
陆俭明,2008。构式语法理论的价值与局限。《南京师范大学学报》第 1 期。
牛保义,2011。《构式语法理论研究》。上海:上海外语教育出版社。
沈家煊,2009。《认知与汉语语法研究》。北京:商务印书馆。
石毓智,2004。汉英双宾结构差别的概念化原因。《外语教学与研究》第 4 期。
田朝霞、程琪龙, 2011。英语及物小句的五个主要变体——跨越“形义匹配”。《外语与外语教学》第 3 期。
王寅,2011。《构式语法研究》。上海:上海外语教育出版社。
熊学亮,2007。英汉双宾构式探析。《外语教学与研究》第 4 期。
袁野,2014。新构式语法的外框架模式与汉语短语研究。《外国语》第 3 期。
袁毓林,1998。《汉语动词的配价研究》。南昌:江西教育出版社。
袁毓林,2010。《汉语配价语法研究》。北京:商务印书馆。
张伯江,1999。现代汉语的双及物结构式。《中国语文》第 3 期。
张伯江,2000。论“把”字句的句式语义。《语言研究》第 1 期。
张伯江,2009。《从施受关系到句式语义》。北京:商务印书馆。
朱军,2010。《汉语构式语法研究》。北京:中国社会科学出版社。